스틸니스

잠재력을 깨우는 단 하나의 열쇠

스틸니스

STILLNESS
IS THE KEY

라이언 홀리데이 지음 | 김보람 옮김

흐름출판

통달, 자유, 행복, 평온을 얻기 위한 노력은
위대하고 신성한 과업이다.

　━에픽테토스

이 책에 쏟아진 찬사

"라이언 홀리데이가 강조하는 스틸니스, 즉 내면의 고요는 그 어느 때보다 바로 지금, 혼란이 끊이지 않는 이 시대에 더욱 중요하다."

— **마크 맨슨**, 베스트셀러 《신경 끄기의 기술》 저자

"당신이 운동선수든 투자자든 작가든 기업가든 관계없다. 작지만 혼이 담긴 이 책이 당신에게 덜 불안하고 더 건강하고 더 생산적인 삶과 커리어로 가는 문을 열어줄 것이다."

— **아리아나 허핑턴**, 허핑턴포스트 미디어그룹 회장

"어떤 작가들은 충고를 한다. 그러나 라이언 홀리데이는 지혜의 정수를 뽑는다. 반드시 읽어야 할 책이다."

— **칼 뉴포트**, 《뉴욕타임스》 베스트셀러 《디지털 미니멀리즘》 저자

"이 작은 책에 인생을 바꿔놓을 가르침이 들어 있다. 발전하고 싶다면 반드시 고요해지는 법을 배워야 한다! 라이언 홀리데이가 또 한 번 해냈다."

— **소피아 아모루소**, 걸보스Girlboss 공동 창립자 겸 CEO

"이 책에서 라이언 홀리데이는 동서양 철학을 통달한 관점을 유감없이 발휘하며 어떻게 하면 갈등과 문제가 넘쳐나는 21세기를 살아가면서 집중과 침착함을 유지할 수 있는지 우리에게 가르쳐준다."

– **로버트 그린**, 《뉴욕타임스》 베스트셀러 《권력의 법칙》 저자

"라이언 홀리데이는 이 시대 최고의 저자이며 최고의 수재다. 그는 이 책을 통해 우리로 하여금 머릿속을 비우고 영혼을 재충전하여 힘을 되찾게 만드는 청사진을 제시한다."

— **존 고든**, 베스트셀러 《에너지 버스》 저자

"라이언 홀리데이는 극기의 대가이자 국보 같은 존재다. 그는 자신의 저서 중 첫 손가락에 꼽을 만한 이 책에서 고대의 고전문학은 물론이고, 프레드 로저스와 타이거 우즈를 비롯한 현대 문화의 시금석까지 샅샅이 끄집어냈다. 마음이 괴롭고 산란하고 카페인에 취해 사는 현대인들도 누구나 이해하고 활용할 수 있는 용어로 자신의 깨달음을 우리에게 전해준다. 강력 추천한다."

—**스티븐 프레스필드**, 베스트셀러 《최고의 나를 꺼내라!》 저자

"인생의 규칙이 별로 없는 내게 한 가지 절대 깨지 않는 규칙이 있다. 그건 라이언 홀리데이의 책이 나오면 손에 넣는 대로 즉시 읽는 것이다."

—**브라이언 코플먼**, 〈라운더스〉 〈오션스 13〉 시나리오 작가 · 감독

"라이언 홀리데이는 기회를 놓치지 않는 격이 다른 사상가다."

"라이언 홀리데이는 이제 NFL 감독, 올림픽 선수, 힙합 스타, 실리콘 밸리 기업가들에게 인기 있는 자기계발 분야의 대가다. 그는 고대에 황제와 정치가들이 의존했던 스토아 철학을 21세기에 사는 모두를 위해 간결한 문구와 이해하기 쉬운 일화로 간추려 번역했다."

차례

♟ 첫 번째 영역
느끼고 생각하며 판단하는 **정신**

두 번째 영역
마음을 움직이고 생명을 부여하는 **영혼**

♟ 세 번째 영역
정신과 영혼의 실행자인 **몸**

서문

1세기 말, 로마에서 막대한 영향력을 지닌 정치가이자 최고의 극작가, 가장 현명한 철학가로 꼽혔던 안나이우스 세네카^{Annaeus Seneca}는 머리를 쥐어뜯으며 일하고 있었다. 고막을 찢다 못해 혼을 쏙 빼는 소음이 길가에서 쏟아져 들어오고 있었기 때문이었다.

로마라는 도시는 뉴욕시의 공사 현장만큼이나 늘 시끄러웠지만 세네카의 동네는 특히 불쾌한 소음이 끊이지 않았다. 그의 집 아래층에 있는 김나지움^{gymnasium}(실내체육관)에서는 운동선수들이 훈련한답시고 무거운 역기를 바닥에 내던지기 일쑤였고 안마사가 뚱뚱한 노인들의 등짝을 두드려댔으며 수영선수들은 물속에서 철벅철벅 물을 튀겨댔다. 작업장의 목수들은 끊임없이 망치질을 해댔고 길가의 노점상들은 저마다 팔고 있는 것들을 목청껏 외쳐댔다. 그

뿐만이 아니었다. 마차들이 덜커덕거리며 울퉁불퉁한 골목길을 지나갔고 아이들은 깔깔거리며 뛰어 놀았으며 개들은 컹컹거리며 짖었다. 그날따라 건물 출입구에서 소매치기 한 명이 체포되면서 갖은 소란을 피워대는 통에 더 시끄러웠다.

그러나 창밖의 소음만이 문제가 아니었다. 사실 그 당시 세네카의 삶은 무너지고 있었다. 그는 불안정한 해외 상황 때문에 자금 조달에 위협을 받고 있었고 늙어가고 있음을 스스로 느낄 만큼 나이 들고 있었다. 정치적으로도 반대 세력에 밀려나는 중에 네로 황제와의 사이까지 틀어져서 황제가 변덕이라도 부리면 세네카의 목은 댕강 잘려나갈 판이었다. 엎친 데 덮친 격이라는 말이 딱 맞는 상황이었다.

그러니까 세네카가 처한 환경은 인간이 뭔가를 해내기에 썩 좋은 편이라고 할 수 없었다. 깊이 사고하거나 창작하거나 글을 쓰거나 올바른 결정을 내리기에 해로운 쪽에 가까웠다. 오죽하면 외부의 소음과 제국의 혼란에 진이 빠진 세네카가 친구에게 "내 청력이 한없이 싫어진다"라고 말했을까.

그러나 역설적이게도 이러한 배경 덕분에 세네카는 이후 수 세기가 넘도록 팬들에게 찬양받는 인물이 되었다. 도대체 어떤 인간이 불운과 역경에 둘러싸인 환경에서도 정신이 나가기**는커녕** 마음의 평온을 찾고 명료한 사고와 예리한 글 솜씨로 정교한 수필을 완벽하게 써 내려갈 수 있단 말인가? 심지어 때로는 그 소음 가득한 방에서, 그것도 훗날 수백만 명의 사람들에게 읽히고 누구도 근접하지 못했던 진리를 다룬 수필들을 말이다.

"힘들기는 하지만 그런 환경에 맞설 수 있도록 전부터 정신을 단련해왔다네." 세네카는 소음에 대해 불평을 털어놨던 그 친구에게 이렇게 말했다. "어떻게든 정신을 집중한 다음, 무엇에도 정신이 팔리지 않도록 그 상태를 유지하는 거지. 내면이 어지럽지만 않다면 바깥이 완전 아수라장이어도 상관없거든."

이것이야말로 우리 모두가 갈망하는 바가 아닌가? 이런 수양법이 있다니! 이런 집중법이 있다니! 주변 환경을 무시할 수 있고 어떤 곤경에 처하든 언제 어디에서나 자기 능력을 십분 발휘할 수 있다고? 우리도 그렇게 될 수 있다면 얼마나 좋겠는가? 그게 가능해졌을 때 성취할 수 있을 만한 일들을 떠올려보라! 얼마나 더 행복해질까?

세네카를 비롯해 스토아 철학을 신봉하는 그의 동료들은 인간이 내면의 평화를 찾을 수 있다면, 즉 그들이 일컫는 **아파테이아**^{apatheia}의 경지에 도달할 수 있다면 세계가 전쟁 통에 **빠지더라도** 우리는 문제없이 사고하고 능숙하게 일하면서 여전히 잘 지낼 수 있다고 믿었다. 세네카는 말했다. "다음과 같은 상태라면 내면의 평화를 찾았다고 생각해도 좋다. 아무런 소리도 들리지 않을 때, 치렛말이든 으름장이든, 저도 모르게 저질렀던 바보 같은 행동이 떠오르든, 공허한 소음이 머릿속을 울리든 그 어떤 말에도 정신이 흐트러지지 않을 때." 인간이 이러한 상태에 도달하면 그 무엇도 그들을 건드릴 수 없고 그 어떤 감정도 그들을 방해할 수 없으며 그 어떤 위협도 그들을 가로막지 못한다. 그리고 무엇보다 현재의 모든 순간이 온전히 그들의 것이 될 수 있다.

지리상 얼마나 멀리 떨어져 있는지나 성격이 얼마나 다른지와 무관하게 거의 모든 고대 철학은 완벽하게 동일한 결론을 내렸다. 이 놀라운 사실 덕분에 이 같은 견해는 한층 더 설득력을 얻었다. 기원전 500년에 공자의 가르침을 받은 제자든, 그로부터 100년 뒤에 고대 그리스 철학자 데모크리토스Democritus의 가르침을 받은 제자든, 그로부터 한 세대가 흐른 뒤 에피쿠로스Epicurus의 정원에 앉아 있던 제자든지 간에 하나같이 침착함과 차분함, 평온함이 필요하다고 강조하는 가르침을 듣게 될 것이었다.

불교에서는 이를 **우뻬카**upekkha라고 하고 이슬람교에서는 **아슬라마**aslama라고 부른다. 히브리서에서는 **히쉬타부트**hishtavut라고 한다. 힌두교 3대 경전으로 꼽히는 《바가바드 기타Bhagavad Gita》의 2장은 전사 아르주나에 관한 서사시로 이루어져 있는데, 주로 **사마트밤**samatvam, 즉 '마음의 평정 또는 한결같은 평화'에 대해 이야기 한다. 그리스에서는 **에우티미아**euthymia, **헤시키아**hesychia라고 하고 에피쿠로스학파에서는 **아타락시아**ataraxia라고 일컫는다. 기독교에서는 **아이쾨니미타스**æquanímĭtas라고 한다.

그리고 영어로는 **스틸니스**stillness.

세상이 빙글빙글 돌아도 흔들리지 않는 것. 흥분하지 않고 행동하는 것. 반드시 들어야 할 소리만 듣는 것. 안팎으로 평온한 상태를 유지하는 것. 동양에서 말하는 **도道**와 고대 그리스 철학과 신학에서 말하는 **로고스**^{logos}를 활용하는 것. 불교, 스토아 철학, 에피쿠로스 철학, 기독교, 힌두교를 모두 통틀어 보더라도 최고선이자 탁월한 성과, 행복한 삶의 비결로써 내면의 평화인 **스틸니스**, 즉 내면의 '**고요**'를 숭상하지 않은 철학의 학파나 종교를 찾기란 거의 불가능하다.

본질적으로 **모든** 고대 선현이 입을 모아 강조하는 것에도 귀 기울이지 않는다면 우를 범하는 것이 아니겠는가?

머리말
스틸니스라는 열쇠

스틸니스, 즉 고요로 향하는 길은 조용하지만 현대 사회는 그렇지 못하다.

세네카와 동시대를 살았던 시민들에게 덜커덕거리는 소리, 재잘대는 소리, 일을 꾸미는 소리, 난투를 벌이는 소리가 익숙했다면 현대를 사는 우리는 그 모든 소리와 더불어 자동차 경적, 오디오에서 흘러나오는 소리, 휴대전화 벨소리, SNS 알림음, 공사 현장의 소리, 비행기 소리까지 들으며 살고 있다.

어디 그뿐인가? 공적인 문제와 사적인 문제가 우리를 쉴 새 없이 짓누른다. 우리가 이미 몸담고 있는 산업에 경쟁 상대들이 끊임없이 끼어들고, 우리의 책상에는 서류가 산더미처럼 쌓여 있으며 받은편지함에는 이메일이 넘칠 듯이 들어와 있다. 언제 어디에서나

새 소식을 접할 수 있으므로 어떤 사안이나 최신 정보에서 멀리 떨어져 있을 새가 없다. 우리가 소유한 수많은 화면이 뉴스를 연달아 퍼부어댄다. 고된 업무는 멈출 기미가 전혀 보이지 않는다. 우리는 지나치게 많이 먹지만 먹는 것에 비해 영양은 결핍되어 있고 과도한 자극과 스케줄에 노출되어 있지만 여전히 외롭다.

이를 멈출 힘을 지닌 사람은 누구인가? 생각할 시간을 가진 사람은 누구인가? 지금 이 시대의 불쾌한 소음과 역기능에 영향을 받지 않는 사람이 존재하기는 하는 걸까?

우리가 시달리고 있는 문제의 규모와 절박함은 현대의 것이지만 그 뿌리는 시대를 초월한다. 실제로 역사를 돌아보면 우리 내면의 혼란을 가라앉히고 잠재우는 힘, 느긋한 마음을 갖는 힘, 우리의 감정을 이해하는 힘, 그리고 우리의 신체를 지배하는 힘을 기르는 일은 시대를 가리지 않고 언제나 극도로 어려웠다는 것을 알 수 있다. 1654년, 프랑스의 수학자이자 철학자 블레즈 파스칼Blaise Pascal이 말했다. "인류의 모든 문제는 홀로 방 안에 조용히 앉아 있지 못하는 무능함에서 유래한다."

진화의 과정을 보면 새와 박쥐처럼 전혀 별개의 종에 속하는 생물들이 생존을 위해 유사한 방식으로 적응하며 진화해온 경우가 종종 있다. 이 같은 사실은 광활한 대양을 사이에 두고 떨어져 있는 여러 철학 학파에도 동일하게 적용된다. 각 학파는 저마다의 길을 걸었지만 결국에는 단 하나의 중대한 목적지에 도달했다. 그들이 얻은 결론은 자기 삶의 주인이 되려거든 반드시 자기 안의 고요가 필요하다는 것이었다. 아무리 시끄럽고 바쁜 환경에 처해 있더라도 그 안에서 살아남고 번영하길 바란다면 말이다.

그러므로 고요는 유약한 허튼소리도 아니고 수도자와 현인에게만 국한된 영역이 아니라 우리 모두에게 절실히 필요한 개념이다. 우리가 헤지펀드를 운영하고 있든 슈퍼볼 경기에서 뛰고 있든 연구를 통해 새로운 분야를 개척하고 있든 가정을 꾸리고 있든 간에 말이다. 고요란 침착함은 물론이고 깨달음과 탁월함, 고귀함, 행복, 성취로 향하는 경로이며 **누구라도** 갈 수 있는 길이다.

또한 고요는 궁수의 화살이 겨냥하는 표적이다. 고요는 새로운 아이디어를 떠오르게 하며 우리의 관점을 날카롭게 다듬어 전후 관계를 명확히 볼 수 있게 한다. 공의 속도를 늦춰 우리가 그 공을 칠 수 있게 도와주며 우리에게 통찰력을 줌으로써 격노한 폭도를 견딜 수 있게 돕는다. 고요는 매사에 감사하고 경탄할 여유를 만들어준다. 우리를 인내하게 하고 성공하게 한다. 천재들의 통찰력을 파헤치는 열쇠이자 우리 같은 보통 사람들도 그들을 이해할 수 있게 해주는 비결, 그게 바로 고요다.

약속하건대, 이 책을 읽고 나면 당신도 그 열쇠가 어디에 있는지 알게 될 것이다. 고요를 얻는 방법뿐만 아니라 그 어느 때보다 빛이 필요한 이 세상에 당신이 별처럼 태양처럼 빛을 내뿜을 방법도 알게 될 것이다.

모든 문제의 해답이 되는 열쇠

남북전쟁 초기에 어떻게 해야 승리를 거머쥘 수 있을지, 그 역할을 누구에게 맡길 것인지를 두고 백여 가지 계획이 난무했다. 전투가 있을 때마다 모든 장군이 나서서 격하게 흥분하며 끊임없이 서로에게 비난을 퍼부었다. 망상과 공포, 에고, 오만이 난무할 뿐 희망이라고 할 만한 건 좀처럼 찾아볼 수 없었다.

이처럼 험난한 역경 속에도 멋진 장면이 하나 남았다. 에이브러햄 링컨이 백악관 집무실로 장군들과 정치인들을 불러놓고 연설을 하고 있었다. 당시 사람들 대부분은 전쟁에서 이기려면 버지니아주의 리치몬드Richmond나 루이지애나주의 뉴올리언스New Orleans, 필요하다면 워싱턴 D.C. 같은 대도시에서라도 극악무도한 혈전을 치르는 수밖에 없다고 믿었다. 그러나 미국 의회 도서관에 비치된 관련 서적들을 샅샅이 파고들며 군사 전략을 독학했던 링컨만큼은 생각이 달랐다. 그는 큼지막한 책상 위에 지도를 펼치고 남부 영토 깊숙한 곳에 위치한 소도시, 미시시피주의 빅스버그Vicksburg를 가리켰다. 빅스버그는 미시시피강 절벽 위에 위치한 요새 도시로, 가장 강력한 반란군이 둔진하고 있는 지역이었고 주요 수로를 조정하고 통제하는 역할을 했다. 또한 다른 여러 중요한 지류 및 남부 전역에 남부 연합군과 막대한 노예 농장을 보급하는 철로가 만나는 지점이기도 했다. "빅스버그가 열쇠입니다." 군사 전략을 맹렬하게 파고들었던 링컨은 아주 간결하게 그러나 확신에 찬 목소리로 말했다. "이 열쇠가 우리 호주머니 안에 들어오기 전에는 이 전쟁을 절대 끝낼 수 없습니다."

놀랍게도 링컨의 말은 정확히 옳았다. 비록 전쟁을 끝내기까지 수년이 걸렸고 대의명분을 지키기 위해 지독한 헌신을 감내해야 했으며 엄청난 평정심과 인내심이 필요했지만, 결국 그 집무실 안에서 세웠던 그 전략 덕분에 링컨은 전쟁에서 승리하고 미국의 노예 제도를 영원히 종식할 수 있었다. 게티즈버그 전투에서부터 윌리엄 셔먼William Tecumseh Sherman 장군의 대행진, 리Robert E. Lee 장군의 항복에 이르기까지 남북전쟁 중 거둔 모든 중요한 승리는 링컨의 지시대로 1863년 율리시스 S. 그랜트Ulysses S. Grant 장군이 빅스버그를 포위하고 남부 도시를 점령하여 중요한 수로 통제권을 손에 넣은 덕분에 이룰 수 있었다. 링컨은 산만하지도 서두르지도 않았다. 신중하고 직관력 있는 눈으로 참모진이나 상대편이 놓친 것들을 놓치지 않고 예리하게 발견해냈다. 이는 그가 초기의 어리석은 전투 계획을 염두에 두지 않고 승리를 얻을 수 있는 열쇠를 쥐고 있었기에 가능한 일이었다.

우리가 일상을 살면서 고만고만해 보이는 여러 문제에 직면할 때마다 그 문제들은 저마다 자기가 더 중요하고 급하다고 목소리를 높인다. 우리는 그렇게 우선순위를 경쟁하는 목소리와 신념에 이끌린 채 너무 많은 방향으로 끌려간다. 사적으로나 공적으로나 우리가 이루고자 하는 모든 일 앞에는 수많은 장애물과 적이 깔려 있다. 마틴 루터 킹 주니어 목사는 모든 인간의 내면에서, 선하고 악한 충동 사이에서, 야망과 원칙 사이에서, 우리가 되고 싶은 존재와 실제로 그 존재가 되기까지 겪어야 할 어려움 사이에서 격렬한 내전이 벌어진다고 말했다.

이러한 전투에서 이러한 전쟁에서 **고요는** 아주 많은 것들이 달려 있는 강이자 철로의 교차점이다. 고요는,

명료하게 사고하는,
장기판의 전체적 국면을 파악하는,
어려운 결정을 내리는,
우리의 감정을 다스리는,
올바른 목표를 식별하는,
압박감이 심한 상황을 대처하는,
관계를 유지하는,
좋은 습관을 만드는,
유능한 사람이 되는,
탁월한 신체 능력을 갖추는,
기쁨과 웃음이 넘치는 순간을 붙잡는

열쇠다.

그러니까 고요는, 거의 모든 문제를 푸는 핵심이다.

더 나은 부모, 더 나은 예술가, 더 나은 투자자, 더 나은 운동선수, 더 나은 과학자, 더 나은 인간이 될 수 있는, 인생에서 우리의 모든

가능성을 열어주는 열쇠인 것이다.

당신도 고요를 찾아낼 수 있다

깊이 집중함으로써 일순간 번쩍이는 통찰과 영감을 경험해본 사람이라면 지금 내가 이야기하고 있는 이 '고요'를 알고 있는 셈이다. 어떤 일에 최선을 다함으로써 성취감을 느끼고 자신의 모든 걸 불태웠다고 느껴봤다면 그것이 바로 고요다. 군중의 눈을 마주하며 그 앞에 나아가 찰나의 순간에 그간 받았던 훈련의 전부를 쏟아본 적이 있다면 그것도 고요다. 현명한 사람과 대화를 나누는 도중에 몇 달 동안 우리를 괴롭혔던 문제가 순식간에 해결되는 경험을 한 적이 있다면 그 또한 고요다. 눈 내리는 밤, 홀로 한적한 거리를 거닐다가 눈 위에 부드럽게 내려앉는 불빛에 살아 있다는 기쁨이 일어 마음이 따뜻해진 경험이 있다면? 그 역시 **고요**다.

눈앞에 빈 종이를 멍하니 바라보고 있는데 어디서 생겨났는지 모를 단어들이 완벽한 산문의 형태로 쏟아져 나오는 경험을 하는 것. 고운 백사장에 서서 바다든 산이든 자연을 바라보며 자신이 자신의 존재보다 큰 무언가의 일부가 된 것 같다고 느끼는 것. 사랑하는 사람과 함께 보내는 조용한 저녁, 다른 사람에게 호의를 베풀고 느끼는 만족감, 홀로 앉아 어떤 생각을 하던 중에 자신에게 사색하는 능력이 있다는 사실을 처음으로 깨닫는 것. 이들 역시 고요다.

시인 라이너 마리아 릴케가 "가깝고 먼 주변의 모든 소리가 완전하고 완벽하게 묻히는 상태"라고 묘사했던 고요를 여기서 우리가 말로 다 표현한다는 것은 불가능하다.

노자는 말했다. "우리는 항상 도를 얻어야 한다고 얘기하지만 실제로 '얻어야 할' 것은 아무것도 없다." 또 어디에서 선善을 찾을 수 있느냐고 묻는 제자에게 이렇게 대답한다. "너는 황소를 타고 있으면서 황소를 찾고 있구나."

분명 당신은 과거에 고요를 경험해본 적이 있다. 마음속으로 느껴본 적이 있다. 그리고 더 많이 느끼고 싶어 한다.

그리고 앞으로도 더 많이 느껴**야만 한다.**

이 책의 목적은 이미 당신이 지니고 있는 고요를 어떻게 끄집어내 활용할 수 있을지를 보여주는 데 있다. 이 책은 우리가 이미 가지고 태어났지만 분주한 현대 사회 속에서 위축돼버린 강력한 힘에 다시 접근할 수 있는 방법을 알려주고자 한다. 그리고 현 시대를 짓누르는 다음 같은 질문에 답하기 위한 시도이기도 하다. 조용한 순간이 최고의 순간이고, 이를 그토록 많은 현인과 덕인이 찬양했다고 하는데 어째서 이토록 찾아보기 힘든 걸까?

이 질문에 대답을 해보자면 우리 모두 고요를 천성적으로 타고나긴 했으나 거기에 접근하기가 쉽지 않기 때문이다. 고요에 가까이 가기 위해서는 우리 안의 고요가 우리에게 뭐라고 말하는지 귀 기울여 들어야만 한다. 그리고 그 부름에 대답하기 위한 통제력과 끈기가 반드시 필요하다. 지금은 고인이 된 코미디언 개리 샌들링Garry Shandling은 인기와 재력과 건강을 유지하기 위해 애쓰던 시기에 이런 일기를 쓰며 마음을 다잡았다. "마음을 잔잔하게 유지한다는 건 엄청난 수련이다. 인생에서 가장 많은 헌신의 노력을 바쳐야만 가능하다."

이제 이 책장을 넘기면 바로 당신처럼 삶에서 마주치는 각종 소음과 여러 책임감 속에서 몸부림쳤던, 그렇지만 결국 고요를 발견하고 이를 활용하는 데 성공한 사람들을 만나게 될 것이다. 그리고 그들이 자신 만의 고요를 어떻게 사용했는지 알게 될 것이다. 나는 이 책에서 존 F. 케네디, TV 쇼 진행자 프레드 로저스[Fred Rogers], 안네 프랑크, 빅토리아 여왕이 겪은 승리와 시련에 관하여 이야기를 해보려고 한다. 예수와 석가모니, 소크라테스, 나폴레옹, 작곡가 존 케이지, 타이거 우즈, 야구 선수 오 사다하루王貞治, 가수 로잔느 캐쉬[Rosanne Cash], 가톨릭 사회 활동가 도로시 데이[Dorothy Day], 레오나르도 다 빈치, 고대 로마 황제 마르쿠스 아우렐리우스[Marcus Aurellius]에 관한 이야기도 해보려고 한다.

그리고 시와 소설, 철학적 텍스트, 과학적 연구에도 의지할 것이다. 우리의 사상을 지휘하고 감정을 다스리고 신체를 지배하는 데 도움을 줄 만한 전략을 찾을 수 있도록 가능한 한 모든 학파와 모든 시대를 샅샅이 뒤져볼 참이다. 그래서 우리가 더 적은 노력으로 더 많은 일을 할 수 있도록, 성취를 갈구하지 않으면서도 더 많은 성취를 이룰 수 있도록, 더 좋은 기분을 느끼면서 동시에 더 나은 사람이 될 수 있도록 말이다.

우리 안의 고요를 찾아내려면 우리는 세 가지 영역에 집중해야 한다. 그건 바로 정신과 영혼, 그리고 몸이다. 달리 말해 머리와 마음과 육신이라는 불변의 3박자에 집중해야 한다는 뜻이다. 각 영역에서 고요하기를 불가능하게 만드는 방해 요소와 불안 요소를 어떻게 하면 줄일 수 있을 것인지 그 방법도 찾아보려고 한다. 세상의 전쟁과 내면의 전쟁을 멈추고 내면과 외면에 영속하는 평화를 구축하기 위하여.

당신도 고요를 원하고 있으며 또 충분히 얻을 자격이 있다. 이미 이를 잘 알고 있기도 할 것이다. 그렇기 때문에 이 책을 집어든 것일 테니.

그럼 이제 자기 내면의 목소리에 함께 귀 기울이고 응답해보자. 우리가 원하는 고요를 찾아서 그 안에 머물러보자.

첫 번째 영역

●

느끼고 생각하며 판단하는

정신

정신은 침착하지 못하고 고집이 세며
충동적이라 이를 다스리는 일은
강풍을 다스리는 일만큼이나 어렵다.
–《바가바드 기타》

정신의 영역

: 케네디가 핵전쟁을 피할 수 있었던 힘

1962년 10월 15일, 존 F. 케네디가 잠들던 밤부터 다음 날 아침 눈 뜰 때까지 그 짧은 몇 시간 사이에 세상이 발칵 뒤집혔다.

밤사이 CIA가 확인한 사실 때문이었다. 소련Soviet이 미국 해안에서 불과 140여 킬로미터 떨어진 쿠바 섬에 준중거리 탄도미사일 기지를 건설하고 있었던 것이다. 며칠 뒤에 케네디 대통령이 불안에 떠는 국민들 앞에 나와 이런 연설을 할 정도로 상황은 심각했다. "그 미사일들은 워싱턴 D.C., 파나마 운하, 케이프 캐나베럴Cape Canaveral *, 멕시코시티를 비롯해 미국 남부 지역과 중앙아메리카, 카

---

* 플로리다주에 있는 로켓 발사기지.

리브해의 어느 도시든 충분히 공격할 수 있습니다."

우리가 "쿠바 미사일 위기" 또는 "위기의 13일"이라고 부르는 사건에 대해 그 당시 케네디 대통령이 최초 상황 보고를 받았을 때 그의 머릿속에는 끔찍하리만큼 위험한 상황밖에 떠오르지 않았다. 미국과 러시아Russia* 사이에 공습이 발생한다면 무려 7000만 명의 사람들이 목숨을 잃을 터였다. 아니, 이 수치 또한 한낱 예측일 뿐 실제로 핵전쟁이 일어나면 얼마나 끔찍할지는 아무도 알 수 없었다.

케네디가 확신할 수 있었던 한 가지는 오래도록 이어진 미국과 소련의 냉전이 전례 없는 위기 상황에 직면했다는 사실이었다. 이러한 위기가 발생한 요인이 무엇이든지 간에 전쟁을 피할 수 없다고해도 최소한 **상황이 악화하지 않도록** 하는 것만큼은 그의 몫이었다. 상황이 더 악화한다는 것은 곧 지구상의 모든 생명이 사라질 수도 있다는 의미였다.

케네디의 아버지는 패배라면 질색하는 인물로, 농담처럼 "화내지 말고 그대로 갚아줘라"가 가훈이라고 말하는 사나이였다. 그런 호전적인 아버지 밑에서 자란 케네디는 사실 엄청난 특권을 받으며 젊은 대통령으로 성장한 젊은이이기도 했다. 그러나 취임 당시 그는 행정가로서 리더십을 발휘해본 경험이 거의 전무한 상태였으므로 케네디 행정부의 초기 1년 6개월 동안 일이 잘 풀리지 않았던 건

---

* 저자는 이 글에서 소련(Soviet)과 러시아(Russia)를 혼용해서 사용하고 있는데 내용상 러시아는 소비에트러시아(Soviet Russia)를 지칭하는 것으로 보인다.

어떻게 보면 너무 당연한 결과였다.

1961년 4월, 케네디는 피그스만 침공으로 쿠바를 침략해 피델 카스트로를 타도하려고 시도했으나 이 계획은 실패로 돌아갔다. 게다가 불과 몇 달 후, 연달아 개최된 오스트리아 빈 회담에서 소련 총리 니키타 흐루쇼프Nikita Khrushchyo에게 회담 내내 외교적으로 위압당하는 수모를 겪었다. 훗날 그는 이를 두고 "인생에서 가장 힘든 순간"이었다고 회고했다. 이미 케네디가 제2차 세계대전 중에 허리 부상을 당했다는 사실과 애디슨병Addison's disease*을 앓아 허약한 체질이라는 사실을 인지하고 있었을 흐루쇼프는 상대의 정치적 약점을 놓치지 않았고, 케네디에게 쿠바에 배치될 모든 무기는 오로지 방어용이라며 거듭 거짓말을 했다.

지도자라면 대부분이 임기 내에 언젠가는 개인적 상황과 정치적 상황이 복잡하게 얽혀 들어가는 국면에 맞닥뜨리게 되는데, 케네디는 그 같은 형국에 미사일 위기라는 어려운 시험에까지 직면했던 것이다. 온갖 의문이 내 머릿속에서 꼬리에 꼬리를 물었다. 흐루쇼프가 무엇 때문에 이렇게 행동했을까? 그가 생각했던 최종 단계는 무엇이었을까? 도대체 무슨 목적을 이루려고 했던 걸까? 케네디에게는 이 문제를 해결할 방법은 있었을까? 케네디의 참모 진영은 무슨 생각을 하고 있었을까? 케네디에게는 어떤 선택권이 있었을까?

---

* 부신피질 호르몬이 부족해지면서 발생하는 만성 질환.

그가 이 일에 매달려 있었나? 그에게 이 일을 해결할 능력이 있기는 했던 걸까?

어쨌든지 간에 수백만명의 운명이 케네디에게 달려 있었다.

참모진의 조언은 직접적이고 단호했다. 미국의 군사 무기를 총동원하여 미사일 기지를 파괴해야 한다고 했다. 아무런 조치 없이 헛되이 시간을 흘려보낼수록 미국의 안전과 명성이 더욱 위험해진다는 게 이유였다. 참모진은 심지어 미사일 기지에 기습 공격을 감행한 다음 쿠바를 전면 침공해야 한다고도 주장했다. 이것이 소련과 쿠바의 행동에 대한 정당한 조치일 뿐만 아니라 케네디가 할 수 있는 **유일한** 선택이라고 케네디를 압박했다. 간단히 말해 공격에는 공격으로 맞서야 한다는 말이었다. 눈에는 눈, 이에는 이.

다만 만의 하나 참모진의 논리가 틀렸을 때 이를 해명할 사람이 단 한 명도 없으리라는 것이 문제였다. 그때는 모두 시체가 된 이후일 터였으므로.

케네디는 참모진의 조언에 강력히 반대했다. 피그스만 침공을 지원하라는 CIA의 압력을 그대로 수용했던 집권 초기와는 너무도 다른 그의 모습에 주변의 모든 사람들이 당황했다. 사실 그가 그 같은 강경책에 반대했던 까닭은 제1차 세계대전이 일어난 원인을 다룬 바바라 터크먼Barbara Tuchman의 《8월의 포성》이라는 한 권의 책 때문이었다. 케네디는 그 책을 읽은 뒤 세계 지도자들의 자만이 결국 멈추지 못할 분쟁 상황을 만들어낸다는 사실을 깨닫고 모두가 한 걸음 물러나 당면한 문제를 폭넓게 바라보고 깊이 생각해보길 바랐다.

사실 그의 이러한 행동은 지도자나 의사 결정자라면 마땅히 따라야 할 첫째가는 의무다. 우리는 일 처리를 '직감대로' 해서는 안 되고 사안의 첫인상에 집착해서도 안 된다. 굉장히 논리정연해 보이고 너무 그럴듯해 보이지만 나중에 알고 보면 거의 항상 틀렸다고 판명되는 생각들이 있다. 그런 생각에 휩쓸리지 않도록 반드시 주의해야 하며 강해져야 한다. 지도자가 명료한 사고를 바탕으로 큰 그림을 그리지 못한다면 그 일을 누가 대신 하겠는가? 지도자라는 사람이 모든 면을 꼼꼼히 헤아리지 않는다면 그 일을 대신 할 사람이 누가 있겠는가?

위기 상황을 겪던 시기에 케네디가 직접 작성했던 메모를 보면 그가 일종의 명상을 거치면서 그 상황을 제대로 헤쳐나가려고 노력했음을 짐작할 수 있다. 케네디는 여러 장에 걸쳐 "미사일. 미사일. 미사일." 또는 "거부권. 거부권. 거부권." 또는 "지도자. 지도자. 지도자."라고 적었다. 자신이 독단적으로나 이기적으로 행동하지 않길 바랐던 그의 마음이 고스란히 드러나 있는 메모도 있다. 거기에는 "합의. 합의. 합의. 합의. 합의. 합의."라고 쓰여 있었다. 또 어느 회의 중에는 리갈 패드legal pad에 돛단배 두 척을 그려놓기도 했는데, 이를 보면 그가 자신이 좋아하는 바다를 떠올리면서 마음을 가라앉히려고 했음을 짐작할 수 있다. 그리고 마침내 그는 가장 중요한 문제가 무엇인지 확신을 가지려는 듯이 백악관 메모지에 짧은 문장 하나를 적었다. "우리는 미사일을 철거할 것을 **요구한다.**"

다른 책에서 읽었던 내용이 번쩍 떠올랐던 그때에도 참모진과 함께 앉아 뭔가를 끼적이고 있던 중이었을지 모른다. 그 책은 전략가 B. H. 리들 하트[B. H. Liddell Hart]가 저술한 핵전략에 관한 책이었다. 케네디는 그 당시 주간평론지 《새터데이리뷰[Saturday Review of Literature]》에 기고한 서평에 다음 구절을 인용한 바 있다.

> 가능하면 힘을 내라. 어떤 상황이든 침착하라. 무한한 인내심을 가져라. 상대를 절대 궁지에 몰아넣지 말고 항상 그가 체면을 살릴 수 있도록 조력하라. 상대의 눈으로 상황을 바라볼 수 있도록 그의 입장에 서서 생각하라. 독선에 빠지지 않도록 죽을힘을 다해 조심하라. 독선만큼 스스로를 망치는 건 없다.

케네디는 미사일 위기를 겪는 내내 이 인용구를 좌우명으로 삼았다. 그는 참모진에게 "러시아가 왜 이런 식으로 나오는지 반드시 생각해야 할 것 같습니다"라고 말했다. **어떤 이득을 얻으려고 하는 걸까요?** 그는 정말로 궁금해하며 물었다. "이런 일을 벌이는 데에는 분명 큰 이유가 있을 겁니다." 케네디의 참모이자 전기 작가인 아서 슐레신저 주니어[Arthur Schlesinger Jr.]는 "케네디 대통령은 다른 사람들의 입장을 이해하고 그들의 문제를 파악하는 능력이 탁월했기 때문에 이 세상이 소련에게 얼마나 위협적으로 보일지 짐작할 수 있었다"라고 기록했다.

이처럼 상대를 이해하고 파악하는 능력 덕분에 케네디는 갑작스럽고 위험천만한 도발에도 적절하게 대응할 수 있었고 소련의 반응을 예측할 수 있었다.

케네디는 흐루쇼프가 자신을 무력한 존재로 판단했기 때문에 쿠바에 미사일을 배치했다는 사실을 명백히 깨달았다. 그러나 그렇다고 해서 러시아군이 막강한 위치에 있다는 건 아니었다. 어지간히 절박한 국가라야 그런 위험을 감수한다는 사실을 케네디는 잘 알고 있었다. 그는 자문위원회인 엑스콤ExComm과 오래 의논한 끝에 이러한 통찰력을 바탕으로 계획을 차분히 수립해나가기 시작했다.

모든 방안 중에서도 군사 공격은 가장 돌이킬 수 없는 최후의 선택지였다. 참모진의 의견을 들어본 바로는 100퍼센트 유효해 보이지도 않았다. 그렇다면 군사 공격 이후에 어떤 일이 벌어질지 생각해봐야 했다. 얼마나 많은 병력이 목숨을 잃을 것인가? 아무리 핵전쟁의 위협을 막기 위해서라는 명분이 있다고 하더라도 강대국(미국)이 약소국(쿠바)을 침공한다면 국제 사회에서 어떤 반응을 보일 것인가? 러시아는 창피를 면하기 위해서 혹은 섬에 있는 군사들을 지키기 위해서 어떻게 나올 것인가?

이러한 의문을 품다보니 케네디는 쿠바를 침공하는 것이 아니라 봉쇄해야겠다는 쪽으로 점차 생각이 기울었다. 그의 조치에 참모진 절반 이상이 반대했으나 케네디의 마음은 확고했다. 그렇게 해야만 선택권을 잃지 않을 수 있었다.

봉쇄 작전은 **시간을** 도구로 **활용**하는 전략이었기 때문에 케네디가 바랐던 지혜를 실천할 수 있는 전략이기도 했다. 이 덕분에 양측은

당시의 위기 상황을 제대로 평가할 기회를 얻을 수 있었고 흐루쇼
프는 케네디를 다시 보게 되었다.

훗날 일각에서는 이런 선택을 한 케네디를 비난하기도 했다. 왜
굳이 러시아에 기회를 주었나? 미사일이 뭐 그렇게 대수인가? 미국
은 소련을 공격할 수 있는 미사일을 충분히 보유하고 있지 않았던
가? 그러나 케네디는 이런 비난에 흔들리지 않았고, 10월 22일 국
민을 상대로 발표한 연설문을 통해 미국이 상대의 도발에 결코 물
러서지 않으리라는 입장을 확고히 밝혔다.

> 우리는 1930년대의 경험을 통해 확실한 교훈을 얻었습니다. 그건
> 바로 공격적인 행위를 내버려두면 결국 전쟁으로 이어진다는 사
> 실입니다. 미국은 전쟁에 반대합니다. 그리고 미국은 약속에 책임
> 지는 국가입니다. 우리의 확고부동한 목표는 미국을 비롯한 그 어
> 떤 국가에도 미사일이 사용되지 않도록 확실하게 막는 것, 서반구
> 의 모든 미사일을 철수 혹은 제거하도록 하는 것입니다. (…) 승리
> 하더라도 쓰디쓴 열매만 남을 세계적인 핵전쟁의 위험을 우리는
> 절대 성급하거나 불필요하게 떠안지 않을 것입니다. 그러나 그러
> 한 위험에 맞서야만 한다면 결코 회피하지도 않을 것입니다.

여기에서 가장 놀라운 점은 케네디가 심각한 위기 상황 속에서도
매우 침착하게 대처했다는 사실이다. 녹음테이프나 녹취록, 당시
에 촬영된 사진을 보면 엄청난 압박감을 느낄 만한 상황임을 충분

히 짐작할 수 있는데, 이런 와중에도 현장에 있던 모두가 얼마나 협력적이고 또 얼마나 상대방의 의견을 경청했는지 알 수 있다. 다툼도 없었고 언성이 올라가지도 않았다. 삿대질도 없었다. 오히려 긴장감이 감돌면 케네디는 웃어넘겼다. 케네디는 회담이 다른 사람이나 자신의 에고에 휘둘리지 않도록 조심했다. 또 자신과 함께 있는 자리에서는 참모들이 솔직하게 토론하지 못한다는 것을 감지하고 그들이 자유롭게 토론할 수 있도록 회의실을 빠져나가기도 했다. 케네디는 당의 정책 및 과거의 적대적 관계를 초월하여 생존해 있던 세 명의 전직 대통령과 터놓고 상의했고, 전 국무장관 딘 애치슨 Dean Acheson을 극비 회담에 초청하기도 했다.

긴장이 최고조에 달할 때면 케네디는 홀로 백악관의 로즈가든을 찾았다. 정신을 맑게 하고 명료하게 생각할 시간이 필요하면 한참 수영을 하기도 했다. 또 특별 제작한 흔들의자를 백악관 내 집무실에 가져다 놓고, 큼직한 창으로 들어오는 따뜻한 햇살을 흠뻑 받으며 허리 통증을 가라앉혔다. 그렇지 않아도 워싱턴과 모스크바에 두텁게 내려앉은 냉전의 기운을 자신의 허리 통증이 더욱 짙게 만드는 일이 없도록 하기 위해서였다.

그 당시 케네디가 대통령 집무실 안에서 등을 돌린 채 큼지막한 책상 위에 두 주먹을 댄 채로 상체를 수그리고 서 있는 모습이 찍힌 사진이 있다. 사진 속 케네디는 핵 대국이 악의를 품고 기습 행위를 취했다는 사실에 분노하고 있었다. 비평가들로부터 패기가 없는 것 같다는 의혹을 받고 있었고 여러 가지 정치적인 문제와 개인적인 문제도 얽혀 있었다. 당시 케네디는 분명 한 사람이 한 번에 감당할 수 있는 것보다 훨씬 더 많은 문제를 짊어지고 있었다.

그러나 그는 조금도 서두르지 않았다. 그의 판단력을 흐리게 하거나 그가 올바른 일을 하지 못하도록 막을 수 있는 건 아무것도 없었다. 집무실에 케네디만큼 고요를 지니고 있는 사람은 없었다.

봉쇄 결정은 그저 첫 단계에 불과했고 이 결정을 공표하고 나더라도 쿠바 주변 800킬로미터 봉쇄를 집행하는 단계가 남아 있었다. 케네디는 침착해야 했고 실제로도 침착함을 유지했다. 그리고 놀랍게도 그는 공격적인 의미를 내포한 '봉쇄'보다 덜 심각해 보이도록 '격리'라는 단어를 사용했다. 러시아의 강한 비난, UN과의 대립이 예상됐고 의회 지도자들까지 의심을 표명했다. 플로리다에는 만일의 사태에 대비한 10만 병력이 여전히 대비하고 있어야 했다. 실제로 도발이 발생하기도 했는데, 러시아 유조선 한 척이 격리선으로 접근했고 잠수함 여러 척이 수면 위로 올라왔으며, 미국 정찰기 U-2가 쿠바 상공에서 격추되어 정찰기의 조종사가 사망했다.

세계에서 가장 크고 강력한 두 나라가 그야말로 '정면 대치' 중이었다. 실제 상황은 사람들이 생각하는 것보다 더 위험하고 끔찍했다. 부분적으로만 조립된 줄 알았던 소련의 미사일은 이미 일부가 설치된 상태였다. 사람들에게 이런 세세한 상황까지 알려진 건 아니었지만 어마무시하게 위험한 분위기만은 모두가 느낄 수 있었다.

이런 상황이라고 해서 케네디가 감정에 굴복했을까? 당황했을까? 무너졌을까?

아니, 전혀 그러지 않았다.

케네디는 스스로 정신을 다잡으려는 것처럼 참모들을 향해 단호하게 말했다. "내가 우려하는 건 첫 번째 단계가 아닙니다. 문제는 이런 식으로라면 양측의 관계가 계속 악화돼 네 번째, 다섯 번째 단계까지 가게 된다는 겁니다. 여섯 번째 단계까지는 갈 수도 없겠죠. 그 단계를 실행할 사람이 아무도 남아 있지 않을 테니까요. 지금 우리는 굉장히 위험한 과정에 착수했다는 사실을 한시도 잊어서는 안 됩니다."

흐루쇼프에게 차분히 생각할 시간을 주겠다는 케네디의 계획이 성과를 보였다. 위기 상황에 접어든 지 열하루가 지난 10월 26일, 소련 총리가 보내온 서신이 케네디 앞에 도착했다. 그간 전쟁이라는 매듭을 가운데에 두고 서로 줄다리기를 하고 있었다는 사실을 이제야 깨달았다는 내용이었다. 흐루쇼프는 서로 줄을 세게 당기면 당길수록 매듭을 풀 수 있는 가능성은 더욱 적어지고 결국에는 칼로 줄을 잘라버리는 수밖에 없지 않겠느냐고 했다. 그러면서 아주 생생한 비유를 들었는데, 일상에서만큼이나 지정학에서도 진리로 여겨지는 이야기였다. "우리가 정치가다운 지혜를 보여주지 않는다면 언젠가는 결국 눈먼 두더지처럼 충돌하는 시점에 이르게 됩니다. 그렇게 된다면 상호 전멸이 시작되겠지요."

그렇게 이 위기 상황은 갑작스러웠던 그 시작만큼이나 불시에 끝나버렸다. 러시아는 더 이상 자신의 입장을 고수할 수 없다는 현실과 미국의 결의를 시험하려다 실패했다는 사실을 깨달았고, 미사일을 철수하겠다는 협상의 신호를 보내왔다. 이제 군함은 완전히 멈췄다. 물론 케네디도 준비돼 있었다. 그는 미국이 절대 쿠바를 침공하지 않겠다고 약속함으로써 러시아와 그 동맹국에 승리감을 안겨줬다. 또한 소련이 미국의 압력에 굴복했다는 인상을 풍기지 않도록 몇 달 뒤에는 터키에 설치된 미국 미사일까지 철수하겠노라고 러시아에 비밀리에 일러주기도 했다.

명료한 사고, 지혜, 인내, 복잡하고 도발적인 갈등의 뿌리를 알아보는 예리한 안목 덕분에 케네디는 핵 재앙으로부터 세상을 구했다.

2주가 채 안 되는 짧은 기간이라고 할지라도 이때만큼은 케네디가 중국 고전인 《**도덕경**道德經》에서 말하는 청정의 단계에 오른 것으로 보인다. 핵 위기 문제를 대처할 때 케네디는

> 살얼음 낀 개울을 건너가는 사람처럼 조심스러웠고
> 적지의 전사처럼 한시도 방심하지 않았으며
> 손님처럼 공손했고
> 녹고 있는 얼음처럼 유연했고
> 나무토막처럼 형체를 이룰 수 있었으며
> 골짜기처럼 무엇이든 받아들였고
> 유리잔에 담긴 물처럼 맑았다.

도교 신자라면 케네디가 명료하게 볼 수 있을 때까지 마음의 흙탕물을 가라앉혔다고 말할 것이다. 숱한 위기와 공격에 대처해야 했던 스토아 철학자인 마르쿠스 아우렐리우스 황제의 관념을 빌리자면 케네디는 "거친 파도가 계속 와서 부딪히는 바위와 같았다. 그 바위는 꼼짝도 하지 않고 가만히 박혀 있어서 결국 격노한 바다는 그 주변에 와서 잠잠해졌다."

우리 모두는 각자의 삶 속에서 위기를 마주한다. 남들 눈에는 별일 아닐 수도 있지만 우리 각자에게는 중요한 문제일 것이다. 부도 직전에 놓인 사업. 험한 말이 오가는 이혼 과정. 앞으로 뭘 해서 먹고 살아야 할지에 관한 결정. 성패 여부가 온전히 우리에게 달린 순간. 이 같은 모든 상황이 우리의 정신에 의존한다. 감정적이거나 반발적인, 경솔하고 섣부른 반응은 도움이 되지 않는다. 상황을 제대로 해결하고 싶은 게 아니라면, 실력을 십분 발휘하고 싶은 게 아니라면 말이다.

우리가 갖춰야 할 자질은 케네디가 의지했던 바로 스틸니스, 고요다. 그의 침착함, 그의 허심탄회함, 정말로 중요한 게 무엇인지 알아보는 명료함이다.

이러한 상황에 처한다면 우리는 반드시

- 현재에 온전히 집중해야 한다.
- 선입견을 버려야 한다.
- 충분히 시간을 가져야 한다.

- 조용히 앉아 곰곰이 생각해야 한다.
- 어떤 것에도 방해받아서는 안 된다.
- 주위의 조언이 우리의 신념에 반하는지 판단해야 한다.
- 당황하지 않고 심사숙고해야 한다.

우리 앞에 놓인 무수한 위기를 극복해나가며 성공적인 삶을 살려면 우리는 반드시 정신적인 고요를 길러야 한다.

물론 쉽지 않은 일이지만 반드시 필요한 일이다.

짧은 생을 사는 동안 케네디는 미사일 위기 때 대처했던 자신의 모습을 보고 사람들이 잘못된 교훈을 얻게 될까 봐 염려했다. 케네디는 우수한 무기로 소련을 위협하며 상대방이 물러설 때까지 맞서는 전략을 택하지 않았다. 오히려 침착하고 이성적인 리더십을 발휘해 성급하고 무모한 의견을 압도했다. 쿠바 미사일 위기는 케네디가 스스로 생각하는 방법을 통달한 덕분에, 그리고 그의 올바른 생각 덕분에 해결할 수 있었다. 케네디의 대처에서 우리가 얻어야 할 교훈은 **강압**이 아니라 인내심, 적절한 배짱과 겸손, 선견지명과 침착함, 공감과 흔들리지 않는 신념, 자제력과 강인함, 분별력 있는 조언과 더불어 고독의 시간을 가져야 한다는 것이다.

이러한 행동이 더욱 많아진다면 세상이 얼마나 더 좋아지겠는가? 또 우리의 인생은 얼마나 더 나아지겠는가?

링컨과 마찬가지로 케네디도 처음부터 이 같은 고요를 타고난 건 아니었다. 케네디는 고등학교 시절에는 문제투성이 반항아였고, 대학 시절 대부분 그리고 심지어 상원의원이 되어서까지도 호사가처럼 살았다. 이 같은 결점 때문에 숱한 실수를 저지르기도 했다. 그러나 그는 고된 노력 끝에 단점을 극복하고 평정심을 길러낼 수 있었으며, 그 덕분에 공포의 열사흘을 무사히 날 수 있었다. 케네디가 했던 노력은 특별히 대단한 게 아니라 사람들 대부분이 간과하는 몇몇 범주에 속하는 일이며 당신도 충분히 할 수 있는 것들이다.

그런 의미에서 이제 '정신의 영역'을 어떻게 장악할 수 있을지에 초점을 맞춰보려고 한다. 이를 올바르게 해내느냐의 여부에 우리가 하는 모든 일의 성패가 달려있기 때문이다.

지금은 지금뿐이다

미래를 믿지 마라, 아무리 행복해 보인다한들! 과거의 죽음은 죽어버린 '과거'에게 묻으라 하라! 행동하라, 살아 있는 현재 속에서! 안에는 심장이, 위에는 신이 있다!
—헨리 워즈워스 롱펠로Henry Wadsworth Longfellow, 미국의 시인

뉴욕현대미술관 모마MoMA에서 열린 마리나 아브라모비치Marina Abramović의 40년 회고전 〈예술가가 여기에 있다The Artist is Present〉라는 제목 자체로 기념비적인 퍼포먼스를 예견한 것이나 다름없었다. 당연히 마리나는 어떤 식으로든 전시장 내에 있을 터였다. 그러나 그녀가 정말 말 그대로 그곳에 있기만 할 거라고, 그게 전부일 거라고 생각한 사람은 아무도 없었다.

한 사람이 79일, 총 750시간 동안 1545명의 낯선 사람을 코앞에 마주하면서 아무런 도움 없이, 방해 없이 화장실조차 가지 않은 채 의자에 가만히, 정말로 쥐 죽은 듯이 가만히 앉아 있을 수 있으리라고 누가 상상이나 했겠는가? 마리나라는 예술가가 이런 일을 계획하고 정말로 이를 해내리라고 그 누가 상상할 수 있었겠는가? 마리

나의 전 연인이자 파트너였던 울라이Ulay에게 이 전시를 어떻게 생각하느냐고 묻자 그는 이렇게 대답했다. "아무 생각도 들지 않습니다. 그저 존경심만 드는군요."

마리나의 퍼포먼스는 제목에서 알 수 있을 만큼 단순했다. 땋은 머리를 어깨 앞으로 가지런히 내린 예순여섯의 마리나가 휑뎅그렁한 전시실로 걸어 들어와 딱딱한 나무 의자에 앉은 뒤에 자신의 맞은편에 앉는 관람객을 그저 바라보는 것, 그게 전부였다. 거의 석 달 내내 이 전시를 찾는 관람객의 발길이 끊이질 않았다. 마리나는 고개를 숙이고 마음을 가라앉힌 뒤에 매번 새로운 얼굴로 고개를 들어 새로운 사람을 마주했다.

마리나는 본인의 작품에 관해 이렇게 말했다. "여기에서 저는 그저 자신을 비우자고 제안하는 겁니다. 지금 이 순간, 현재에 집중할 수 있도록 말이죠."

현재에 집중한다는 게 그렇게까지 어려운 일인가? 뭐가 그렇게 특별하다는 걸까?

마리나의 퍼포먼스를 직접 관람한 사람들은 운이 좋았다. 그것은 가히 종교적이라고 할 만한 경험이었다. 찰나의 순간에 타인을 온전하게 경험한다는 것은 굉장히 드문 일이다. 마치 세상에 이보다 더 중요한 일이 없는 것처럼 타인과 맞물리는 느낌을 가져보는 것, 상대의 모든 에너지를 받아보는 경험은 더욱 더 드물다. 그렇게 오랫동안 그토록 열정적으로 집중하는 타인의 모습을 언제 볼 수 있겠는가?

눈물을 흘리는 관객도 많았다. 사람들은 줄 서서 기다린 시간이 충분히 가치 있었다고 입을 모아 말했다. 살면서 처음으로 자신의 인생을 보여주는 거울을 들여다본 것 같은 경험이었다고 말하는 이들도 있었다.

생각해보라. 마리나의 마음이 정처 없이 떠돌고 있었거나 마리나가 공상에 잠겨 있었더라면 맞은편에 앉은 사람은 분명 그녀가 딴 생각을 하고 있다는 걸 그 즉시 느낄 수 있었을 것이다. 마리나가 몸과 마음의 긴장을 지나치게 풀고 느긋하게 있었더라면 자칫 잠들었을 수도 있다. 마리나가 배고픔, 불편함, 고통, 생리 욕구 등의 신체 감각을 평소대로 유지했더라면 움직임 없이 가만히 앉아 있는 일은 절대 불가능했을 것이다. 그날그날 퍼포먼스가 끝나려면 몇 시간이나 남았는지 신경 쓰기 시작했더라면 견디지 못할 만큼 시간이 천천히 기어간다고 느끼지 않았을까? 마리나는 수도자가 자기 수련을 하듯이 전사의 강인함으로 모든 방해물을 완전히 무시한 채 오로지 현재의 순간에만 집중했다. 그녀는 자신이 발디디고 있는 공간에만 존재했고, 맞은편에 앉은 사람과 그들이 나눠주는 경험에만 집중했다.

"無에 가까운 일을 하는 게 가장 어렵다는 사실을 사람들은 이해하지 못합니다." 마리나는 자신의 퍼포먼스를 두고 이렇게 말했다. "이 전시는 온전히 당신에게 달려 있습니다. (…) 숨기고 말고 할 게 아무것도 없습니다. 오로지 당신뿐이죠."

현재에 집중하려면 우리의 모든 게 필요하다. 아무것도 아닐 수 있지만 어쩌면 세상에서 가장 어려운 일일 수도 있다. 단상에 서서 연설을 시작하려고 할 때 우리는 머릿속으로 연설이 아니라 다른 사람들이 우리를 어떻게 생각하고 있을지 생각하게 된다. 이런 행동이 어떻게 우리의 성취에 영향을 미치지 않겠는가? 위기에 맞닥뜨려 분투하고 있을 때 우리는 머릿속으로 이게 얼마나 불공평한 일인지, 끊이지 않는 위기 때문에 진전이 없다는 게 얼마나 말도 안되는 일인지를 끊임없이 생각한다. 어째서 우리는 정서적, 정신적 에너지가 가장 필요한 순간에 이를 다른 것에 고갈해버리고 있는 걸까?

심지어 우리는 집에서 조용한 저녁 시간을 보내는 와중에도 머릿속으로는 개선해야 할 일들을 목록으로 만든다. 또 하늘에 아름다운 저녁놀이 펼쳐졌다고 해도 그 모습을 그대로 감상하지 못하고 **사진을 찍는다.**

현재에 집중하지 못한다. 그래서 놓치고 만다.

삶을. 최고의 순간을. **눈앞에** 있는 소중한 것들을.

마리나의 퍼포먼스를 보기 위해 줄 서 있던 많은 사람들이 의도치 않게 이러한 현상의 예시가 돼주었다. 문이 열리자마자 몰려들어온 이들은 '특별한' 작품의 첫 관람객이 되기 위해서 그에 못지않게 인상적인 그녀의 다른 많은 작품들을 순식간에 지나쳐버렸다. 줄을 서 있는 동안에도 한시도 가만히 있지 못하고 서로 수다를 떨며 시간을 보냈다. 또 서로의 몸에 기댄 채 낮잠을 자기도 했고 휴대전화를 확인했으며 또 확인하고 또 확인했다. 어떤 이들은 자기

차례가 오면 어떨지, 차례가 오면 무엇을 할지 이리저리 생각해보기도 했다. 심지어 그중에는 15초라도 유명세를 얻고 싶었는지 사람들 틈에서 희한한 행동을 하는 이들도 있었다.

일상에 존재하는 놀라운 일에 우리는 얼마나 마음을 닫고 있는지!

궁금할 것이다. 관람객들이 마리나와 함께 오로지 현재에만 집중한 얼굴을 마주하는 초월적인 경험을 하고 난 뒤에 바쁜 뉴욕 거리로 돌아갔을 때, 과연 복잡한 도시에서 활기라는 새로운 공기를 들이마셨을까 아니면 곧바로 방해와 근심, 불안, 꿈, 에고로 가득한 바쁜 일상으로 복귀했을까? 한마디로 말해서 이전으로 돌아가 거의 매일 하던 일을 그대로 했을까?

우리는 지금 이 순간을 살지 않는다. 오히려 생각하고, 행동하고, 얘기하고, 걱정하고, 회상하고, 희망하고, 어떻게 해서든지 지금 이 순간에서 벗어나기 위해 필사적으로 애쓴다. 한시도 지루하고 싶지 않은 마음에 수십만 원을 훌쩍 넘는 기계를 사서 호주머니 안에 넣어 다닌다. 그리고 그렇게 애쓴 끝에 행복이 있으리라는 순진한 믿음을 품고 이런저런 활동과 감투에 끝없이 서명하며 돈과 성공을 좇는다.

톨스토이는 사랑은 미래에 존재하는 게 아니라고 지적했다. 바로 지금 일어나고 있어야만 사랑이라고 할 수 있다. 가만히 생각해보면 이는 기본적으로 우리가 생각하고 느끼고 행동하는 모든 것에 해당하는 말이다. 대단히 큰 규모의 경기에 출전하는 최고의 운동선수들은 온전히 그곳에 존재한다. 오롯이 자신에게 집중한 상태로 현재에 있다.

기억해야 한다. 굉장한 일이 미래에서 당신을 기다리는 일은 없다. 명료함도 통찰력도 행복도 평화도 마찬가지다. 오직 지금 이 순간만 존재할 뿐이다.

지금 이 순간이 문자 그대로 1, 2초의 시간을 의미하는 것은 아니다. 진정한 의미의 '지금'이란 과거에 집착하거나 미래를 염려하지 않고 우리가 존재하기로 선택한 순간을 뜻한다. 우리는 과거에 일어난 일 또는 언젠가 일어날지도 모를 일에 대한 희망이나 걱정을 우리가 원하는 만큼 멀리 밀어낼 수 있다. 그러므로 지금 이 순간은 몇 분이 될 수도 있고 오전 몇 시간이 될 수도 있고 몇 년이 될 수도 있다. 당신이 그만큼 버틸 수만 있다면 말이다.

초등학교 교사이자 작가인 로라 잉걸스 와일더Laura Ingalls Wilder의 말처럼 **지금은 지금뿐이다.** 결코 다른 것이 될 수 없다.

지금 이 순간을 붙잡아라!

자신의 일부만 떼어내서 그것에 어떤 문제나 기회를 짊어지게 할 수 있는 능력을 지닌 사람이 있을까? 본인이 하고 싶은 대로만 하면서 유지할 수 있는 끈끈한 관계라는 게 있을까? 다른 기회가 또 있을 거라고 확신해서 지금 이 순간의 기회를 자신 있게 넘길 수 있는 사람이 있을까? 과거를 후회하거나 미래를 걱정하며 낭비하는 에너지가 적을수록 눈앞에 놓인 일에 쏟을 수 있는 에너지는 더 많을 것이다.

우리는 예술가처럼 세상을 바라보는 법을 배워야 한다. 보통 사람들은 자기 주변에 무엇이 있는지 잘 알아차리지 못하지만 예술가는 **알아본다.** 예술가의 정신은 온전히 열려 있기 때문에 새가 날아가는 모습이나 낯선 사람이 포크를 잡는 모습이나 아이를 바라보는 어머니의 모습을 놓치지 않는다. 그들은 내일 일을 생각하지 않는다. 그들 머릿속에는 오로지 지금 이 순간의 경험을 어떻게 사로잡고 어떻게 표현함으로써 세상과 소통할 수 있을지에 관한 생각뿐이다.

예술가는 **현재에** 집중한다. 그것이 고요다. 그리고 바로 이 같은 고요에서 탁월함이 나온다.

현재를 뜻하는 'present'에 담긴 또 다른 의미가 선물인 것은 지금 우리가 경험하고 있는 이 순간이 선물이라는 말이다. 스트레스가 크고 힘이 많이 드는 현재라고 할지라도 이 순간이 우리의 마지막일지 모른다는 사실을 잊어서는 안 된다. 그러므로 우리의 모든 것을 활용하여 이 순간을 충실하게 이해하는 능력을, 이 순간에 빠져드는 능력을 길러봐야 한다.

바라던 그대로의 모습이 아니라는 이유로 힘들고 지루한 순간을 외면하지 않기를, 자신 없거나 부끄럽다는 이유로 아름다운 순간을 낭비하지 않기를 바란다. 당신에게 주어진 것으로 할 수 있는 일을 만들어보라. 주어진 능력으로 살 수 있는 삶을 살아보라. 탁월함이란 그런 것이다.

명상을 가르치는 스승은 제자에게 호흡에 집중하라고 지시한다.

들이마시고 내뱉고. 들이마시고 내뱉고. 스포츠에서 감독은 경기, 훈련, 반복과 같은 '과정'을 중요하게 이야기한다. 그건 지금 이 순간이 특별하기 때문일 뿐만 아니라 마음이 콩밭에 가 있으면 최선을 다할 수 없기 때문이다.

예수는 제자들에게 내일 걱정은 내일이 할 것이니 앞서 걱정하지 말라고 했다. 우리 앞에는 지금 당장 할 일이 이미 산더미처럼 쌓여 있지 않은가? 그게 작아 보이든 하찮아 보이든 그저 집중해서 해보라. 지금 당장 할 수 있는 일에 최선을 다하라. 비난하기를 좋아하는 이들이 뭐라고 할지 생각하지 마라. 꾸물거리지 말고 쓸데없이 복잡하게 만들지도 마라. 여기에 집중하고 **온전한** 자신이 되어보라.

현재에, 지금 이 순간에 집중해보라.

과거에 시도해봤으나 실패했다고? 그래도 괜찮다.

그게 바로 현재의 좋은 점이다. 현재는 끊임없이 다가와 우리에게 두 번째 기회를 주지 않는가?

나폴레옹이 편지를
곧장 확인하지 않은 이유

정보의 풍요로움이 주의력의 빈곤을 만들어낸다.
—**허버트 사이먼**Herbert Simon, **미국의 사회과학자 · 경영학자**

나폴레옹 장군은 편지에 답장을 늦게 보내는 걸 습관으로 만들었다. 비서에게 어떤 우편물이 오든 3주 뒤에 열어보라고 지시했다. 마침내 그가 해당 서신에 담긴 용건을 들었을 때쯤에는 편지가 도착했던 당시에 '중요한' 문제라던 사안들이 이미 해결된 이후라 더는 답장을 할 필요가 없었다. 나폴레옹은 그 같은 상황에 아주 흡족해했다.

나폴레옹이 별스러운 지도자였던 건 사실이지만 결코 태만하거나 정부나 자신이 이끄는 군인들을 나 몰라라 하는 지도자는 아니었다. 다만 정말로 중요한 게 무엇인지 제대로 인지한 뒤에 행동하려면 수많은 정보 중 누구의 어떤 정보를 머릿속에 입력할 것인지 선택할 수밖에 없었다. 이와 비슷한 맥락에서 나폴레옹은 밤에 편지를 전달하는 사람에게 좋은 소식이면 절대 자신을 깨우지 말고, 반대로 위기가 닥쳤거나 군사 작전에 부정적인 영향을 미칠 만한 일이 발생했다거나 하는 위급 상황이면 지체 없이 소식을 전하라고 지시하면서 이렇게 말했다. "그때는 나를 즉각 깨워라. 그런 상황에서는 단 1초도 허투루 쓸 수 없다."

두 가지 방법 모두 바쁜 현대인들이 현실에 적용해볼 수 있는 훌륭한 방법이다. 우리에게는 너무 많은 정보가 쏟아지고 있다. 명료하게 사고하려면 중요하지 않은 것들을 본질적인 것으로부터 걸러내는 방법을 반드시 알아야 한다. 깊은 사고와 냉철한 분석만으로는 부족하다. 지도자라면 이를 실행할 수 있는 시간과 여유를 만들어야 한다.

물론 현대 사회에서 이를 실천하기란 쉽지 않다. 1990년대에 정치과학자들은 이른바 'CNN 효과'를 연구하기 시작했다. 전 세계 주요 소식을 실시간으로 전하는 CNN이 정치·사회에 미치는 영향력을 살펴보는 것이었는데, 정치인과 CEO 들은 숨 돌릴 틈 없이 24시간 내내 계속되는 언론 보도에 반응하지 않을 도리가 없다. 지나치게 많은 정보가 쏟아지는데 저마다 자기가 중요하고 급한 사안이라고 목소리를 높인다. 원래 현미경을 갖다 대면 사소한 일 하나하나가 굉장히 크게 보이는 법이다. 그러면 온갖 추측이 난무하고 결국 명료하게 깨어 있어야 할 정신은 길을 잃고 만다.

그런데 이제 CNN 효과는 대통령이나 장군에게만 국한된 것이 아닌 모두의 문제가 되었다. 현대 사회에서 우리는 합리적으로 활용할 수 있는 양보다 훨씬 더 많은 양의 정보를 접하면서 살아간다. 그러면서 이 또한 업무의 일부이며 '모든 상황을 다 알고 있어야' 한다고, 그렇기 때문에 뉴스, 보고報告, 회의를 비롯한 온갖 종류의 피드백을 들을 수 있도록 소중한 시간을 포기해야 한다고 스스로를 설득한다. 텔레비전 앞에 죽치고 앉아 있지 않아도 여전히 우리는 각종 가십과 사건·사고 등 여러 방해 요인에 둘러싸여 있다.

우리는 이 흐름을 반드시 멈춰야 한다.

에픽테토스가 말했다. "발전하고 싶다면 외부의 일에 아무것도 모르는 멍청한 상태로 나타나기를 즐겨라."

나폴레옹은 우편물이 밀리는 상황을 즐겼다. 그 때문에 다른 누군가를 화나게 할 수도 있고 중요한 가십거리를 놓치는 일이 생기더라도 말이다. 사소한 문제들은 굳이 자신이 나서지 않아도 알아서 해결되기 때문이었다. 우리도 실시간으로 뉴스를 받아들일 게 아니라 나폴레옹처럼 여유를 갖는 태도, 유행에 한두 계절쯤 뒤처지는 태도, 내 삶을 받은편지함의 노예로 만들지 않는 태도를 길러야 한다.

정말 중요한 일이라면 당신이 알게 되는 순간까지도 여전히 중요할 것이다. 그렇게까지 중요하지 않은 일이라면 당신에게 닿기 전에 사라지거나 대수롭지 않은 일이었다는 사실이 명확해질 것이다. 그러면 불필요한 조급함이나 피로에 찌들 일 없이 내적으로 고요를 유지하며 관심이 필요한 사안에 **온전히** 주의를 기울일 수 있게 된다.

에고는 그 어느 것에도 뒤지지 않으려고 무던히 애쓴다. 호평받는 텔레비전 프로그램이든 최근에 업계에 돌기 시작한 루머든, 전혀 객관적이지 못한 논평이든, (중동, 아프리카, 아시아, 기후 변화, 세계은행, NATO 정상회의 등 끝없는 문제의) 심각한 위기든 간에 그 어떤 것에도 지지 않으려고 무던히 애쓴다. 하지만 이는 우리 내면의 평화를 잃게 하며 엄청난 기회비용까지 요구한다. 우리가 더 고요해지고 더 자신만만해지고 더 폭넓은 시야를 갖게 된다면 어떤 의미 있는 문제에 에너지를 쏟을 수 있게 될까?

1942년, 수녀이자 사회활동가였던 도로시 데이는 이와 엇비슷한 내용을 일기장에 적으며 자신을 꾸짖었다. 도로시가 일기장에 쓴 내용은 이랬다. "라디오를 꺼라. 일간지를 치워라. 하나의 기사만 읽고 나머지 시간에는 글을 보라." 도로시가 말한 '글을 보라'는 말은 독서, 즉 **책**을 읽으며 시간을 보내라는 의미였다. 단, 가능한 한 많은 책이 아니라 지혜가 가득한 책을 읽으면서.

좀 지나칠 수 있지만 스코틀랜드 출신의 의사이자 시인이었던 존 페리아John Ferriar의 시구를 보자.

장서벽이 있는 불운한 인간은
지독한 열망과 끝없는 고통의 굴레를 쓰고 있으니.

우리가 정보의 홍수에 빠져 있으면 행복은 말할 것도 없고 명료하게 사고하거나 행동하기 매우 힘들다는 것이 요점이다. 변호사들이 상대편에게 서류를 산더미처럼 던져주려는 것이나 첩보원들이 적을 향해 프로파간다를 쏟아 붓는 것은 바로 그런 이유 때문이다. 이러한 전략의 목적을 보통 '정보 과다로 인한 분석 **마비**'라고 하는데 이것은 결코 우연이 아니다. 그런데 바로 우리가 남도 아닌 우리 자신에게 바로 이렇게 하고 있다니!

나폴레옹 시대로부터 한 세기 반이 지난 뒤, 또 한 명의 위대한 장군이자 훗날 국가 원수가 된 드와이트 아이젠하워Dwight Eisenhower는 빗발치듯 쏟아지는 정보들 사이에서 사실과 허구를 분간하기 위해 애썼다. 노력 끝에 그가 생각해낸 해결책은 정보에 관한 한 지휘계통을 철저히 거치게 하는 것이었다. 누구도 아이젠하워에게 내용이 확인되지 않은 우편물을 건네서는 안 됐고, 검토하다 만 문제를 전달해서도 안 됐다. 마구잡이로 흘러 들어오는 모든 정보를 받아들이고 처리하려고 한다면 내면의 고요가 해야 할 일이 너무 많아지기 때문이었다. 아이젠하워는 표를 그리고 그 안에 각 사안와 문제를 정리해 넣는 시스템을 도입했다. 오늘날 "아이젠하워 박스Eisenhower Box"라는 이름으로 불리는 이 표는 긴급성과 중요도를 기준으로 일의 우선순위를 정해주는 역할을 한다.

아이젠하워는 이 세상이나 일터에서 일어나는 많은 일이 긴급하지만 중요하지는 않다는 사실을 깨달았다. 오히려 정말 중요한 일은 대부분 시간에 구애받지 않았다. 진짜 중요한 일과 긴급해 **보이는** 일을 구분할 수 있는 체계를 구축함으로써 그는 부하들이 반사적이 아니라 전략적으로 행동할 수 있도록 만들었다. 너무 많은 사안을 겉핥기식으로 다루는 게 아니라 중요한 사안을 깊이 있게 다룰 수 있도록 해준 것이다.

실제로 장군이든 대통령이든 지역 은행의 지점장이든 간에 아랫사람을 거느리는 권력자는 가장 먼저 상관에게 대면보고 할 수 있는 인원수를 제한한다. 그렇게 문지기를 만들어두면 불쑥불쑥 들르는 직원이 사라지고 잡담거리나 방향 잃은 보고서를 받을 일이 없어진다. 그러면 상관은 큰 그림을 볼 수 있게 되고 생각할 시간과 공간을 만들어낼 수 있다.

만약 상관이 그런 조치를 취하지 않는다면? 글쎄, 그러면 아무도 큰 그림을 보지 못하지 않겠는가?

마르쿠스 아우렐리우스는 《명상록》에서 이렇게 말했다. "매 순간 자신에게 물어라. '이 일이 정말로 필요한가?'"

무엇을 생각하지 말아야 하는지, 무엇을 무시하고 무엇을 무시하면 안 되는지 아는 것. 이게 바로 당신이 가장 먼저 해야 할 일이자 가장 중요한 일이다.

승려이자 평화운동가인 틱낫한Thich Nhat Hanh의 글을 보자.

우리 삶에 대단한 변화를 만들려고 하기 이전에 우리는 반드시 먹는 습관과 소비하는 습관을 돌아봐야 한다. 우리에게 독을 끼치고 우리를 취하게 하는 것들의 소비를 멈추는 방식으로 살아야 한다. 그때 우리는 내면에 있는 최선의 것을 끄집어낼 힘을 얻게 되고 더 이상 화나 좌절감의 희생양이 되지 않는다.

음식만큼이나 정보에도 고스란히 해당하는 진리다.

'**콩 심은 데 콩 나고 팥 심은 데 팥 난다**Garbage in, garbage out●'라는 속담도 있지 않은가? 좋은 결과물을 원한다면 정보를 선별하여 받아들여야 한다. 쉽지 않은 일이고 훈련이 필요한 일이다. 이를 위해서는 알림이나 알람을 줄여야 한다. 방해금지 모드를 활용하여 우리에게 들어오는 메시지를 차단하고, 중요도에 따라 이메일을 분류해야 한다. '오픈도어 정책open door policy●●'에, 그리고 지금 **살고 있는 환경**에까지 의문을 가져야 한다. 우리 삶에 쓸데없는 사건이나 상황을 끌고 들어오는 이기적인 사람을 밀어내야 한다. 그때그때 눈앞에 놓인 일만 따라갈 게 아니라 세상을 더욱 **철학적으로**, 장기적인 관점으로 바라보며 공부해야 한다.

아침 일찍 일어났을 때의 기분, 바깥세상 소음에 아직 더럽혀지지 않았을 때의 상쾌한 마음이야말로 보호할 가치가 있는 영역이다. 그리고 그 영역은 정말로 일이 잘 되고 있을 때일수록 더욱 깊숙이 걸어 들어가 보호해야 할 지대다. 울타리를 치고 긴급한 일과 중요하지 않은 일들을 적임자에게 보낼 수 있도록 적절한 활주로를 만들어야 한다.

미국 남부를 대표하는 소설가 워커 퍼시Walker Percy는 나태함과 유

● 'Garbage in, garbage out.' 주로 컴퓨터에 무가치한 데이터를 넣으면 무가치한 결과가 나온다는 의미로 쓰임.
●● 경영진 등 상관에게 건의 사항을 제기하더라도 어떠한 불리한 영향이 없으리라고 보장하는 정책.

홍 중독에서 벗어나지 못해 고생했던 자신의 경험을 기반으로 쓴 소설《랜슬롯Lancelot》에 강력한 메시지를 담았다. 이 소설을 보면 괴로워하는 화자가 미시시피에 있는 자신의 대저택에서 걸어 나오다가 생애 처음으로 발길을 멈춘다. 자신을 감싸고 있던 알을 깨뜨리고 나오는 순간을 경험한 것이다. "인간이 미켈란젤로의 다비드상처럼 한쪽 팔을 옆구리에 늘어뜨린 채 아무런 도움도 방해도 없이 홀딱 벗고 편안하게 (…) 침묵 속에 홀로 서 있을 수 있을까?" 그는 스스로에게 묻는다.

그렇다. 서 있는 건 가능했다. 아무 일도 일어나지 않았다. 이번에는 귀를 기울였다. 아무 소리도 들리지 않았다. 강을 가로지르는 배도 없었고, 도로를 달리는 트럭도 없었고, 매미 한 마리조차 없었다. 뉴스를 듣지 않으면 무슨 일이 생길까? 나는 뉴스를 듣지 않았다. 아무 일도 일어나지 않았다. 그동안 내가 침묵을 두려워하고 있었다는 사실을 깨달았다.

이처럼 고요 안에 있어야만 현재에 집중하고 마침내 진실을 볼 수 있게 된다. 그제야 비로소 내면의 목소리를 들을 수 있다.

사람들이 쉴 새 없이 언론에서 흘러나오는 소리를 듣는 시간만큼 자기 양심의 목소리를 듣는다면 세상이 어떻게 달라질까? 사람들이 주머니 안에 든 작은 기계의 띠링 울리는 소리에 반응하는 속도만큼 양심의 가책이 부르는 소리에도 빠르게 반응한다면?

온갖 소음, 온갖 정보, 온갖 데이터.

우리는 침묵을 두려워한다. 남들 눈에 멍청하게 비칠까 봐 두려워하고 무엇인가를 놓칠까 봐 두려워한다. 우리는 "아뇨. 관심 없습니다"라고 말할 줄 아는 나쁜 사람이 되길 두려워한다.

우리는 우리 자신을 우선으로 하기보다는, 그리고 자기 자신이 되기보다는 스스로를 비참하게 만드는 편을 택하고 있다.

고요하게 있기보다, 불필요한 정보를 멀리 하기보다는.

숀 그린이 슬럼프를
극복해낸 비결

비운다는 것은 신과 함께 한다는 것, 즉 '도(道)'이다.
—**아와 겐조**Awa Kenzo, **일본 궁도의 명인**

야구선수 숀 그린Shawn Green은 메이저리그 활동 중 최악의 슬럼프
에 빠져 있던 2002년도에 LA다저스에서 세 번째 시즌을 시작했다.
당시 매스컴은 살기등등한 기세로 숀을 주목하고 있었고, 심지어
팬들까지 타석에 선 그를 향해 야유를 퍼부었다. 다저스의 경영진
역시 그를 회의적으로 바라보기 시작했다. 숀은 1년에 1400만 달러
를 받아가면서 안타 하나 치지 못하는 선수였다.

수주 간 연속 무안타를 기록했으니 이제 벤치에 앉게 되려나? 다
른 선수와 트레이드되려나? 아니면 마이너리그로 강등되려나? 직
장에서 힘든 시기를 보내는 사람이라면 누구나 그렇듯이 숀 그린의
마음에도 온통 이런 걱정들이 가득했다. 마음속에서 작은 목소리가
울려댔다. **도대체 뭐 때문에 이러는 거야? 어째서 이 상황을 벗어나지 못하**

지? 감을 잃은 거야?

사실 야구공을 친다는 것 자체가 상상조차하기 힘든 묘기에 가까운 일이다. 공을 치려면 타자는 눈으로 공을 보고 정보를 처리하고 결정을 내리고 배트를 휘둘러 20미터 거리의 높은 곳에서 시속 140킬로미터 이상으로 날아오는 작은 공에 맞닿게 해야 한다. 400밀리초milliseconds. 마운드에서 던져진 공이 타자에게 도착하는 데 걸리는 시간이다. 배트를 휘둘러 날아오는 공을 친다는 건 문자 그대로 물리 법칙에 저항하는 일이며 모든 스포츠 중에서도 단연 가장 어려운 행위라고 할 수 있다.

슬럼프에 빠졌을 때 찾아오는 불안과 의심은 상황을 한층 힘들게 만들 뿐이다. 전설의 야구선수이자 감독으로 활약했던 요기 베라Yogi Berra의 말을 떠올려보자. "공을 치면서 생각하기란 불가능하다."

안타가 나오지 않을수록 숀 그린의 눈에는 야구공이 점점 더 작게 보이기 시작했다. 자신의 커리어를 무너뜨리려는 이 악순환을 끊어내기 위해 숀은 오랫동안 신봉해왔던 불교에 의지했다. 자신을 괴롭히는 생각에 더 깊이 파고들면서 그런 생각에 굴복하기보다 머릿속을 완전히 비우려고 노력했다. 슬럼프에 맞서 싸우기보다 아예 아무런 생각을 하지 않을 작정이었다.

이 방법이 정신 나간 소리처럼 들릴지 모르지만 사실은 그렇지 않다. 일찍이 서양에 불교를 포교한 스즈키 다이세쓰鈴木大拙는 언젠가 이런 말을 했다. "인간은 생각하는 갈대다. 그러나 인간의 위대한 업적은 계산하거나 생각하지 않을 때 탄생한다. 오랜 시간 무사무욕無私無慾의 기술을 연마하여 '아이 같은 순수함'을 되찾아야 한다. 그래야만 인간은 생각하지 않으면서 생각할 수 있게 된다."

숀 그린이 슬럼프에서 벗어날 수 있었던 건 전문가와 상담을 하거나 스윙을 개선했기 때문이 아니었다. 그는 타석에 선 자신을 쓰러뜨리는 치명적인 생각을 반드시 없애야 한다는 걸 알고 있었다. 엄청난 계약과 이 시즌에 대한 기대감, 집에서 받는 스트레스, 언론의 비평 등에 관한 생각, 그러한 모든 것들을 머릿속에서 지워내야 했다. 그리고 그 자리에 오로지 훈련이 들어차도록 만들어야 했다.

2002년 5월 23일, 숀 그린은 정말 그렇게 하려고 애쓰고 있었다. 그날은 밀워키 브루어스와 결승전을 치르는 날이었다. 다저스는 이틀 전에는 패배를, 전날 밤에는 1 대 0으로 간신히 승리한 상황이었다. 숀 그린의 타격이 드문드문 터졌지만 그나마도 신통치 않았다.

결승전 날 아침, 구장에 나갔을 때 그는 새 출발하는 마음으로 임하려고 노력했다. 처음에는 배팅 케이지batting cage* 에서, 그 다음에는 배팅 티batting tee** 앞에서 천천히 끈기 있게 조용히 머릿속을 비웠다. 스윙을 할 때마다 지난날을 떠올리지도 앞날을 걱정하거나 팬을 신경 쓰지도 공을 어떻게 치고 싶은지도 생각하지 않고 그저 발 딛고 있는 곳에 온전히 자리 잡고 서서 테크닉과 발의 위치에만

---

* 타자가 타격 연습을 할 수 있는 시설을 갖춰놓은 곳.
** 스트라이크존 높이의 막대에 공을 올려놓고 하는 타격 연습 시 쓰는 막대.

집중했다. 정말로 다른 생각은 일절 하지 않았다. 대신 선종의 교리만 되뇔 뿐이었다. **나무하고 물 긷고. 나무하고 물 긷고. 나무하고 물 긷고.**[*]

지나치게 분석하지 말자. 그저 할 일을 하자.

생각하지 말자. 그냥 **치자.**

타석에 오르자마자 그린은 처음 두 번의 투구 모두 스트라이크를 내줬다. **이 슬럼프가 계속되려나? 도대체 끝이 나긴 할까? 나는 어째서 이 걸 이겨내지 못하는 걸까?** 마음속에서 이런 생각이 부글거렸지만 그는 이 야생마 같은 생각이 일으킨 흙먼지가 가라앉길 기다리며 그 생각이 지나가도록 내버려두었다. 그린은 숨을 한 번 들이마시고 경기 전 아무도 없는 관중석처럼 깨끗하게 머릿속을 비웠다.

그러고는 다시 배트를 들었다. 세 번째 공이 던져졌다. **땅!** 공은 배트에 밀려 오른쪽으로 시원하게 뻗어나갔다.

2회에서 그린은 안쪽으로 들어오는 속구를 받았다. 앞발을 고정한 채 오로지 공에만, 공을 배트에 제대로 맞히는 데에만 집중했다. 그리고 날아오는 공을 바라보며 배트를 휘둘렀다. 공은 날아오던 반대 방향으로 높이 날아가 우익수 너머 담장을 넘어갔다. 3점 홈런이었다. 4회에서는 우익수와 중견수 사이로 홈런을 날렸고 5회에서는 좌익수 뒤로 홈런을 쳤다. 상대편 진영에서는 이 타자의 타격

---

[*] 방거사(龐居士)로 알려진 방온(龐蘊)의 게송 중에 나오는 말이다. '신통병묘용 운수급반시(神通並妙用 運水及搬柴)'라 하여 신통력이나 묘한 용법이란 별것이 아니라 물 길어 오고 나무를 해 오는 일과 같이 일상사 속에 있다는 의미를 담고 있다.

에 제대로 시동이 걸렸다는 신호가 오갔다. 8회에서는 길게 1루타를 쳤다.

슬럼프는 이미 사라지고 없었다.

타석에서 그는 5타수 5안타를 쳤다. 구단 매니저는 숀 그린에게 이제 내려와 쉬라고 했지만 그린은 계속 타석에 서게 해달라고 요청했다.

이제 그의 머릿속은 전혀 다른 방향으로 흘러갔다. 그의 마음에는 의심 대신 기쁨이 가득 찼다. **정말 기가 막힌다. 이 얼마나 신나는 일인가? 안타를 하나 더 칠 수 있을까? 이대로라면 기록도 세울 수 있겠는 걸!**

슬럼프에 빠졌을 때의 과민한 목소리만큼이나 연승에 빠졌을 때의 오만한 목소리도 정신에 해롭다. 방해되는 건 둘 다 매한가지며 둘 다 상황을 더 어렵게 만든다.

숀 그린은 여섯 번째, 그리고 마지막으로 타석에 올랐을 때 스스로 이렇게 말했다. "지금 생각하는 건 쓸데없는 짓이야." 그는 다시 한 번 머릿속을 비우고 어린이 야구 리그에 참가한 아이처럼 마음껏 즐겼다.

압박감 없이, 그저 현재에 충실하게, 그곳에 서 있다는 사실 자체로 즐거워하며.

세 번째 투구에서 그는 무릎 밑으로 낮게 들어오는 커트볼을 받았다. 그린과 같은 좌타자들이 슬럼프에 빠지면 바로 그 히팅존이 블랙홀이 되는 경우가 많다. 그러나 피할 수 없으면 헤쳐나가는 수밖에 없다. 그린은 그 공을 쳐냈고, 그를 본 한 코치는 마치 눈앞에서 슬로모션이 펼쳐지는 것 같았다고 말했다. 배트는 타자의 정신과 육체보다 앞서 나갔고, 배트에 맞은 공은 우익수와 중견수 사이의 상공을 높이 날았다. 그리고 그대로 1.6킬로미터를 높이 뻗어나가 경기장 뒷벽에 부딪친 다음 다시 경기장 안으로 튕겨 들어왔다.

더그아웃^{dug out}에 있는 팀 동료들이 열광하고 있을 때에도 그린은 이전 세 번의 홈런을 쳤을 때와 마찬가지로 여전히 고개를 숙인 채 침착하고 차분하게 천천히 뛰며 베이스를 돌았다. 한 경기에 네 번의 홈런을 친 역대 14번째 선수가 탄생한 순간이었다. 6타수 6안타, 19누타수*, 7타점^{total base**}. 이는 야구 역사를 통틀어도 독보적인 경기 성적일 것이다. 그의 경기를 관람하던 관중 2만6728명 전원이 기립박수를 쳤다. 그러나 그린은 이미 머릿속에서 그런 모든 것을 치우고 자신의 루틴으로 복귀했다. 그는 배팅글러브^{batting glove}를 벗으며 머릿속을 깨끗이 비워내고 다음 경기에 임했다.*

숀 그린을 최초의 불교도 야구선수라고 할 수는 없다. 야구 역사상 최고의 홈런 타자로 꼽히는 오 사다하루도 역시 불교도였다. 그는 스승의 가르침에 따르면 선종의 목적은 "공空의 상태, (…) 잡음이 없고 색이 없으며 열이 없는 상태에 이르는 것"이므로, 마운드

●　단타를 1, 2루타를 2, 3루타를 3, 홈런을 4로 계산해서 합산한 누계.

●●　한 타자가 안타를 때려 도달한 베이스의 총계.

＊　이후 두 번의 경기에서 그린은 홈런 세 개를 더 쳤다. 그는 세 경기에서 13타수 11안타, 7홈런을 기록했다. 마지막 홈런을 칠 때 부러진 그린의 배트는 현재 야구 명예의 전당에 전시되어 있다.

위에 서 있을 때나 타석에 서 있을 때나 연습하고 있을 때나 마음을 모두 비운 상태가 될 수 있어야 한다고 말했다.

이보다 더 전에 장자는 이런 말을 했다. "'도'란 비우는 것이다. 비우는 것이란 마음 단식을 하는 것이다." 마르쿠스 아우렐리우스는 이런 글을 쓴 적이 있다. "완벽한 고요를 지닌 구체球體"가 될 수 있도록 "자꾸만 마음에 달라붙는 인상impression으로부터, 앞날과 지난날로부터 자유로워져라." 이 글이 '다저스 대 브루어스' 경기 다음 날《로스앤젤레스타임스》에 실린 논평기사의 첫 단락에 실렸더라면 완벽하게 맞아떨어졌을 것이다. 마르쿠스보다 앞선 시대를 살았던 에픽테토스는 실제로 스포츠에 관해 이렇게 말하기도 했다. "공을 던지거나 받을 때 우리 마음이 불안하거나 긴장하면 경기가 어떻게 될 것이며 또 우리가 평정심을 어떻게 유지할 수 있겠는가? 다가올 상황을 어떻게 예측할 수 있겠는가?"

이러한 가르침은 운동경기에서만큼이나 우리 인생에도 고스란히 적용할 수 있다.

물론 생각은 필수적이다. 전문지식이 지도자나 운동선수, 예술가로 성공하는 열쇠가 된다는 사실은 의심할 여지가 없다. 문제는 우리도 모르게 너무 지나치게 생각한다는 데 있다. 잠재의식 속에서 '소용돌이치는 거친 말들'이 우리 머릿속에 걱정을 심다보면 어느새 훈련할 여유조차 사라지고 만다. 과부하가 걸리고 주체하지 못하고 산만해진다. 다른 그 무엇이 아니라 우리 자신의 머릿속 때문에!

그러나 우리가 빈 공간을 만들면, 숀 그린이 그랬던 것처럼 의식적으로 머릿속을 비운다면 마침내 통찰력을 얻을 수 있고 돌파구를 찾을 수 있게 될 것이다. 배트를 완벽하게 휘둘러야 야구공에 완벽하게 닿는다.

공의 상태라는 개념에는 아름다운 역설이 존재한다.

《도덕경》에서는 빈자리 주변에 점토를 붙이면 물을 담을 수 있는 주전자가 된다고 말한다. 주전자에 든 물을 컵 안쪽에 따르면 빈 공간을 둘러싸고 만들어진 컵이라는 사물 안에 물이 채워진다. 지금 이 모든 일이 일어나고 있는 방 또한 빈 공간을 둘러싸고 네 개의 벽을 세움으로써 형성된 것이다.

우리는 존재하지 않는 것에 기대어 실생활에 유용한 것을 얻는다. 가수 로잔느 캐쉬는《인테리어스Interiors》라는 앨범을 녹음할 때 녹음실 출입구에 이런 글귀를 써 붙였다. "이 안에 들어오는 모두, 생각을 버리세요." 이는 로잔느가 자신을 포함해 작업에 참여하는 모두가 각자의 마음속 깊은 데까지 들어가길 원했기 때문이었다. 그녀는 함께 작업하는 모든 이들이 현재에 집중하길, 음악과 연결되길, 그리고 머릿속에서 길을 잃지 않길 바랐다.

케네디가 쿠바 미사일 위기 내내 피그스만 집착했더라면 어떻게 됐을지 상상해보라. 숀 그린이 잘 되지 않는다며 스윙 폼을 개조하려고 미친 듯이 애썼더라면, 불안과 좌절 때문에 쿵쾅거리는 마음으로 투수를 마주하고 섰더라면 어떻게 됐을지 떠올려보라. 아마 누구든 마음속으로 **'망치면 안 돼. 망치면 안 돼. 잊지 마'**라는 말을 되뇌

어본 적이 있지 않은가? 그럴 때 어떤 일이 생기는가? 하지 **않으려** 했던 일을 그대로 하게 되지 않는가?

어떤 상황에 처하든 무엇을 하고 있든지 간에 스스로를 무너뜨리지 않는 것이 가장 중요하다. 지나친 생각으로 불필요한 의심으로 또는 앞선 추측으로 상황을 더 힘들게 만들어서는 안 된다.

당신의 양쪽 귀 사이에 있는 공간은 오로지 당신 자신의 것이다. 그곳에 들어오는 것만 통제할 게 아니라 그 **안에서** 일어나는 일 또한 통제해야 한다. 당신 자신과 자신의 생각에 영향을 받지 않도록 주의해야 한다. 강한 힘이 아니라 부드러운 힘으로 집요하게 쓸어내야 한다. 도서관에서 소란스럽게 떠드는 아이들에게 "쉿!"이라고 말하고, 전화기를 꺼내 드는 얼간이에게 밖으로 나가서 받으라고 경고하는 사서가 되어보라.

머릿속은 중요하고 신성한 장소이기 때문이다.

우리는 머릿속을 맑고 깨끗하게 유지해야 한다.

해답을 찾는
생각의 태도

나는 보이는 한쪽 눈으로 앞에 놓인 걸 바라보고, 보이지 않는 한쪽 눈으로는 숨겨진 것을
바라본다.
—앨리스 워커Alice Walker, 미국 흑인문학을 대표하는 작가

어린이 프로그램 〈로저스 아저씨네 이웃Mister Rogers' Neighborhood〉
의 도입부를 보면, 진행자가 등장하기 전에 음악이 먼저 흘러나오
고 황색불이 깜빡거리는 신호등이 화면에 잡히고 난 다음에야 프레
드 로저스가 좋은 이웃이 되는 방법을 노래하며 등장한다. 의미는
알 수 없지만 이 오프닝은 30년 넘도록 1000편에 달하는 에피소드
의 문을 열었다. 마치 오프닝에 어떤 힌트가 숨어 있기라도 한 것처
럼 시청자들은 오프닝 내내 오늘은 어떤 이야기가 나올지 보고 들
을 준비를 했다. 프레드 로저스가 카메라를 보고 이야기를 하든 손
가락 인형 킹 프라이데이King Friday와 프로그램 속 가상의 마을에서
놀든 노래를 부르든 거의 모든 에피소드에서 동일한 이야기를 하고
있는 듯했다. **여유를 가져라. 배려하라. 주의하라.**

펜실베이니아에서 초등학교를 다녔던 프레드 로저스는 어린 시절 내내 짓궂은 괴롭힘을 당했다. 아이들은 몸무게 때문에 그를 놀렸고, 또 몸무게에 민감하게 반응한다며 놀려댔다. 끔찍한 경험이었지만 그때 받았던 고통은 훗날 그가 공영방송에서 획기적인 일을 하는 데 자극제가 되었다. "그때부터 저는 평생에 걸쳐 정말로 중요한 게 무엇인지 생각하기 시작했습니다." 그는 자신의 어린 시절을 회상하며 이렇게 말했다. "바로 눈에 보이지 않는 이웃처럼 말이죠." 그는 이런 개념이 담긴 문구를 인쇄하고 액자로 만들어 피츠버그에 있는 자신의 제작사 사무실 벽에 걸어놓기까지 했다.

"정말 중요한 건 눈에 보이지 않아.L'essentiel est invisible pour les yeux."

이 말의 의미는 겉모습만으로는 오해하기 쉽다는 것이다. 첫인상도 마찬가지다. 우리는 겉으로 드러나는 것, 모두의 눈에 보이는 것만 보고 오해하고 쉽게 속아 넘어간다. 그런 뒤에 잘못된 결정을 내리고 기회를 놓치고 두려워하거나 분노한다. 특히 우리가 여유를 갖고 시간을 들여 자세히 들여다보지 않을 때 그렇게 될 가능성은 더 커진다.

쿠바 미사일 위기 당시, 케네디의 반대편에 있었던 흐루쇼프를 생각해보라. 그가 지나친 욕심을 부리고 도를 넘었던 것은 무엇 때문이었을까? 그는 상대편의 패기를 잘못 읽었고 너무 성급하게 실행했으며 자신의 행동이 세계무대에서 어떻게 읽힐지 치밀하게 생각하지 못했다. 급하게 처리하는 일의 대부분이 그렇듯 흐루쇼프의 행동은 가히 치명적인 오판에서 비롯된 것이었다.

에픽테토스는 철학자의 일이란 우리가 보고 듣고 생각하는 감상을 포착하고 시험하는 것이라고 얘기했다. 또한 우리가 겉모습만 보고 잘못 이끌려가거나 육안으로 볼 수 없는 것을 놓치는 일이 없도록 꼼꼼히 들여다보고 신중히 검토해야 한다고도 말했다.

실제로 스토아 철학뿐만 아니라 불교를 비롯한 수많은 다른 종교 및 학파에서도 동일한 가르침을 발견할 수 있다. 세상은 흙탕물과 같다. 이를 꿰뚫어 보려면 먼저 흙먼지를 가라앉혀야 한다. 첫 모습만 보고 흔들려서는 안 된다. 인내심을 갖고 고요하게 기다리면 진실이 우리 눈앞에 나타날 것이다.

최대한 어릴 때부터 중요한 습관을 기르기 시작할 것. 이것이 바로 로저스 아저씨가 아이들에게 준 가르침이다. 수없이 많은 에피소드에서 로저스는 자존감에서부터 헤어짐이나 즐거움, 크레용이 만들어지는 과정에 이르기까지 어떤 주제든 하나를 고른 뒤에 어린 시청자들에게 실제로 그 일이 어떻게 일어나는지, 어떤 의미를 지니고 있는지 차근차근 보여준다. 뿐만 아니라 마치 아이들의 마음이 정보를 어떻게 처리하는지 알고 있는 것처럼 아이들이 느낄 수 있는 혼란이나 두려움을 충분히 알아들을 만한 설명으로 말끔하게 정리해주었다. 그런 식으로 아이들에게 공감과 논리를 가르쳐주었고 시간을 들여 파헤친다면 어떤 문제든지 해결할 수 있다는 자신감을 어린 시청자들에게 심어주었다.

로저스는 어른들에게도 동일한 가르침을 전했다. 언젠가 힘들어하고 있는 친구에게 그는 이런 편지를 써 보냈다. "그냥 생각해보게. 단지 조용히 앉아서 생각해보란 말이네. 그러면 세상의 모든 것이 달라질 것이라네."

표면적으로 보면 한 가지 모순이 발견된다. 불교도들은 현재에 온전히 집중하려면 반드시 머릿속을 비워야 한다고 말한다. 지나친 사고로 머릿속이 마비돼버린다면 우리는 평생 그 어떤 일도 해낼 수 없을 것이다. 그런데 지금 여기에서는 우리가 정말로 제대로 **알고** 싶다면, 그리고 굉장히 많은 사람들에게 해를 입히는 파괴적인 양상에 빠져들지 않으려면 자세히 들여다보고 신중히 생각하고 깊이 연구해야 한다고 말하고 있으니 말이다. 앞뒤가 맞지 않는 말 같은가?

하지만 사실 이것은 전혀 모순이 아니다.

우리는 의도적이고 신중하게 생각하는 법을 더욱 잘 익혀야 한다. 큰 문제에 맞닥뜨렸을 때, 복잡한 문제를 풀어야 할 때, 어떤 사람이나 상황 또는 삶이 어떻게 흘러가고 있는지 이해하려고 할 때에도. 99퍼센트의 인구가 하지 않는 생각을 해야 하며 그들이 99퍼센트의 시간 동안 하고 있는 파괴적인 생각을 우선 멈춰야 한다.

18세기 하쿠인白隱 선사는 깨달음을 단순히 **아무것도** 생각하지 않는 것, 즉 무념의 문제라고 믿었던 스승들을 통렬히 비판했다. 그들과 달리 하쿠인은 제자들이 열심히 생각하길 바랐다. 제자들에게 "한 손으로 치는 손뼉 소리는 어떠한가?" "태어나기 전의 얼굴은 어떠했는가?" "개에게도 불성이 있는가?"와 같은 까다로운 화두를 던지는 **간화선**看話禪을 수련시켰던 것도 그 때문이었다.

이러한 질문은 쉬운 대답을 허용하지 않는데, 바로 그게 간화선의 요점이다. 때로는 며칠씩, 몇 주씩, 심지어 몇 년씩 시간을 들여 그 문제를 깊이 명상함으로써 제자들은 정신을 맑은 상태로 유지하게 되고, 깊은 곳에 묻혀 있던 진실이 드러나면서 깨달음을 얻기 시작한다. 혹 그런 경지에 이르지 못했다고 하더라도 시도한 것만으로도 전보다 더 나은 사람이 된다. 하쿠인은 제자들에게 이렇게 말했다. "갑자기, 느닷없이, 몸에 식은땀이 줄줄 흐를 정도로 몰두하는 경험을 하게 될 것이다. 그 순간 모든 것이 맑아질 것이다." 이것이 득도得度로서, 이는 수수께끼 같은 문제가 해결되고 본질적 진리가 명확하게 붙잡히는 순간을 의미한다.

우리도 이를 조금이라도 경험할 순 없을까?

1분에 1만5000킬로미터를 가려는 사람은 누구라도 **득도**에 이를 수 없다. 명확히 보이는 것에만 집중하거나 가장 먼저 떠오른 생각만 붙잡고 있는 사람은 그 경지에 이를 수 없다. 중요한 게 무엇인지 보기 위해서는 정말로 들여다봐야만 한다. 이를 이해하기 위해서는 정말로 생각해야만 한다. 거의 모든 사람에게 보이지 않는 것을 이해한다는 것은 품이 많이 드는 일이다. 그러나 이는 당신의 커리어와 사업에만 득이 되는 게 아니라 삶의 평화와 안녕을 찾는 데에도 큰 도움이 된다.

프레드 로저스가 보여준 통찰은 이뿐만이 아니다. 방송 당시 개인적으로나 사회적으로나 끔찍한 소식을 접하고 두려움이나 환멸을 느낀 시청자들을 위로하기 위해서 로저스는 말하곤 했다. "항상도움을 줄 사람들을 찾아보세요. 당신을 돕고 싶어 하는 사람은 늘 있습니다. (…) 우리가 사는 세상에는 상황이 잘못되어 갈 때 기꺼이 도와줄 준비가 되어 있는 의사, 간호사, 경찰, 소방관, 자원봉사자, 이웃, 친구들이 가득하답니다."

이 말은 그저 말로만 안심시키려고 하는 말이 아니라 사실이었다. 어린 시절 로저스는 어머니의 조언을 마음에 새긴 덕분에 다른 사람들이라면 고통과 분노, 두려움만 느꼈을 일에서 어떻게든 좋은 면과 위안을 찾아냈다. 그리고 그가 발견한 세상과의 소통 방식은 그의 사후에도 꾸준히 이 세상을 더 나은 곳으로 만들고 있다.

우리가 느끼는 괴로움의 대부분은 심사숙고해서 나온 행동이 아니라 본능적으로 반응한 행동에서 비롯된다. 우리가 잘못하는 대부분의 행동들도 그렇다. 우리는 실제가 아닌 그림자에 반응하고 시험해보기 전부터 확신을 갖는다. 안경을 쓰고 제대로 볼 수 있도록 걸음을 멈추는 법이 없다.

그렇다면 머릿속을 비운 다음 무엇을 해야 하는가? 바로 여유를 갖고 생각하는 것인데, 정말 제대로 생각하려면 규칙적으로

- 당신에게 무엇이 중요한지 생각해보라.
- 정말로 지금 어떤 일이 일어나고 있는지 생각해보라.
- 눈에 보이는 그 이면에 무엇이 숨어 있을지 생각해보라.
- 장기판의 큰 그림이 어떨지 생각해보라.
- 진정한 삶의 의미가 무엇일지 생각해보라.

현대무용가 트와일라 타프^{Twyla Tharp}는 우리에게 이러한 지침을 준다.

> 방 안에 홀로 앉아서 생각이 어디로 어떻게 흐르든 내버려두어라. 1분 동안 그대로 하라. 이처럼 생각이 정처 없이 흐르도록 내버려 두는 일을 하루에 10분 동안 해보라. 그런 다음에는 어떤 단어 또는 목적이 구체화되는지 집중하여 생각하기 시작하라. 만약 집중이 되지 않는다면 연습을 11분으로 늘리고 그 다음 12분, 13분…. 머릿속에 흥미로운 생각이 확실히 떠오를 때까지 이런 식으로 연습 시간을 늘려라. 이때의 정신 상태를 게일어로 '외로움 없는 정적'이라고 한다.

당신이 시간적, 정신적 에너지를 투자하기만 한다면 흥미로운 사실이나 시도해볼 만한 창의적인 프로젝트뿐만 아니라 진실도 발견하게 될 것이다. 소련이 쿠바에 미사일을 배치한 상황에서 필요한 통찰력이든 사업을 키워나갈 방법이든 무의미한 폭력을 이해하는 방법이든 간에 다른 사람들이 놓친 것을 당신은 알게 될 것이고 우리 앞에 놓인 문제의 해결책을 찾게 될 것이다.

해답은 심오한 곳에서 건져 올려야한다. 재빨리 낚아 올리면서 여유를 갖는다는 게 무슨 뜻일까? 마음의 긴장을 풀면서 주변 환경에 잘 맞춘다는 것은, 궁극적으로 수면 아래 숨어 있는 걸 파악하고 그걸 낚아 올린다는 것은 무슨 의미일까?

머릿속 잡음을 잠재우는
가장 완벽한 방법

이동할 때도 먹을 때도 잘 때도 수첩을 지니고 다니며 당신의 뇌를 스쳐가는 모든 단상을
그 수첩에 기록하라.

──**잭 런던**Jack London, 미국의 소설가

　　나이에 비해 조숙했던 독일 출생의 망명자 안네 프랑크는 열세
살 생일에 부모님께 빨간색과 흰색이 섞여 있는 자그마한 '사인첩'
을 선물 받았다. 안네 프랑크는 상점 창문 너머로 그 사인첩을 처
음 본 순간부터 그걸 일기장으로 사용하게 되리란 걸 알고 있었다.
1942년 6월 12일, 안네는 일기장의 첫 장에 이런 글귀를 적었다.
"내가 너에게 모든 걸 털어놓을 수 있게 되면 좋겠어. 그동안 아무
에게도 털어놓을 수 없었던 비밀까지도. 그래서 너에게 위로와 격
려를 받을 수 있기를."

　　안네 프랑크에게 얼마만큼의 위로와 격려가 필요했는지 가늠할
수 있는 사람은 아무도 없을 것이다. 첫 장의 글귀가 쓰인 지 24일
째 되던 날, 안네와 그녀의 유대인 가족은 암스테르담에 있는 아버

지의 공장 창고 별관 안쪽의 비좁은 다락방에 숨어 들어가야만 했다. 그곳에서 그들은 나치에게 발각되지 않길 기도하며 2년을 숨어 지냈다.

그 당시 안네는 십 대였다. 이전에는 외롭고 두렵고 지루한 생활을 했다면 이제는 숨 막힐 듯 비좁은 방에서 여럿이 함께 갇혀 살아야만 했다. 모든 게 너무도 힘들고 부당하고 낯설었다. 안네로서는 이런 감정을 쏟아낼 만한 곳이 필요하지 않았을까?

그녀의 아버지인 오토 프랑크에 따르면 안네는 일기를 매일 쓰지는 않았지만 속상한 일이 있거나 해결해야 할 문제가 있을 때만큼은 항상 썼다고 한다. 또 무엇 때문이든 혼란을 느끼거나 호기심이 생길 때에도 일기를 썼다. 안네는 보잘것없는 환경을 나눠 쓰고 있는 다른 사람들이나 식구들에게 자기 마음속의 고뇌를 털어놓지 않기 위해 일종의 치유의 형식으로 일기를 썼던 것이다. 일기 속 여러 글 중에서도 특히 통찰력 넘치는 명문으로 꼽히는 문장이 있다. "사람들의 인내심보다 종이의 인내심이 더 큰 것 같다."

안네는 일기를 쓰면서 아주 깊이 사색했다. "어떻게 하면 모두가 선하고 고결할 수 있을까." 어느 날은 이렇게 썼다. "하루의 끝에 자신의 행동을 돌아보고 행동의 옳고 그름을 가려본다면 새로운 하루가 시작될 때마다 저절로 더 잘 하려고 노력하게 될 것이고, 그런 노력이 한동안 지속된다면 분명히 많은 것을 성취하게 될 것이다." 그녀는 일기를 쓰면 스스로를 제3자의 시선으로 볼 수 있게 된다는 사실을 깨달았다. 호르몬 때문에 대개 이기적으로 변하는 십 대 시절에도 틈틈이 자신의 일기를 읽어보면서 더 나은 생각을 하려고 노력했다. 심지어 문밖에 죽음이 도사리고 있는 순간에도 안네는 더 나은 사람이 되려고 애썼다.

고대와 현대에 일기 쓰기 기술을 연마했던 사람들을 나열해보자면 터무니없을 만큼 많고 그 면면이 작가부터 영화감독, 정치가 운동선수에 이르기까지 흥미로울 만큼 다양하다. 그중에는 오스카 와일드, 수전 손택, 마르쿠스 아우렐리우스, 빅토리아 여왕, 존 퀸시 애덤스John Quincy Adams, 랄프 왈도 에머슨Ralph Waldo Emerson, 버지니아 울프, 존 디디온Joan Didion, 숀 그린, 메리 체스넛Mary Chesnut, 브라이언 코플먼Brian Koppelman, 아네스 닌Anaïs Nin, 프란츠 카프카, 테니스 선수 마르티나 나브라틸로바Martina Navratilova, 벤자민 프랭클린 등이 있다.

이들 모두가 일기를 썼다.

일기를 아침에 쓴 사람들도 있고 또 가끔씩 쓴 사람들도 있다. 물론 레오나르도 다 빈치처럼 일기장을 항시 지니고 다닌 사람들도 있다. 존 F. 케네디는 제2차 세계대전 참전 전에는 어딜 가든 늘 일기장을 가지고 다녔고 대통령이 된 이후에는 일기를 쓰기보다 생각을 정리하고 이를 기록해두기 위한 목적으로 백악관 메모지에 습관적으로 메모를 했다. (여러 연구 결과에 따르면 이러한 습관이 기억력을 향상시킨다).

물론 이 목록에는 우리를 잔뜩 주눅 들게 하는 이름이 가득하다. 그러나 안네 프랑크는 열셋, 열넷, 열다섯 살의 소녀였다. 그만큼 어린 안네도 할 수 있었던 일이라면 우리가 그걸 하지 않는 데에 어떤 평계를 댈 수 있을까?

스토아 철학자 세네카도 안네처럼 저녁에 일기를 쓰며 자신을 돌아봤던 것으로 보인다. 세네카는 친구에게 자신은 바깥에 어둠이 깔리고 아내가 잠자리에 들고 나면 "내 하루를 온전히 돌아보면서 조금도 숨김없이 그날 했던 행동과 말을 하나도 빠뜨리지 않고 다시 돌아본다네"라고 말했다. 그런 다음에야 '자기반성을 한 뒤에 자는 잠'이 특히 더욱 달콤하다는 걸 깨달으며 잠을 청했다. 오늘날 그의 책을 읽어본 독자라면 세네카가 밤마다 일기를 쓰면서 내적인 고요를 얻으려 했다는 걸 알 수 있을 것이다.

미셸 푸코는 고대의 글쓰기 양식이자 자신에게 쓰는 글이라는 의미의 **후폼네마타**hupomnemata에 대해 얘기했다. 그는 일기를 쓴다는 건 마음속의 동요와 어리석음을 몰아내고 어려움을 극복하는 일이고 철학을 실천하는 방법이라고 설명하면서 일기 쓰기를 '영적 전투의 무기'라고 일컬었다. 머릿속에서 짖어대는 개를 조용히 시킬 수 있도록, 다가올 하루를 준비할 수 있도록, 지난 하루를 돌아볼 수 있도록 하루 동안 어떤 통찰을 얻었는지 메모해보라. 일기장을 스치는 손끝을 통해 지혜를 느낄 수 있도록 시간을 내보라.

최고의 일기는 바로 이런 형태를 띠고 있다. 일기 속의 글은 읽는 사람을 위한 게 아니라 **쓰는 사람**을 위한 글이다. 긴장을 풀고 마음을 느긋하게 하기 위해 쓰는 글이자 내면의 평화를 유지하기 위해 쓰는 글이다.

일기를 쓴다는 건 어려운 질문을 던지는 일이기도 하다. 내가 지금 어디쯤에 서 있는가? 큰일을 이루기 위해 내가 오늘 할 수 있는 가장 작은 일은 무엇이 있을까? 어째서 이런 일에 내가 이토록 흥분하는 걸까? 지금 떠올릴 수 있는 좋은 일은 무엇이 있을까? 나는 어째서 사람들을 감동시키는 데 이토록 신경 쓰는 걸까? 내가 지금 회피하고 있는 어려운 일이 있는가? 내가 두려움을 지배하고 있는가, 아니면 두려움이 나를 지배하고 있는가? 오늘 겪은 어려움이 어떤 식으로 내 성격을 드러낼 것인가?*

일기 쓰는 습관을 찬양하는 사람이 많은 만큼이나 이에 관한 연구 결과도 아주 설득력 있다. 한 연구에 따르면 일기 쓰는 습관은 심각한 스트레스를 동반하는 트라우마적 사건을 겪은 이후의 삶에 긍정적인 영향을 준다. 이와 유사하게 애리조나대학교에서 진행한 연구에서도 이혼 경험을 일기에 기록한 사람들이 이혼의 상처를 더 잘 회복하며 더욱 수월하게 지난날을 잊고 앞으로 나아간다는 결과를 얻었다. 일기 쓰기는 심리학자들이 흔하게 추천하는 습관이기도 하다. 환자들이 어딘가에 집착하지 않도록 돕고, 자신을 압도할 수 있는 정서적, 외부적, 심리적 상황을 스스로 이해할 수 있게끔 도와주기 때문이다.

정말 그렇다. 일기 쓰기는 머릿속이나 마음속에 응어리를 쌓아두는 대신 종이 위에 쏟아 붓는 일이다. 꼬리를 무는 잡생각을 내버려

---

* 일기 쓰기에 관한 조언을 얻고 싶다면 《하루 10분, 내 인생의 재발견》을 참고해보라.

두거나 섣부른 추측을 의심 없이 받아들이는 대신 종이에 적어 내려가며 스스로 검증하게끔 만드는 일이기도 하다. 일기를 쓰면서 머릿속에만 있던 생각을 종이에 적어보면 자신의 상황을 한 발자국 떨어져서 볼 수 있게 된다. 그러면 불안과 두려움, 좌절감이 마음에 넘칠 때 흔히 잃게 되는 객관성을 유지할 수 있다.

일기 쓰기를 시작하는 가장 좋은 방법은 무엇일까? 하루 중 언제 일기를 쓰는 게 가장 이상적일까? 또 시간을 얼마나 들여서 일기를 써야 할까?

아무렴 어떠한가?

일기를 **어떻게** 쓰느냐의 문제는 왜 쓰느냐의 문제보다 훨씬 덜 중요하다. 일기는 마음속의 짐을 덜 기 위해서, 마음속에 떠도는 생각을 가라앉히고 정리하기 위해서, 통찰력 있는 생각과 해로운 생각을 구분 짓기 위해서 쓰는 것이다.

일기를 쓰는 데에는 옳은 방법도 그른 방법도 없다. 오직 중요한 건 **그저 쓰는 것**이다.

일기를 이전에 쓰다가 그만뒀다면 다시 쓰기 시작하면 된다. 좋은 습관을 만드는 일은 누구에게나 어렵다. 중요한 건 **오늘** 다시 한 번 그 습관을 만들 시간을 내는 것이다. 자신에게 위로를 주는 종교가 스토아 철학이라고 했던 프랑스의 화가 외젠 들라크루아^{Eugène Delacroix}도 우리와 다르지 않았다.

오랫동안 쓰지 않았던 일기를 다시 꺼내 쓰기 시작한다. 어쩌면 긴 시간 내 걱정거리였던 신경증을 가라앉히는 데 도움이 될지도 모르겠다.

이런 것이 바로 일기다. 언젠가 작가 줄리아 캐머런Julia Cameron이 말한 것처럼 일기 쓰기란 머릿속을 닦아내는 와이퍼와 같다. 고요를 필요로 하는 동시에 고요를 만들어내는 반성의 시간이자 세상에서 잠시 떨어져 나오는 작업이다. 다가올 내일의 얼개를 짜는 일이기도 하며 몇 시간 전의 근심 걱정을 해소하는 일이자 창의력을 활성화시키고 휴식을 취하고 마음을 정리할 수 있도록 시동을 거는 일이기도 하다.

하루에 한 번이든 두 번이든, 혹은 세 번이든 좋을 대로 하면 된다. 당신에게 잘 맞는 방법을 찾으면 그만이다.

그러다 보면 어느새 일기 쓰기가 당신의 하루 일과 중 가장 중요한 일이 되어 있을 수도 있다.

진짜 필요한 소리를
듣기 위한 조건

심오한 모든 것, 사물의 감정은 침묵 뒤를 따르며 침묵을 수반한다. (…) 침묵은 전 인류가
추구해야 할 보편적 가치다.
— 허먼 멜빌Herman Melville, 미국의 소설가 겸 시인

작곡가 존 케이지John Cage는 어린 시절부터 침묵에 매료되었다. 1928년, 로스앤젤레스고등학교에서 열린 연설 대회에 나간 그는 친구들과 함께 심사위원들 앞에서 미국이 '침묵의 날'을 만들어 국경일로 제정해야 한다고 주장할 정도였다. 그 연설에서 존 케이지는 침묵하고 있을 때에야 비로소 '타인의 생각'을 들을 수 있게 된다고 청중을 설득했다.

이때의 연설은 침묵한다는 것과 단련된 침묵이 만들어내는 소리를 듣는다는 것이 어떤 의미인지 밝혀내려는 케이지 평생의 탐험과 실험의 시작이 되었다.

고등학교 졸업 이후 케이지는 이리저리 떠돌아다녔는데, 유럽을 여행했고 미술을 공부하기도 했으며 음악도 가르쳤다. 그리고 클

래식 음악을 작곡하기도 했다. 1915년 캘리포니아에서 태어난 그는 기계화되기 이전의 삶이 어땠는지 여전히 기억했고 세상이 현대화되면서, 기술이 모든 산업과 직종을 바꿔놓으면서 세상이 얼마나 시끄러워졌는지도 알고 있었다. 그는 진정 예리한 관찰력의 소유자였다.

케이지가 말했다. "우리가 어디에 있든 우리 귀에 들리는 것 대부분은 소음이다. 우리가 무시하면 그 소음은 우리 마음을 휘저어놓는다. 그러나 귀 기울여 들으면 그 소음이 아주 매력적이라는 걸 알 수 있다."

케이지에게 침묵은 반드시 모든 소리의 부재를 의미하는 건 아니었다. 그는 시속 80킬로미터로 달리는 트럭이 내는 소리를 좋아했고, 라디오 잡음과 앰프의 윙윙거리는 소리를, 물에 물이 부딪히는 소리를 좋아했다. 무엇보다 그는 우리의 소란한 삶 때문에 압도당하거나 들리지 않는 소리를 음미할 줄 알았다.

1951년, 케이지는 당시 세계에서 가장 완벽한 방음실이라고 정평난 무반향실을 찾아갔다. 그런데 그의 엄청나게 민감한 귀가 그 안에서도 어떤 소리를 들었다. 하나는 높고 하나는 낮은 서로 다른 두 개의 소리였는데, 잠시 후 그는 엔지니어와 대화를 나누면서 그 두 소리가 본인의 신경계에서 나는 소리와 혈액이 순환하는 소리였다는 사실을 깨닫고는 깜짝 놀랐다.

이 정도가 될 만큼의 침묵을 경험해본 사람이 얼마나 있을까? 말 그대로 자신이 살아 숨 쉬는 소리를 들을 정도로 주변의 온갖 소음을 차단해본 사람이 얼마나 될까? 상상이 되는가? 그런 침묵 속에 있으면 어떤 경험을 **하게** 될지!

원래 〈묵도Silent Prayer〉라는 제목으로 세상에 등장한 곡이자, 케이지의 가장 유명한 작품인 〈4분 33초〉는 불필요한 소음에 대한 반발로 만들어진 곡이다. 그는 당시의 여느 대중음악들처럼 곡의 길이도 같고 생방송으로 연주할 수 있고 라디오에서 흘러나올 수 있는 그런 형태의 노래를 만들려고 했다. 다만 한 가지 차이점이 있다면 〈4분 33초〉는 '연속된 침묵으로 이루어진 작품'이었다.

케이지의 이러한 시도를 터무니없는 장난이나 '음악' 구성요소에 대한 뒤샹식Duchampian• 조롱으로 바라보는 사람들도 있었다. 그러나 이 작업은 그가 평생에 걸쳐 공부한 사상이자 공허함 속에서 충만함을 발견해야 한다고 말하는 선사상에서 영감을 받은 것이기도 했다. 이 곡의 연주 지침은 그 자체가 아름다운 모순이었는데, "고출력 파워앰프가 주어진 환경 속에서 약동감을 절제하라"는 것이었다.

사실 〈4분 33초〉는 결코 완벽한 무음에 도달하겠다는 의도를 품은 곡이 아니라, 소음의 원인이 되는 일을 멈추면 어떤 일이 일어나는지 알아보자는 의도를 품은 곡이다. 이 곡은 뉴욕주의 우드스톡Woodstock이라는 도시에서 피아니스트 데이비드 튜더David Tudor*에

• 뒤샹은 소변기에 〈샘〉이라는 이름을 붙여 작품화하는 등 공산품에 이름과 의미를 부여하는 '레디메이드' 작품을 탄생시킨 장본인이다.

의해 처음 연주됐는데, 이 첫 연주에 대해 케이지는 이렇게 말했다.
"세상에 침묵이라는 건 존재하지 않습니다. 사람들이 이 곡을 듣는
방법을 몰랐기 때문에 침묵이라고 생각했겠지만 사실 곡이 연주되
는 내내 우연히 발생한 소리로 가득했습니다. 제1악장이 연주되는
동안에는 밖에서 바람소리가 들렸습니다. 제2악장이 연주될 때는
빗방울이 지붕을 두드리기 시작했고, 제3악장 때는 여러분이 대화
를 하거나 밖으로 나가면서 온갖 흥미로운 소리를 만들어냈죠."

철학자 제논의 말처럼 우리 몸에 두 개의 귀, 하나의 입이 있는
데에는 다 이유가 있다. 귀 기울여 듣기 위해 멈춰 섰을 때 비로소
들리는 것들이야말로 세상에 큰 변화를 만들어낼 수 있다.

우리 삶에서 너무나 많은 것들이 소음으로 정의되고 있다. 그래
서 헤드폰을 쓴다. 소음 차단 헤드폰을 쓰기도 하는데 그럴수록 소
음은 더 잘 들린다. 화면이 켜지고 전화기가 울린다. 시속 900킬로
미터가 넘는 속도로 조용히 날아가는 초대형 여객기 안에는 침묵을
피하려는 사람들로 가득하다. 승객들은 행동을 멈추고 주변에서 일
어나는 일을 받아들이느니 차라리 시답잖은 영화를 몇 번이고 반
복해서 보거나 연예인의 무의미한 인터뷰를 듣는 편을 택한다. 가
만히 앉아 정신을 집중하느니 차라리 굳게 닫아버리는 편을 선택
한다.

---

* 튜더는 2015년에는 한 심야토크쇼에서 고양이가 연주하는 버전을 녹음했다.

"침묵하지 않는 자는 사고할 수 없다." 영국의 비평가이자 역사가인 토머스 칼라일Thomas Carlyle의 말이다. 더 나은 사고를 하고 싶다면 우리는 이 조용한 순간을 붙잡아야 한다. 이전에 몰랐던 사실을 더 많이 알고 싶다면, 더 큰 통찰력을, 돌파구를, 새로운 계획을 얻고 싶다면 이것들이 자리할 수 있도록 더 많은 공간을 만들어줘야 한다. 떠들썩한 산만함과 갖가지 자극이 주는 편안함에서 한 걸음 떨어져 나와 귀 기울여 듣기 시작해야 한다.

헬싱키 도심에는 캄피 예배당Kamppi Chapel이라고 불리는 아담한 건물이 하나 있다. 엄밀히 따지면 이곳은 예배를 드리는 공간이 아닌데도 여느 대성당만큼이나 조용하다. 사실 그토록 조용하게 느껴지는 건 울림이 전혀 없기 때문이기도 하고, 내부에 오르간도 없고 거대한 크기의 삐걱거리는 문들도 없기 때문이기도 하다. 이곳은 혼잡한 도시 속에서 고요한 영성의 순간에 관심 있는 누구에게나 열려 있는 공간으로, 이를 테면 '침묵의 교회'다. 그 안에 들어가면 그저 침묵만 흐를 뿐이다.

영광스럽고 신성한 침묵. 정말 제대로 우리의 **귀를 열게** 만들어주는 그런 침묵만 그곳에 있다.

수십 년 동안 월스트리트 내 수많은 거물 CEO 및 리더들의 비밀 고문으로 활동하고 있는 랜들 스터트먼Randall Stutman은 대기업에 종사하는 고위 경영진 수백 명을 대상으로 그들이 여가 시간에 어떤 식으로 재충전하는지를 연구했다. 돌아온 대답을 추려보니 주로 요트 항해, 장거리 사이클링, 조용한 곳에서 클래식 음악 감상, 스쿠버

다이빙, 오토바이 주행, 제물낚시 따위였다. 스터트먼은 이 모든 활동에서 공통점 하나를 발견했는데 바로 **목소리의 부재**였다.

질문을 받은 사람들은 바쁜 건 물론이거니와 협력이 필요한 직업을 갖고 있었다. 하루 새에 셀 수도 없을 만큼 많은 중대한 결정을 내려야 하는 사람들이기도 했다. 그러나 그 사이 두어 시간이라도 다른 사람들의 목소리를 듣지 않을 수 있는 시간이 나면 그들은 그동안 생각하거나 또는 생각하지 않으면서, 재충전을 하면서 내면의 평화를 찾았다. 이들은 이동하는 중에도 고요할 수 있었다. 요란하게 흐르는 강물 소리나 비발디의 음악이 흘러나오는 상황 속에 있을 때에도 필요한 소리를 들을 수 있었다.

우리 모두는 각자의 삶 속에 이러한 순간을 만들어야 한다. 정보를 제한하고 소리를 작게 줄여야 우리 삶에 일어나고 있는 일을 더욱 깊이 알 수 있다. 짧은 시간이라도 입을 다물고 있으면 마침내 이 세상이 우리에게 하려고 했던 말을, 또는 우리가 스스로에게 하고 싶었던 말을 들을 수 있게 된다.

침묵이 이토록 드물다는 건 그만큼 가치 있다는 신호다. 침묵은 우리에게 아주 많은 것을 가르쳐줄 수 있다. 우리는 이런 고요함을 두려워 할 게 아니라 이를 붙잡아야 한다.

침묵을 구해보라.

째깍거리는 손목시계의 바늘은 시간이 어떻게 흘러가는지 알려준다. 그렇게 흘러가버린 시간은 절대 돌아오지 않는다. 우리는 이 소리에 귀를 기울여야 한다.

소크라테스와 석가모니가
추구한 한 가지

불굴의 지혜를 얻을 수 있다면 모든 걸 바쳐도 아쉽지 않다.
— **데모크리토스** Democritus

기원전 426년, 아테네의 한 시민이 델포이의 사제에게 난처한 질문을 던졌다. "소크라테스보다 더 현명한 사람이 있었습니까?"

사제의 대답은 "아니요"였다.

소크라테스가 가장 현명한 사람이라는 이 대답에 누구보다도 깜짝 놀란 건 소크라테스 본인이었을 것이다. 그는 많은 것을 알고 있었던 현인들 또는 스스로 많은 것을 알고 있다고 우쭐했던 뭇사람들과 달리 지성에 관해서 몹시 겸손했다. 사실 소크라테스는 사는 내내 진심으로 자신의 지혜가 부족하다고 말하고 다녔던 사람이었다.

바로 이런 점이 그가 지닌 총명함의 비결이었다. 그리고 수 세기가 흐르도록 소크라테스라는 인물이 지혜의 상징으로 단연 돋보이는 것도 이 때문이다. 소크라테스가 세상을 떠난 지 600년이 흐른 뒤, 그리스의 철학자 디오게네스 라에르티오스Diogenes Laërtius는 소크라테스가 사람들이 우러르는 현인이 될 수 있었던 까닭으로 "그가 확실하게 아는 건 자신이 무지하다는 사실뿐이었기 때문"이라고 했다. 더 대단한 사실은 소크라테스 자신이 무엇을 알지 **못하는지** 인식하고 있었으며 틀렸다는 지적을 언제나 기꺼이 받아들일 준비가 되어 있었다는 점이다.

실제로 지금 우리가 '소크라테스식 문답법'이라고 부르는 수업의 핵심은 여기저기 질문하고 돌아다녔던 그의 성가신 습관에서 비롯된 것이다. 소크라테스는 끊임없이 다른 사람들의 의견을 캐묻고 다녔다. **왜 그렇게 생각하십니까? 어떻게 아시죠? 그렇게 생각할 만한 증거가 있나요? 그렇다면 이것은 (또는 저것은) 어떻게 설명할 수 있습니까?**

이처럼 편협하지 않게 진리와 지혜를 추구한 덕분에 소크라테스는 아테네 제일의 총명하고 도전적인 사람으로 꼽혔다(훗날 그는 같은 이유로 처형당했다).

모든 철학과 종교가 지혜의 필요성을 강조한다. 히브리어로 지혜는 **호크마**חכמה, chokmâh이고 이슬람어에서는 이에 상응하는 단어로 **히크마**hikma를 사용한다. 두 문화권 모두 마르지 않는 지혜의 원천이 신이라고 믿는다. 그리스어로는 지혜를 **소피아**sophia라고 하며, 이 단어가 라틴어로 **사피엔티아**sapientia가 되었다. 인류를 **호모 사피엔스**라고 부르는 것도 이런 까닭이다. 에피쿠로스학파와 스토아학파 모두 **지혜**를 핵심으로 꼽는데 이들 학파에서는 경험과 학습을 통해 지혜를 얻는다고 주장했다. 예수는 제자들에게 뱀처럼 지혜롭고 비둘기처럼 순수하라고 가르쳤다. 잠언 4장 7절에서는 지혜를 구하는 것이 인간이 할 수 있는 가장 중요한 일이라고 말한다.

불교에서는 지혜를 **반야**prajñā라고 부르며 존재의 참모습을 깨닫는다는 의미로 사용한다. 공자와 그의 제자들은 장인이 기술을 익히는 것처럼 시간을 들이면 지혜를 얻을 수 있다고 믿으며 지혜의 중요성을 설파했다. 순자는 더욱 분명하게 말했다. "배움에는 결코 끝이 없어야 한다. (…) 널리 학습하고 매일 반성하는 군자는 아는 것이 분명해질 것이고 자신의 행실에 흠잡을 데가 없어질 것이다."

각 학파와 종교는 저마다의 시선으로 지혜를 바라보지만 모두 동일한 논지를 품고 있다. 그건 바로 질문을 해야 한다는 것, 공부하고 반성해야 한다는 것, 지적 겸손함이 중요하다는 것이다. **진리**와 **깨달음**의 눈을 뜨기 위해서는 우리 대부분이 실패하고 실수하는 경험이 중요하다. 이러한 점에서 지혜란 큰 그림을 그릴 줄 아는 감각, 경험의 축적, 편견을 넘어서는 능력, 게으른 사상가의 발목을 붙잡는 힘이라고 볼 수 있다.

당신이 지금 자리에 앉아 이 책을 읽고 있다는 사실이 지혜를 얻는 여정으로 나아가는 멋진 발걸음이 될 수 있다. 다만 이 책은 고전 철학과 역사를 소개할 뿐이므로 여기에서 멈추면 안 된다. 톨스토이는 책을 깊이 있게 그리고 주기적으로 읽지 않는 사람들을 향해 격분하며 말했다. "이해가 안 된다. 지구상에 존재했던 가장 현명한 사람들과 소통하지 않고서 어떻게 살아갈 수 있는지." 심지어 좀 더 날 선 표현도 있다. "읽지 않는 사람은 읽지 못하는 사람보다 나을 게 없다."

오만한 마음으로 책을 읽거나 이미 존재하는 의견을 그저 확인하기 위해 책을 읽는 것은 도움이 되지 않는다. 제1차 세계대전 후 짧은 징역형을 선고받았던 히틀러는 감옥 안에서 고전 역사서를 읽으며 시간을 보냈다. 그러나 히틀러는 수천 페이지의 글을 읽으면서 무엇인가를 새로 배우기는커녕 "내 생각이 정확하다는 걸 깨달았다"라고 했다.

이것은 지혜가 아니다. 우둔하다고도 할 수 없다. 그저 광기일 뿐이다.

우리를 지혜의 여정으로 이끌어줄 멘토와 스승을 반드시 찾아야 한다. 예컨대 스토아학파는 성공한 상인이었던 제논이 서점에 갔다가 소크라테스의 가르침을 큰소리로 읽고 있는 사람의 말소리를 들은 것이 계기가 되어 창시되었다. 그러나 제논은 글을 듣는 것만으로는 만족하지 못했다. 그래서 그가 그 **다음으로** 한 일은 스스로 지혜의 길을 걷는 것이었다. 그때 그는 책을 읽고 있는 사람에게 다가가 이렇게 물었다. "어딜 가면 그런 사람을 만날 수 있소?" 불교에 **출가**pabbajja라는 개념이 있는데, 이는 '앞으로 나아가다'라는 의미를 지니고 있으며 불교도들은 이때를 진지한 배움의 시작점으로 여긴다. 제논이 했던 것이 바로 이것이다. 부름에 응하고 앞으로 나아가는 것.

제논의 스승은 크라테스Crates라는 철학자로, 그는 제논에게 읽을 거리를 잔뜩 건네줬을 뿐만 아니라 다른 위대한 멘토들처럼 사적인 문제를 해결하는 데에도 큰 도움을 주었다. 당시 제논은 다른 사람들이 자신을 바라보는 따가운 시선에 힘들어하고 있었다. 한 번은 어떤 사람이 제논에게 수프를 끼얹으면서 당신 말을 귀 기울여 듣는 사람은 아무도 없을 뿐더러 당신이 누군지조차 모른다고 비난을 퍼붓기도 했다. 이런 시기를 극복할 수 있었던 것도 크라테스의 도움 덕분이었다.

석가모니의 첫 스승은 알라라 칼라마^Alara Kalama라는 수도자로, 석가모니에게 명상의 기본을 가르쳐주었다. 석가모니는 첫 번째 스승에게 배울 수 있는 모든 것을 배운 뒤 그를 떠나 우다카 라마푸타^Uddaka Ramaputta를 찾아갔다. 그 역시 훌륭한 스승이었다.

석가모니는 우다카 라마푸타 밑에 있을 때 현존하는 학파의 한계를 깨닫고 독립을 생각하기 시작했다.

제논과 석가모니 같은 이들도 정진하기 위해 스승이 필요했다면 우리도 그렇지 않겠는가? 앞으로 나아가기 위해 스승의 도움이 필요하다는 것은 반박의 여지가 없는 **틀림없는** 사실이다.

존경하는 사람을 찾아서 어떻게 그 위치에 올라갔는지 물어보라. 그들에게 책 추천을 받아라. 소크라테스라면 그렇게 했을 것이다. 거기에 경험과 실험을 더하고 스스로를 힘든 상황으로 몰아넣고 도전을 받아들여보라. 익숙하지 않은 것에 익숙해져라. 그렇게 해야 관점이 넓어지고 이해가 깊어진다. 현인들은 **이미 다 보았기** 때문에 고요할 수 있는 것이고 이미 충분히 많은 상황을 겪었기 때문에 앞으로 다가올 일을 알고 있는 것이다. 그들은 실수를 하고 그 실수로부터 배움을 얻었다. 당신도 그렇게 하지 않을 이유가 무엇이겠는가?

큰 질문과 큰 아이디어와 씨름해봐야 한다. 근육을 다루듯이 뇌를 단련해야 한다. 저항과 직면, 훈련을 통해 뇌를 더욱 강하게 만들어보라.

지혜를 추구하는 일이 따뜻한 햇살과 새끼 고양이의 끝없는 행렬 같으리라고 착각하면 안 된다. 지혜를 얻는다고 해서 즉시 고요나 명료함을 얻을 수 있는 것도 아니다. 오히려 그 반대에 가깝다. 지혜는 여명 전에 깔리는 어둠처럼 상황을 흐릿하게 만들 수도 있다. 다만 기억해야 한다. 소크라테스는 자신이 모르는 것, 모른다는 사실을 정직하게 마주했다. 이것은 자기 자신에 대한 환상을 깨뜨리는 일이고 그렇기 때문에 굉장히 고통스러운 일이다.

세상과 자기 자신에 대해 열심히 공부하는 사람은 그에 대한 당황스럽고 혼란스러운 사실과 마주할 수밖에 없다. 이 때문에 불안해질 수도 있다. 어떻게 그렇지 않을 수 있겠는가?

그러나 괜찮다.

흐루쇼프의 비유를 빌리자면 눈먼 두더지처럼 인생을, 서로를 밀치며 살아가는 것보다 그 편이 낫다.

우리는 의문을 품어야 하고 그 같은 과정을 즐겨야 한다. 그리고 그것이 이끄는 대로 따라가야 한다.

그 너머에 진리가 존재하기 때문이다.

골리앗을 제압한
다윗의 힘

에고를 사회적 위치에 너무 가까이 두지 않도록 하라. 사회적 지위가 추락하면 에고 역시
추락한다.

—**콜린 파월**Colin Powell**, 흑인 최초 미국합동참모본부장 · 전 미국 국무부 장관**

기원전 1000년, 엘라 계곡Valley of Elah에서 이스라엘 군과 블레셋
군이 끔찍한 전쟁을 벌였다. 전쟁이 끝날 기미가 보이지 않자 거대
한 골리앗이 교착 상태를 끝내자며 도전장을 내밀었다. "오늘 나는
이스라엘 군대에 도전한다! 누구든 나와서 나와 겨뤄보자."

그러나 40일이 지나도록 골리앗의 도전장에 앞으로 나서는 이가
없었다. 심지어 이스라엘 진영의 수장인 사울 왕조차 나서지 못했
다. 골리앗이 에고와 오만으로 똘똘 뭉쳐 있었다고 한다면 이스라
엘 군인들은 근심과 두려움으로 한껏 무력해져 있었다.

그때, 입대한 세 형을 찾아 온 목동인 어린 다윗이 나섰다. 골리
앗의 도전을 들은 다윗은 두려움에 잔뜩 웅크린 이스라엘 군인들과
달리 자기가 골리앗과 맞서 싸워 이길 수 있다고 자신했다. 정신이

나갔던 걸까? 그토록 덩치 큰 골리앗을 작은 체구의 자신이 어떻게 때려눕힐 수 있다고 생각했던 걸까?

다윗이 말했다. "사자나 곰이 내려와 양 떼 틈에서 양 한 마리를 물고 가면 나는 그 뒤를 쫓아가 때려서 입에 물린 양을 구합니다. 그 짐승이 나를 공격하면 나는 그놈의 털을 그러쥐고 때려죽입니다. 주님의 종은 사자도 곰도 죽여본 적이 있습니다. 이 블레셋 사람도 그런 짐승과 다르지 않을 것입니다."

즉, 다윗의 자신감은 에고가 아니라 경험에서 비롯된 것이었다. 다윗은 더 심각한 상황에서도 맨손으로 이겨낸 경험이 있고 자신의 강점을 알고 있었으며 자신의 약점이 무엇인지도 제대로 인지하고 있었다. 갑옷을 걸쳐본 다윗이 말했다. "이건 못 입겠습니다. 익숙하지 않아서요." 그는 믿음은 물론이고 우리가 말하는 진정한 자기 인식으로 무장한 상태였고 앞으로 나아갈 준비가 되어 있었던 것이다.

조그마한 도전자를 본 골리앗이 크게 비웃으며 소리쳤다. "막대기를 들고 다가오다니 나를 개로 보는 것이냐? 이리 와서 덤벼보거라. 네 육신을 새와 들짐승들 먹이로 만들어주마!"

골리앗의 이런 오만은 오래가지 못했다.

한 손에는 짤막한 몽둥이를, 다른 한 손에는 돌멩이 몇 개를 쥔 다윗이 골리앗을 향해 전력 질주했다. 짧은 순간이었지만 골리앗은 다윗의 눈에 서려 있는 자신감을 보았고 어떻게 손써보기도 전에 목숨을 잃고 말았다. 그는 다윗이 능숙하게 몽둥이에서 튕겨 보낸 돌멩이에 맞아 쓰러졌고 결국 자신의 검에 머리를 잘렸다.

이들의 전투는 사실일 수도 있고 신화일 수도 있지만 어쨌든 간에 에고의 위험성, 겸손의 중요성, 자신감의 필요성을 강조하는 최고의 예다.

병적으로 자기중심적인 사람만큼 내면의 평화를 누리지 못하는 사람도 없을 것이다. 그런 사람들의 정신은 당당함과 불안함이 뒤엉켜 소용돌이친다. 이들은 항상 과욕을 부리고 어디를 가든 싸움을 건다. 늘 적을 만든다. 그런 사람들은 자신이 실수를 한다는 사실을 받아들이지 않으므로 실수로부터 배운다는 게 불가능하다. 주변의 모든 일을 복잡하게 만들며 뭐든지 **자기 위주**로 행동한다.

남자든 여자든 에고에 사로잡힌 사람들은 외롭고 고달픈 삶을 살 수밖에 없다. 밤마다 목욕가운 차림으로 아내와 아들과 멀찌감치 떨어져 앉아서 뉴스를 떠들어대는 백악관의 도널드 트럼프. 또 술에 취해 쓸데없는 논쟁으로 싸움을 벌이고 이겨야겠다는 생각에 사로잡혀 가장 절친한 벗을 죽이고 만 알렉산더 대왕. 저택 안에 틀어박혀 은둔 생활을 하며 기상천외한 프로젝트에 광적으로 집착했던 하워드 휴즈Howard Hughes.

물론 이들은 사회적으로 출세한 사람들이기는 하지만 당신이라면 이들과 삶을 바꾸고 싶겠는가?

이렇게 치명적인 형태의 에고에게는 약간 덜 거만한 쌍둥이 동생이 하나 있다. 바로 '가면증후군imposter syndrome●' 이다.

당신이 맡은 일을 할 만한 자격이 없는 사람이라면 그 사실 자체가 끝없는 걱정거리다. 또 금세 드러날 일이기도 하다. 이러한 상황을 셰익스피어는 훔친 옷이 너무 크다는 걸 알면서도 입고 있는 도둑으로 표현했고, 고압적이고 뭐든 못마땅해 하는 아버지를 둔 소설가 프란츠 카프카는 가면증후군에 대해 장부를 조작하는 은행출납원으로 비유하기도 했다. 그 상태를 계속 유지하려고 미친 듯이 애쓰는 동시에 발각될까 봐 두려워 쩔쩔매는 모습으로 말이다.

물론 이런 불안은 한 번 촉발되면 우리 머릿속 전체를 지배한다. 그러나 사람들은 당신을 그렇게까지 신경 쓰지 않는다. 왜? 자기 자신의 문제를 걱정하기에도 버거우니까!

에고와 가면증후군이라는 극단보다 더 좋은 것, 오로지 자신감만 품고 있는 것은 무엇일까? 답은 노력, 이성, 객관성, 그리고 **고요**다.

미국의 제18대 대통령 율리시스 S. 그랜트의 아버지는 스스로를 치켜세우는 성격에 독선적인 사람이었고, 항상 어떤 음모나 추문에 휘말려 있었다. 그랜트는 절대 아버지 같은 사람이 되고 싶지 않았다. 이런 생각에 그는 조용하지만 강인한 어머니의 성격을 본받으려고 노력하면서 냉정하고 침착하게 자신감을 키워나갔다. 그리고 바로 이런 점이 훗날 그의 위대함의 원천이 되었다.

남북전쟁이 발발하기 전, 그랜트는 끝이 보이지 않는 시련과 재정난에 허덕이고 있었다. 그는 미주리주 동부에 위치한 도시 세인

• 사회적으로 인정받는 유능한 사람이 자신의 능력에 대해 의심하며 언젠가 무능함이 밝혀지지 않을까 걱정하는 심리 상태를 가리키는 용어.

트루이스St. Louis에서 설거지를 하고 땔나무를 내다 팔며 간신히 생계를 꾸려나갔다. 그가 육군사관학교 졸업생이라는 점을 고려하면 아주 혹독한 추락으로 보일 수 있는 상황이었다. 어느 날 그랜트와 우연히 마주친 군대 동기가 소스라치게 놀라며 물었다. "이런, 깜짝이야! 그랜트, 자네 여기서 뭐하고 있는 건가?" 그랜트의 대답은 단순했다. "빈곤이라는 문제를 해결하고 있다네."

자신감 있는 사람, 힘든 상황에도 평화를 유지하는 사람의 대답이란 이런 것이다. 가난한 상황을 그랜트가 원해서 선택한 게 아니다. 그러나 그는 곤궁한 상황이 자신의 자존감에 영향을 미치게 허락하지도 않았다. 그리고 이 상황을 바로잡기 위해 눈코 뜰 새 없이 바쁘게 일하며 있는 힘껏 애썼다. 먹고 살기 위해 일하는 자기 자신을 혐오할 이유가 무엇인가? 창피할 이유가 무엇이겠는가?

많은 사람들이 전시에 빛났던 그랜트의 확고한 자신감을 찬양한다. 다른 장군들이 패배가 코앞까지 다가왔다고 확신했던 순간에도 그랜트는 결코 동의하지 않았다. 그는 그 상태로 끝까지 버티기만 하면 된다는 걸 알고 있었다. 또한 희망과 차분함을 버린다고 득이 될 게 전혀 없다는 사실도 잘 인지하고 있었다.

훗날 명예와 권력을 얻은 뒤에도 그랜트는 변함없이 평정심을 유지하며 강력한 군대를 지휘했고, 이후 8년을 국가 지도자의 자리에서 보냈다. 미국의 저널리스트이자 남북전쟁 후기에 군사 시찰관을 지낸 찰스 데이나Charles Dana는 그랜트를 가리켜 "그 어떤 불길한 징조에도 낙담하지 않고 그 어떤 승리에도 지나치게 의기양양해하지 않는 허세 없는 영웅"이라고 표현했다.

그랜트는 대통령 임기를 마친 뒤, 곤궁했던 시기에 아내와 함께 살았던 낡은 오두막을 다시 찾아갔다. 그때 보좌관 한 사람이 그랜트를 보고 얼마나 대단한 인생역전이냐며, 이 오두막에서 백악관까지 가다니 마치 서사시에나 나올 법한 이야기라고 말했다. 그러자 그랜트는 고개를 갸우뚱하며 대답했다. "나는 그런 식으로 생각해본 적이 없소만."

이 또한 자신감이 없다면 나올 수 없는 반응이다. 이런 자신감을 지닌 사람에게는 요란한 축하도 찬양도 필요하지 않다. 내면의 평화와 맑은 정신이라는 더 큰 영광으로 가는 길을 밝혀주는 불은 우리의 강점과 약점을 있는 그대로 이해하는 것뿐이다.

자신감 있는 사람은 중요한 게 무엇인지 잘 알고 있다. 타인의 의견을 무시해야 할 때를 안다. 앞서나가기 위해 허풍을 떨거나 거짓말하지 않는다. 당연히 자신의 허풍과 거짓말을 따라가지 못해 허덕이는 일 또한 없다. 자신감이란 스스로를 증명해야 할 필요에서 벗어나 우리의 기준을 우리 스스로 정할 수 있게 만들어주는 자유다. 자신감 있는 사람은 타인과의 견해 차이를 두려워하지 않으며, 열등감 때문에 올바른 의견을 그릇된 의견으로 바꾸지도 않는다.

그에 반해 에고는 의심에 흔들리고 오만에 시달리며 자기 자랑과 가식을 숨기지 못한다. 그렇다고 자신의 내면을 들여다보거나 속내를 있는 그대로 드러내지도 않는다. 그 속에 어떤 추한 것이 들어있는지 너무나 잘 알고 있기 때문이다. 자신감 있는 사람들은 늘 열린 마음으로 자기반성을 하기 때문에 아무것도 숨기지 않은 있는 그대로의 내면을 들여다볼 수 있다. 이처럼 불필요한 갈등과 불확실함, 분노를 제거하는 행동이 비로소 고요를 얻을 수 있는 여유를 만들어낸다.

당신은 어떤가? 당신은 이 스펙트럼의 어디쯤 서 있는가?

인생을 살다 보면 시련에 맞닥뜨리기도 할 것이다. 심지어 거장이나 천재들도 새로운 기술을 배우거나 새로운 영역을 개척하려고 할 때 스스로 부족하다고 느끼는 순간과 마주한다. 이러한 시기를 괴로움의 원천으로 여길지 즐거운 도전으로 여길지 결정하는 것이 바로 자신감이다. 일이 뜻대로 흘러가지 않을 때마다 비참한 마음이 든다면, 또는 일이 뜻대로 **흘러갈** 때에도 불안과 의심으로 스스로의 성과를 깎아내리면서 그 시간을 즐기지 못한다면 인생은 지옥이 되지 않겠는가.

물론 완전한 자신감이나 마르지 않는 자신감 같은 건 존재하지 않는다. 우리는 흔들릴 수밖에 없고 의심할 수밖에 없다. 완전히 불확실한 낯선 상황에 놓이기도 할 것이다. 그렇다고 하더라도 그 혼란한 내면을 차분히 들여다보며 자신감을 찾아내야 한다. 쿠바 미사일 위기를 겪는 동안 케네디가 했던 일이 바로 이것이다. 그 역시 곤경에 처한 적이 있는데, 이를 테면 그가 타고 있던 어뢰정이 태평양에서 침몰했을 때 케네디는 모든 걸 잃는 줄만 알았다. 그러나 그 순간 자신이 당황한다고 해결할 수 있는 문제는 아무것도 없다는 사실을, 경솔한 행동으로는 구원을 얻을 수 없다는 사실을 깨달았다. 그리고 무엇보다 침착함을 잃지 않고 스스로를 믿고 의지하면 어떤 상황도 헤쳐나갈 수 있다는 사실 또한 깨달았다. 쿠바 미사일 위기가 발발했던 초기에 케네디는 훗날 당시 자신의 대처를 기록한 《10월의 포성》*이라는 책이 세상에 나올 일을 결단코 만들지 않겠노라고 마음속으로 다짐했다. 이것만큼은 케네디가 통제할 수 있는 일이었고 거기에서 그는 자신감을 찾았다.

이것이 열쇠다. 자기중심적이고 불안한 사람들은 자신의 결점을 숨기거나 곱씹거나 끙끙 앓거나 겉으로 드러내면서 그것을 정체성의 중심에 둔다. 이런 사람들은 고요할 수 없다. 고요는 오직 강인함 속에 뿌리를 내린다.

바로 여기에 초점을 맞춰야 한다.

불안에 먹이를 주지 마라. 과대망상에 먹이를 주지 마라.

이 둘 모두 고요를 가로막는 방해물이다.

자신감을 찾아야 한다. 당신은 이미 자신감을 가지고 있다.

<hr>

● 제1차 세계대전 발발 직전에 있었던 사건들을 재조명하며, 사소한 오해가 쌓여 끔찍한 전쟁이 발발하게 됐다는 내용을 다룬 《8월의 포성》에 빗대어 말함.

느린 사람은 부드럽고
부드러운 사람은 빠르다

보상을 위해 하는 일은 지혜를 위해 하는 일보다 훨씬 못하다. 마음을 다해 일하되 그 보상에는 결코 마음을 두지 마라. 보상을 위해 일하지 말되 맡은 일을 결코 멈추지 마라.
—《바그다드 기타》

궁도의 명인으로 전해지는 아와 겐조阿波研造는 제자들에게 활쏘기 기술만 가르친 게 아니었다. 오히려 활을 쏘는 방법을 가르치는 데에는 시간을 거의 할애하지 않았다. 그가 활쏘기에 관해 제자들에게 준 가르침이라고는 그저 "잘 익은 과일이 가지에서 떨어지듯 활이 네 손에서 떨어질 때"까지 시위를 당기라고 말한 게 전부였다. 겐조는 제자들에게 기술을 가르치기보다 더 중요한 정신적 능력을 가르치려고 했고 그중 하나가 바로 '무심無心'이다.

어느 날 겐조가 그의 제자 오이겐 헤리겔Eugen Herrigel에게 말했다. "네 길을 가로막고 있는 것은 네 마음속에 고집스럽게 자리 잡은 의지다." 헤리겔이 기술을 제대로 익히지 못하고 있었던 까닭, 그가 추구했던 기술을 제대로 통달하지 못하고 있던 까닭은 바로 이 억

지스러운 의지, 자신을 완벽하게 통제하고 싶은 욕구, 모든 일의 과정과 일정을 완벽하게 소화해내고 싶은 욕구에 있었다.

겐조는 제자들이 활을 과녁에 명중시키겠다는 생각을 버리기를, 결과에 관한 생각조차도 버리기를 바랐다. 그는 이렇게 말했다. "화살이 과녁에 명중한다는 건 머릿속에 아무런 목적도 에고도 없는 상태, 즉 자신을 완전히 버린 상태, 어떤 말로 표현하든 간에 이러한 상태에 도달했다는 표면적인 증거이자 확인에 불과하다."

바로 이러한 상태가 **고요**다.

그러나 무심하다는 말이나 목적이 없다는 말은 생산적인 태도와 거리와 먼 것처럼 들리지 않는가? 대개 우리는 아주 열심히 해야 한다고 배운다. 굳은 의지는 대부분 **강점**으로 평가된다. 우리 대부분은 동급생보다 앞서고 싶었던 어린 시절부터 쭉 그래왔다. 그런 의지 없이 어떻게 실력을 향상시킬 수 있는가? 그런 굳은 의지 없이 어떻게 과녁을 명중시킬 수 있겠는가?

자, 한발 물러나 생각해보자.

뭔가를 더 많이 원할수록 특정 결과에 더욱 집착하게 되고 그러다 보면 그 일을 성취하기가 더욱 어려워진다고 느낀 적이 있지 않은가? 골프와 양궁 같은 스포츠가 이를 보여주는 완벽한 예다. 골프에서 공을 있는 **힘껏** 세게 치려고 하면 공은 오히려 왼쪽으로 휘어져 날아가버리기 십상이다. 또 공을 끝까지 보겠다고 고개를 들고 있다가는 때를 놓치는 바람에 휘어치기를 하게 되고, 공은 결국 숲속으로 날아가버린다. 양궁에서도 화살을 겨눌 때 힘을 쓰고 있다고 해서 기술이 개선되는 것이 **아니다.** 화살을 겨누면서 활쏘기의 기술적 요소를 너무 의식하고 있으면 긴장이 충분히 풀리지 않아 몸이 부드러워지지 않는다. 오늘날 명사수들이 하는 말마따나 "느린 사람은 부드럽고 부드러운 사람은 빠르다."

그런 의미에서 고요야말로 탁월한 성과를 위한 핵심적인 방법이다. 힘주어 꽉 잡고 있는 것보다 느슨하게 잡고 있을 때 좋은 결과를 낼 수 있는 더 큰 통제력이 생길 것이다. 더 이상 생존을 위해 활을 쏠 필요는 없지만 그럼에도 불구하고 궁술의 필수 기술은 변함없어 보인다. 집중, 인내, 호흡, 집요함, 명석함. 그리고 무엇보다 **내려놓는 힘.**

인생에서, 예술에서, 스포츠에서 우리는 긴장을 풀어야 하고 유연해져야 한다. 특정 결과를 향한 집착과 같은 장애물이 존재하지 않는 곳을 찾아가야 한다. 배우가 자신이 맡은 역할에 대해 **생각만 한다고 해서** 등장인물의 캐릭터가 되는 게 아니다. 배우는 자신을 내려놓고 테크닉을 생략한 채 그 역할에 빠져들어야 한다. 사업가들은 기회를 찾아보겠다고 일부러 거리를 돌아다니지 않는다. 자기 주변에 있는 작은 것들을 발견할 수 있도록 마음을 열어놓는다. 이는 코미디언에게도, 좋은 아이를 키워내려는 부모들에게도 똑같이 적용되는 진리다.

겐조는 말했다. "모든 궁수가 활을 자연스럽게 쏘고 싶어 한다. 그러나 대부분은 자기만의 전략이나 인위적이고 계산적인 요령에 의존한다. 궁극적으로 봤을 때 그러한 요령은 화살을 어디로도 이끌지 못한다."

역설적으로 보일지도 모르지만 정신의 영역을 정복하려면 우리는 '정복'이라는 단어가 주는 경직성에서 한 발짝 물러나야 한다. 하나하나의 단계에 집중한다면, 그 과정을 온전히 받아들인다면, 그리고 **쫓아가기**를 포기한다면 우리에게 필요한 고요를 얻게 될 것이다. 너무 **열심히** 생각하지 않는다면 우리는 더 잘 생각할 수 있다.

궁도, 요가, 화학 그 어느 분야든지 간에 대부분의 학생은 굳은 의지를 품고 그 분야에 뛰어든다. 결과에 집중하는 것이다. 그들은 최고 등급이나 최고 점수를 받고 싶어 하고 그렇기 때문에 미리 '전문 지식'을 익히고 들어간다. 불필요한 단계를 건너뛰고 곧장 가장 중요한 단계로 가고 싶어 한다. 그 결과 다른 사람들을 가르쳐주는 데 어려움을 겪고, 생각했던 것보다 여정이 힘들어지면 쉽게 낙담한다. 현재에 집중하기 않기 때문이다. 열린 마음으로 경험하려고 하지 않기 때문에 배우지 못한다.

겐조는 제자들이 완벽하게 내려놓고 난 뒤에야, 조준한다는 생각조차 하지 않게 된 뒤에야, 몇 달 동안 그저 코앞에 놓인 건초 꾸러미에 활을 쏘고 난 뒤에야 마침내 제자들에게 새 소식을 알렸다. "이제부터 과녁에 활을 쏘는 연습을 하게 될 것이다." 물론 제자들이 과녁을 맞히더라도 겐조는 칭찬하는 법이 없었다.

오히려 그는 과녁을 명중시킨 제자에게 "아무 일도 없었던 것처럼 계속해서 연습하라"고 다그치기 일쑤였다. 이런 반응은 형편없는 활솜씨를 보여준 제자에게도 마찬가지였다. 제자들이 그에게 가르침을 더 달라고 부탁하자 겐조는 이렇게 대꾸했다. "묻지 말고 그 시간에 **연습을 더 하라!**"

그는 제자들이 배우는 과정 속에서 길을 잃어버리길 바랐다. 궁도에 관한 고정관념을 버렸으면 했다. 그래서 제자들에게 그저 현재에 집중하고 마음을 활짝 열라고 충고했다. 그래야만 정말로 **배울 수** 있기 때문이다.

힌두교, 불교, 시크교, 자이나교에서 강력한 상징물인 연꽃은 강이나 연못의 진창 속에서 피어나지만 하늘로 우뚝 솟지 않고 수면에 피어 잔잔하고 자유롭게 떠다닌다. 석가모니가 지나가는 길마다 그의 발자국을 따라 연꽃이 피어났다는 설도 있다. 어떤 면에서 보면 연꽃도 내려놓는 원리를 담고 있다. 아름답고 고결하지만 손을 뻗으면 닿을 만한 낮은 위치에서 핀다. 손에 닿을 만큼 가까우면서 동시에 멀리 떨어져 있는 꽃인 셈이다.

우리가 추구해야 할 균형점도 이와 같다. 인정이나 부, 권력을 추구하다보면 표적을 놓친다. 표적을 너무 열심히 겨냥하면 겐조가 제자들에게 경고한 것처럼 거기까지 이르는 과정과 명중에 필요한 기술을 간과하게 될 것이다. 우리가 하고 있어야 하는 일은 연습이고, 우리가 밀어내야 할 것은 고집스러운 의지다.

숙달의 경지에 가까이 갈수록 세부적인 결과에는 덜 신경 쓰게 된다. 더욱 협력적이고 창의적인 사람이 될수록 예고와 불안이 줄어들고 내면이 평화로우면 평화로울수록 더욱 생산적인 사람이 될 것이다.

고요가 있어야만 우리를 괴롭히는 골치 아픈 문제들을 해결할 수 있다. 목표를 줄여야만 험난한 목적지에 도달할 수 있다. 고집스러운 의지를 붙잡기보다 내려놓아야 한다.

정신의 고요,
그 다음은…

마음을 훈련할 수 있다면 두려움을 금세 사랑으로 바꿀 수 있다.
—존 케이지

우리가 추구하는 건 너무 중요한 일이므로 군중의 소음과 세상의
재잘거림에 끌려다녀서는 안 된다. 우리가 얻고자 하는 통찰력은
대부분 묻혀 있지 겉으로 드러나 있는 경우는 거의 없기 때문에 이
를 발견하려면 깊이 있게 들여다볼 수 있어야 하며 다른 사람들이
보지 못하는 것까지 볼 수 있어야 한다. 그러므로 우리는 소음을 무
시하고 정말 중요한 것에 초점을 맞춰야 하고 현재에 집중해야 한
다. 일기장을 펼쳐 놓고 앉아야 한다. 머릿속을 비워야 한다.

마르쿠스 아우렐리우스의 말을 빌리자면 우리는 "우리를 귀찮게
하고 방해하는 모든 것을 떨쳐내고 깨끗하게 치워버리고 완전한 고
요에 도달하기" 위하여 노력해야 한다. 그 어떤 방해나 오해가 침입
하더라도 파괴할 수 없는 정신적 금고 혹은 요새를 구축하기 위해

애써야 한다. 잠깐씩 고요에 도달하는 순간이 있을 것이다. 그리고 고요에 도달하면 그동안 가능하리라고 생각지도 못했던 것들을 해낼 수 있는 역량이 우리 안에 존재한다는 사실을 깨닫게 될 것이다. 탁월한 성과, 엄청난 명료함, 깊은 행복과 같은 것들을.

하지만 때로 이러한 고요는 순식간에 사라져버린다. 도대체 왜 그럴까?

고요는 외부의 방해에 취약하므로 세상의 소란함에 영향을 받을 뿐만 아니라 우리 내면의 소음에, 우리 영혼과 육체의 소음에도 영향을 받는다.

노자가 말했다. "우리의 정신은 고요를 향하고 있으나 욕망이 그 길을 가로막는다." 우리는 마리나 아브라모비치의 전시를 보러 온 관객들과 같다. 이 순간, 현재에 집중해야 한다. 잠시 고요의 상태에 빠져보라. 그런 다음 다시 도심으로 돌아와 끝없는 욕망과 나쁜 습관에 이끌려도 괜찮다. 마치 아무런 경험도 하지 않았던 것처럼.

그러나 찰나의 고요는 우리가 추구해야 할 목표가 아니다. 우리가 추구해야 할 것은 가장 힘든 상황에서조차 일관성 있게 끌어낼 수 있는 집중과 지혜다. 그런 경지에 이르려면 반드시 더 많은 노력이 필요하다. 자기반성의 노력은 물론이고 증상이 아닌 질병을 치료하려는 노력도 동반되어야 한다.

이 책의 전제는 우리가 갖고 있는 세 가지 영역, 정신과 영혼, 몸의 영역이 조화를 이뤄야 한다는 것이다. 대다수의 경우 이 세 영역은 조화를 이루지 못할 뿐만 아니라 서로 전쟁을 치른다. 마틴 루터 킹이 지적했던 것처럼 우리 마음속에 일어나고 있는 내전이 끝나기 전까지 우리는 결코 평화를 얻을 수 없다.

역사는 우리에게 '평화란 뭔가를 건설할 기회를 제공하는 것'이라고 가르쳐준다. 나라가 초강대국이 되고 평범한 사람이 세력가가 될 수 있었던 것은 모두 전쟁이 끝난 뒤에 찾아온 경제 호황 덕분이었다. 그러므로 우리는 다음 전투를 치르기 위하여, 영혼의 영역에 평화를 회복하기 위하여, 우리의 영혼과 감정과 욕구와 열정을 정화하기 위하여 반드시 정진해야 한다.

두 번째 영역

•

마음을 움직이고 생명을 부여하는

영혼

우리는 육체가 마비된다고 하면 공포에 사로잡혀
이를 피할 수 있다면 무슨 일이든 하려고 할 테지만,
우리의 영혼이 마비되는 것에는 전혀 신경 쓰지 않는다.
– 에픽테토스

영혼의 영역

: 타이거 우즈가 파멸할 수밖에 없었던 까닭

돌이켜 보면 골프 역사상, 아니 모든 스포츠의 역사를 통틀어 보더라도 그때가 가장 멋진 순간이었던 것 같다. 2008년 6월, 샌디에이고 근교 토리파인스^{Torrey Pines}에서 개최된 U.S. 오픈에서 타이거 우즈는 마지막 홀 버디를 잡으며 18홀 연장전에 들어갔고 초반에 3타 차로 앞서다가 선두를 내줬지만 결국 재역전에 성공하며 마흔여섯의 로코 메디에이트^{Rocco Mediate}와 서든데스^{sudden death}● 까지 겨루면서 대접전을 펼쳤다. 마침내 488야드 파4에서 끝내기 버디로 타이거 우즈는 세 번째 U.S. 오픈 승리이자 열네 번째 메이저 대회 우승

● 임의로 한 홀을 지정해 그 홀에서 스트로크 수가 제일 낮은 사람이 승자가 되는 골프의 연장전 방식.

을 거머쥐었다. 경기 역사상 두 번째로 큰 승리였다.

우즈는 골절 및 전방 십자 인대가 파열된 상태였음에도 불구하고 이같은 긴장감 넘치는 경기에서 우승한 처음이자 (아마도) 마지막 골퍼로 기록될 것이다. 이를 단순히 근성과 결단력의 승리라고 하는 건 우즈의 성과를 과소평가하는 일이 될 수 있다. 경기를 지켜보던 어느 누구도 그의 부상 정도를 알아차리지 못할 만큼 우즈가 아주 침착하게 경기에 임했기 때문이다.

사실 우즈 본인도 **골절** 상태만 알았을 뿐 무릎 관절이 거의 없다시피 한 상황이라는 것까지는 모르고 있었다. 어떻게 해냈는지 알 수 없지만 그는 거의 초인적인 정신력과 절제력을 발휘하여 자신을 짓누르는 복잡하고 참담한 모든 한계를 뛰어넘었다. 그런 상태로 경기에 임하는 내내 그가 비친 내색이라고는 이따금씩 얼굴을 찌푸리는 정도가 다였을 뿐이다.

많은 사람들이 이 시기를 타이거 우즈의 절정기로 꼽는다. 그는 경기 이후 무릎 수술을 받고 회복하기 위해 6개월 간 필드를 떠나 있었다. 그로부터 얼마 지나지 않아 호주의 한 호텔 방에서 내연녀와 함께 있는 모습이 발각됐고, 그때부터 그의 사생활은 더 이상 사적인 영역으로 남을 수 없었다.

아내와 마주한 우즈는 거짓말로 상황을 모면하려고 했지만 통하지 않았다. 몇 분 뒤, 그는 의식을 잃은 채 옆집 진입로에서 발견되었다. 그의 SUV가 근처 소화전을 들이받고 멈춰 서 있었고 뒷좌석 창문은 골프채에 맞아 부서진 채였다. 의식을 잃은 남편을 보며 아내는 눈물을 흘렸다. 그 순간 우즈는 아마 태어나서 한 순간도 경험해본 적 없는 고요한 상태로 누워있었을 것이다.

그러나 그 순간은 그리 오래 지속되지 않았다.

타이거 우즈의 스토리가 21일 연속으로《뉴욕포스트》표지를 장식하면서 타블로이드판 신문의 악몽이 그를 따라다녔다. 문자메시지, 포르노 배우, 식당 종업원과의 염문설, 교회 주차장에서 벌인 섹스 행각, 친구의 딸인 스물한 살 여성과의 동침 등 그의 모든 사생활이 대중에게 공개됐다. 섹스 중독으로 재활 시설에 입원하고 스폰서를 잃고 아내와 이혼하며 1억 달러의 위자료를 지급한 그의 삶은 산산이 부서지고 말았다.

그리고 그 이후 10년이 넘도록 메이저 대회에서 단 한 번도 우승하지 못했다.

틱낫한은 인간의 본성을 바다에 비유했다. "바다의 표면은 고요하다. 그러나 그 아래에는 거친 해류가 흐르고 있다." 타이거 우즈에게 꼭 들어맞는 말이다. 그는 긴장감이 극도로 치닫는 순간에도 차분히 집중력을 발휘하는 사람의 상징이었고 시속 129마일의 스윙에 제동을 걸 수 있는 절제력을 지닌 사람이었으며 '가장 고요한' 스포츠의 챔피언이었다. 그런 남자가 실은 잔잔해 보이는 겉모습 뒤로 걷잡을 수 없이 일렁이는 격랑에 휘둘리고 있었던 것이다. 노련한 선장이라면 누구라도 똑같이 이야기하겠지만 바닷물의 표면이 어떤지는 중요하지 않다. 우리의 목숨을 앗아갈 수도 있는 문제는 그 밑에서 무슨 일이 벌어지고 있느냐이다.

타이거 우즈는 상상하기조차 힘든 압박감을 이겨내고 경쟁 상대를 제압해냈고 골퍼의 앞길에 놓인 셀 수 없이 많은 장애물도 굴하지 않고 이겨냈다. 다만 한 가지, 자기 자신 안에 살고 있는 악마만은 그렇게 상대하지 못했다.

타이거 우즈를 파멸시킬 씨앗은 일찌감치 그의 내면에 뿌려져 있었다. 그의 아버지 얼 우즈는 복잡한 사람이었다. 궁핍한 환경에서 태어나 미국에서 가장 극심한 인종 차별과 분리정책이 횡행했던 시절을 살아냈고, 가까스로 대학에 입학한 뒤 군에 입대한 다음에는 미 육군 특수 부대인 그린베레Green Beret의 일원으로서 베트남전에 참전하기도 했다. 그러나 그가 이뤄낸 이 같은 성취의 표면 아래에는 자기도취, 자기 본위, 부정, 탐욕과 같은 격랑이 흐르고 있었다. 간단한 예로, 얼 우즈는 두 번째로 베트남에 다녀왔을 때 새로운 아내를 데려왔는데 이에 대해서 이미 함께하고 있던 아내와 세 아이들에게 굳이 말할 생각조차 하지 않았다.

두 번째 아내가 타이거 우즈를 낳았을 때 마흔셋이던 얼 우즈는 또 다시 아버지가 된다는 사실에 별다른 감흥이 없었다. 타이거 우즈가 한 살이었을 때 그는 자신이 차고에서 골프 연습을 하는 동안 아들을 유아용 의자에 앉히고 끈으로 칭칭 감아놓았다. 그것이 그가 한 육아의 전부였다. 훗날 타이거 우즈가 게임에 비정상적이라고 할 만한 집착을 갖게 된 것도 보통의 아이들처럼 직접 공을 갖고 놀지 못한 채 아버지가 연습하는 모습만 보고 자란 환경 탓이 컸다. 그의 집안에서 회자되는 이야기에 따르면, 9개월 된 타이거 우즈가 유아용 의자에서 미끄러져 내려와 골프채를 집어 들고 골프공을 쳤다고 한다. 그 모습이 귀엽게 보일 수도 있겠지만 완전히 비정상적인 이야기다.

어쨌든 부모의 헌신적인 뒷바라지 덕분에 타이거 우즈가 대단한 골프 선수가 될 수 있었다는 사실은 의심할 여지가 없다. 차고에서 아버지가 공을 치는 모습을 수천 시간 지켜봐온 그의 마음속에는 골프 스윙의 역학이 깊이 자리 잡았을 것이고, 거기에 더해 집 근처의 군 골프장에서 얼 우즈가 할인 받은 덕분에 그곳에서 골프를 치며 보냈던 수천 시간도 큰 도움이 됐을 것이다. 타이거 우즈의 부모는 대회가 있을 때마다 아들을 골프장에 데려다줬고 최고의 코치를 고용하는 등 아들을 위해 물심양면으로 지원을 아끼지 않았다.

다만 거기서 끝이 아니었다. 골프가 머리싸움이라는 걸 잘 알고 있었던 얼 우즈는 냉혹한 스포츠 세계를 대비해야 한다며 타이거 우즈가 일곱 살쯤이던 무렵부터 아들에게 정신 훈련을 시켰다. 타이거가 티에서 공을 칠 때마다 얼은 기침을 해댔고, 주머니 속 동전을 쨍그랑거리거나 골프채를 떨어뜨리거나 아들에게 공을 던지거나 아예 조준선을 막아버리는 식으로 연습을 방해했다. 훗날 얼은 인터뷰에서 이렇게 말했다. "아들에게 강한 정신력을 가르쳐주고 싶었습니다. 제 사소한 행동에조차 방해를 받는 정도라면 결코 경기의 중압감을 견뎌낼 수 없을 테니까요."

그러나 타이거가 커갈수록 훈련은 점점 더 가혹해졌다. 그것은 마치 '전쟁 포로 심문 기술'이나 '심리적 위협'을 가르치는 신병훈련소에서의 훈련 같았는데, 문명인이라면 서로 가해서는 안 되는 일이었다. 훗날 타이거는 그때를 이렇게 회고했다. "아버지는 저를 끊임없이 깔아뭉갰습니다. 제가 한계에 이를 때까지 몰아붙인 다음에야 물러났습니다. 거칠었죠."

음. **거칠었다라.**

스포츠를 하는 아들을 조롱하고, 연습에 집중하려는 아들에게 "망할 자식"이라고 다그치는 훈련이 그 아들에게는 그저 거친 것이었다니. 아버지라는 사람이 일부러 아들의 화를 돋우겠다며 "꺼져!" 또는 "검둥이 꼬맹이로 사니까 어떠냐?"라는 말을 서슴없이 내뱉는 모습을 상상해보라. 아이는 얼마나 상처를 받겠는가? 얼 우즈는 아들에게 겸손히 경기에 임하는 태도를 가르치겠다며 아들과 함께 골프를 치는 중에 반칙을 일삼기도 했다. 훗날 타이거는 이 모든 행동이 자신을 '필드 위의 냉혈한 자객'으로 만들려는 아버지의 철저히 계획된 훈련이었노라고 말했다.

그 같은 훈련 중에 정신적으로든 육체적으로든 얼 우즈가 과도하게 과하게 밀어붙이는 경우에 사용할 수 있는 '암호 단어'가 있었다. 타이거가 그 단어를 말하기만 하면 얼 우즈도 곧장 훈련을 그만두기로 약속했다. 타이거는 자신에게 훈련이 필요했고 또 스스로 훈련을 즐겼기 때문에 그 암호를 단 한 번도 사용한 적이 없었다고 하지만 암호로 쓰인 단어가 무엇이었는지 듣는 것 그 자체만으로도 당시의 상황을 충분히 상상할 수 있다. 그 단어는 귀엽거나 아무런 의미 없는 우스운 단어가 아니었다. 아버지의 조롱을 멈추고 아버지에게 평범한 여느 아이처럼 대우받기 위해서 그가 내뱉어야 했던 말은 믿기 힘들겠지만 '이제 그만, 충분하다고요Enough'였다.

타이거는 그 단어를 한 번도 입 밖에 내지 않았을 뿐만 아니라 두 사람 모두 그 말을 거의 욕설처럼 생각하며 평생을 "E로 시작하는 말"이라고 불렀다고 한다. 그 말은 비겁한 사람이나 하는 말이고 중도 포기하는 패배자들만이 믿는 말이라고 여겼기 때문이라고.

그렇다면 이 재능 있는 소년이 그토록 많은 우승을 차지했다는 사실이 놀라운가? 아니면 셀 수 없이 우승을 하고도 행복하지 않았다는 사실이 놀라운가? 이 소년은 필드에서는 동요 없이 침착했지만 내면은 완전히 비참할 수밖에 없었다.

심지어 타이거의 어머니 역시 아들에게 무시무시한 교훈을 주었다. "네가 부모로서의 내 평판을 망치는 일은 절대 없을 게다. 내가 널 때려잡을 테니까." 신체적 폭력을 가하겠다는 위협과 그 위협으로 막으려 했던 게 무엇인지 들여다보라. **잘못**을 저지르지 말라는 게 아니라 어머니인 자신을 **창피하게** 만들지 말라는 것이다.

얼 우즈는 아들에게 남편으로서 위기 상황이 생기면 어떻게 대처해야 하는지도 행동으로 보여주었다. 아들을 데리고 간 여행지에서 바람을 피웠고 과음을 했다. 훗날 타이거 우즈를 담당하게 된 스포츠 에이전시 IMG로부터 연간 5만 달러라는 비밀 수당을 받기까지 했다.

얼 우즈가 아들에게 준 교훈은? 바로 이것이다. 겉으로 보이는 게 전부다. 이길 수 있다면 물불을 가리지 마라. 그저 걸리지만 마라.

재능이 덜하고 성실하기만 한 운동선수가 이러한 학대를 당했더라면 더는 선수 생활을 하지 못하고 무너졌을 것이다. 그러나 타이거 우즈는 재능을 타고났을 뿐만 아니라 정말로 골프를 사랑했고 또 연습하는 노력까지도 사랑했다. 그 덕분에 이런 환경에서도 실력은 점점 더 발전할 수 있었다.

타이거 우즈는 세 살이 되었을 때 열 살 아이들을 상대로 한 게임에서 우승했다. 열한 살이 되었을 때 18홀 게임에서 매번 아버지를 이겼고 중학교 1학년 때 이미 스탠포드대학교로부터 스카우트 제의를 받았다. 스탠포드에서 2년을 보내는 동안 타이거 우즈는 미국 국가 대표이자 최고의 선수로 활약했다. 스무 살이 되어 프로로 진출할 무렵에는 그가 역대 최고의 골프선수가 되리라는 것, 가장 부유한 선수가 되리라는 것은 명백한 사실이었다. 초기에 스폰서십 계약을 했던 나이키와 골프 브랜드 타이틀리스트^{Titleist}에서 받은 계약금을 합하면 총 6000만 달러에 달했다.

프로 진출 후 15년 동안 그는 모든 스포츠를 통틀어 가장 큰 힘을 지닌 운동선수로 군림했다. 그는 이길 수 있는 모든 경기에서 우승을 거머쥐었다. 메이저 대회 14승, 통산 140승. 그는 **281주 연속으로** 세계 골프 랭킹 1위에 올랐다. PGA 투어 상금만으로 1억 1500만 달러 이상을 벌어들였다. 그는 남극을 제외한 모든 대륙에서 우승 트로피를 획득한 선수였다.

그러나 그 당시에도 타이거 우즈가 정신적으로 건강하지 못하다는 징후는 곳곳에서 드러났다. 그는 미스샷이 나오면 골프채를 위험하게 내팽개쳤고 팬들을 신경 쓰지 않았다. 고등학생 때부터 사귀었던 여자친구의 짐을 싸서 편지와 함께 그녀의 부모님이 묵고 있는 호텔 방에 보내버림으로써 일방적으로 이별을 통보했다. 한 번은 필드 위에서 우승을 두고 팽팽한 접전을 벌이던 순간에 경쟁 상대인 스티브 스콧Steve Scott이 타이거에게 중요한 조언을 건넸다. 그러나 타이거는 스티브에게 감사인사를 전하기는커녕 스포츠맨십 조차 보여주지 않은 채 스티브의 선의를 그저 열등한 먹잇감의 결점이라고 치부해버렸다. 대학 골프 팀을 떠나 프로로 진출하면서 그는 동료들에게 작별 인사 한 마디 건네지 않았고 가족이나 친구들과 함께 식사를 할 때 한 마디 말도 없이 자리에서 일어나버리곤 했다. 아무렇지도 않게 자기 삶에서 사람들을 잘라내버렸다. 그가 숱하게 보여준 그릇된 태도에서 그의 정신적 문제가 고스란히 드러났다.

타이거 우즈의 골프 코치였던 행크 해니Hank Haney는 시간이 지날수록 타이거가 "자기 주변에 있는 모두가 운이 좋은 사람들이니 당연히 자기 방식을 따라야 한다"는 식으로 생각했다고 얘기했다. 이런 사고방식은 심리 실험 같은 환경 속에서 아들을 왕자이자 죄수로 길러낸 그의 부모로부터 물려받은 것이었다. 부와 명성은 그저 곁들임 역할 정도만 했을 뿐이다. 훗날 타이거 우즈는 이렇게 말했다. "평생 열심히 노력했으니 주변의 모든 유혹을 즐길 자격이 있다고 생각했습니다. 제게 그럴 권리가 있는 것 같았죠. 돈과 명성 덕분에 그런 것들을 찾으러 멀리 갈 필요도 없었고요."

성공한 다른 많은 사람들이 그랬던 것처럼 타이거 우즈도 더 많은 것을 이룰수록 행복에서 멀어졌던 것으로 보인다. 자유를 잃었고 잠에서 멀어지다가 결국 약물을 복용하기까지 했다. 그가 사랑했던 아름답고 현명한 아내와 두 아이를 곁에 두고도, 의심할 여지없는 최고의 챔피언의 자리를 두고도 말이다. 그는 영혼의 질병과 지독한 불안으로 고통받으며 위안이라고는 찾을 수 없는 비참한 상태에 빠져 있었다.

그의 정신력은 강했지만 영혼은 **병들어** 있었다. 아버지와의 비극적인 관계 때문에 아파했고 잃어버린 어린 시절 때문에 아파했다. 그는 분명 이런 생각을 했을 것이다. **어째서 나는 행복하지 않을까? 내가 원했던 모든 걸 갖고 있지 않은가?**

단순히 타이거 우즈가 이기는 걸 좋아했다고도 말할 수 없다. 그는 언론인이자 TV쇼 진행자였던 찰리 로즈Charlie Rose에게 이렇게 말했다. "이기는 건 재밌습니다. 다른 사람의 코를 납작하게 만드는 건 훨씬 더 재밌죠." 그가 이런 말을 한 건 공개적인 망신을 당한 **이후**였고, 수년간의 슬럼프를 겪은 이후였으며 섹스 중독 때문에 재활 시설을 다녀온 이후이기도 했다. 그는 여전히 자신의 이러한 태도 때문에 그동안 어떤 대가를 치러야 했는지 그때까지도 전혀 깨닫지 못하고 있었다.

가수 브루스 스프링스틴의 노래 〈헝그리 하트Hungry Heart〉 속의 "모두 굶주린 마음이 있어"라는 노랫말은 사실이다. 중요한 건 그 마음을 어떻게 먹일 것인가 하는 문제다. 어떤 방법을 택하느냐에 따라 우리가 마지막에 어떤 사람이 될지 어떤 어려움에 처할지, 우리가 **배부르게** 될지 우리가 정말로 고요해질지 결정되기 때문이다.

부친이 세상을 떠난 2006년도에 타이거 우즈의 불륜은 절정에 치달았다. 그는 가족이 있는 집에 머물지 않고 클럽과 파티장에서 시간을 보냈고, 필드 위에서는 더욱 쌀쌀맞아지고 더욱 분노에 차 있었다. 게다가 삼십 대 초반의 나이에 세계에서 가장 유명한 선수로 손꼽히는 상황에서도 언젠가 골프를 그만두고 특수부대에 입대할 거라는 망상에 빠져 해군 특수부대인 네이비실Navy SEALS 훈련소에서 많은 시간을 보내기 시작했다. 2007년 어느 주말에는 열 번 연속으로 비행기에서 뛰어내리는 훈련을 하기도 했고, '내부수색'이라는 훈련을 하다가 사고로 무릎 부상을 입었다. 오늘날까지 그를 괴롭히는 부상은 골프가 아니라 당시 훈련의 결과일 가능성이 농후하다.

자신이 이룩한 부와 성공을 가족과 함께 즐기는 대신 훈련소를 찾아간 그는 중년의 위기가 일찍 찾아오기라도 한 것처럼 바람을 피우며 군인 놀이를 했다. "벽에 걸린 거울, 거울을 보라. 우리는 결국 아버지와 똑같은 사람으로 자란다." 우즈 부자를 잘 알고 지냈던 누군가가 타이거 우즈를 보며 했던 말이다. 아주 많은 사람들이 그러하듯 타이거 우즈 또한 자신도 모르게 부모가 지니고 있던 최악의 버릇을 그대로 따라하고 있었다.

골프계로 복귀했지만 수년 동안 아무런 결실도 이루지 못한 타이거 우즈를 보면서 어떤 사람들은 과거에 보였던 그의 이기심이 사실 경기에 도움이 됐다고 생각했다. 또 칭칭 싸매두는 게 나았을 상처를 재활 시설에서 치료를 받으며 활짝 벌려놓는 바람에 이렇게 됐다고 생각하는 이들도 있었다.

이는 마치 타이거 우즈를 두고 행복을 누릴 자격이 있는 **존재**가 아니라 오로지 텔레비전에 나와 트로피를 흔들어대며 우리를 즐겁게 해주기 위한 존재로 보는 것과 다르지 않다. 예수는 제자들에게 이렇게 물었다. "사람이 온 세상을 얻고도 자기 영혼을 잃는다면 무엇이 유익하겠느냐?"

이것은 우리가 스스로에게 물어야 할 질문이기도 하다. 집에서든 직장에서든 길게 봤을 때 거짓말과 속임수는 누구에게도 도움이 되지 않는다. 그나마 타이거 우즈는 굉장한 재능을 지니고 있기라도 했으니 그만큼이라도 모면할 수 있었다. 그마저도 통하지 않을 때까지였지만.

결국 언젠가는 이만하면 됐다는, 충분하다는 그 말을 뱉어야만 한다. 그렇지 않으면 세상이 우리에게 그렇게 말할 것이다.

타이거 우즈의 삶을 전반적으로 보자면 그는 냉정했고 강한 정신력을 가졌으며 자기 직업에 재능이 있었지만 무르고 연약했다. 정신이 불안정했고 늘 결핍이 있었다. 그에게 고요는 오로지 필드에서만 발휘되는 자질이었을 뿐 필드를 벗어나면 어디에 있든 격정과 충동에 휘둘렸다. 골프공에 집중하지 못하도록 방해하는 것이라면 무엇이든 밀어내려고 애쓰면서 열린 마음, 의미 있는 관계, 이타심, 절제, 옳고 그름을 나누는 분별력 등과 같이 살면서 꼭 필요한 다른 중요한 요소들까지 밀어내버린 것이다.

이러한 요소들은 그저 균형 잡힌 삶을 살기 위해서만 필요한 것이 아니다. 우리로 하여금 패배를 견디고 승리를 즐길 수 있도록 해주는 고요의 원천이기도 하다. 우리의 마음이 펄펄 끓고 있거나 우리의 영혼이 공허해 고통받는다면 고요는 우리 안에 오래 머물지 못하고 금세 사라져버린다. 우리 내면에 무슨 일이 벌어지고 있는지 보지 못한다면 우리는 세상에 무엇이 필요한지도 볼 수 없다. 더, 더, 더 많은 것을 갈망하는 욕구가 구더기처럼 우리의 영혼을 갉아먹는다면 우리는 그 누구와도, 그 무엇과도 조화롭게 지낼 수 없다.

"거짓말을 일삼는 인생을 산다면 인생은 전혀 즐겁지 않습니다." 훗날 타이거 우즈가 말했다. 균형을 잃은 삶은 재미가 없다. 오로지 자기 자신만 위하는 삶은 재미없는 삶보다도 훨씬 못하다. 그런 삶은 불쾌하고 공허하다. 타이거 우즈는 단지 고독한 사람이었던 게 아니라 현대 사회를 사는 우리처럼 섬 같은 존재였다. 유명해지는 데에는 성공했을지 몰라도 자기 자신에게조차 낯선 사람이었다. 끊임없이 이어지는 그의 불륜 기사를 접한 사람 중에 그가 불륜을 즐겼다거나 불륜을 저지르면서 굉장한 기쁨을 얻었다고 느낀 이는 아무도 없을 것이다. 오히려 그 자신이 들키고 싶었던 게 아니었을까 싶을 정도였다. 그래서 누군가의 도움을 받을 수 있도록.

우리가 해야 할 일은 타이거 우즈의 행실을 심판하는 게 아니다. 우리는 그의 몰락 그리고 마흔셋이라는 나이에, 퓨전수술을 받은 허리로 어린 아들이 응원하는 가운데 2019 마스터 대회에서 다시 한 번 우승을 거머쥐기까지, 긴 여정을 용감하게 걸어온 그의 귀환에서 배울 점을 찾아야 한다. 우리도 그와 마찬가지로 결점과 약점을 지니고 있으며 그만한 노력을 할 의지만 있다면 그처럼 위대한 일을 해낼 가능성을 지니고 있다.

마르쿠스 아우렐리우스는 스스로에게 이렇게 물었다. "내 영혼을 가지고 무엇을 하고 있는가? 자신에게 질문을 던져 소위 정신이라고 부르는 것에 무엇이 들어있는지 알아보라. 어린 아이의 영혼인가? 청소년의 영혼인가? 혹은 폭군의 영혼? 포식자? 아니면 그 먹잇감의 영혼인가?"

우리도 특히 성공하면 할수록 스스로에게 이러한 질문을 해야 한다.

불교문학에 농부가 소 때문에 겪는 고충을 노래한 시*가 있다. 이 열 편의 시는 자아를 정복하는 것에 대한 비유이며, 각 시의 제목은 우리 개개인이 반드시 가야 하는 여정에 대한 계획을 세심히 이야기 한다. 소를 찾아 나서다. 소의 자취를 발견하다. 소를 보다. 소를 얻다. 소를 기르다. 소를 타고 집에 돌아가다.

처음부터 짐승을 길들일 순 없다. 그 짐승은 거칠기 때문에 견제하기란 불가능하다. 그러나 이 이야기의 교훈은 노력과 인내, **깨달음**을 바탕으로 한 자기 인식과 끈기가 있으면 결국에는 우리 내면의 욕

---

* 십우도(十牛圖), 인간 본래의 면목을 소에 비유하여 10점의 그림과 10편의 시로 표현한 것.

구와 감정을 길들일 수 있다는 것이다. 그중 한 편의 시를 들여다보자.

잘 길들이면
자연스럽게 온순해지리라.
그리하면 고삐를 잡지 않아도 주인에게 순종하리니.

시의 화자는 자신의 거친 영혼을 길들였기 때문에 평온하고 평화로운 상태에 있다.

이게 바로 우리가 해야 할 일이다. 고대부터 사람들은 평온함을 찾기 위해서, 자신의 업적을 잃지 않고 보호하기 위해서 내면 깊은 곳에 존재하는 힘을 길들이고 통제하려고 힘써왔다. 사적인 생활에서 우리가 화 때문에 문제를 일으키기 일쑤라면 일터에서 이성적인 게 무슨 소용이 있겠는가? 사회생활과 사생활이라는 두 영역을 얼마나 오랫동안 따로 떼어놓을 수 있을까? 도시나 대제국을 통치한다고 하더라도 자신을 통제하지 못한다면 결국 모든 게 헛수고일 뿐이다.

이제 우리가 해야 할 일은 지적이기보다는 영적인 일이다. 머리로 하는 일이 아니라 마음과 영혼으로 해야 할 일이다. 행복 또는 불행, 만족 또는 불만족, 절제 또는 과욕, 고요 또는 동요를 결정하는 열쇠는 바로 우리의 영혼이 쥐고 있다.

그러므로 고요를 추구하는 사람이라면 반드시 다음과 같은 상태에 도달해야 한다.

- 엄격한 도덕적 잣대를 갖춘다.

- 질투와 시기를 비롯한 해로운 욕구를 가까이 하지 않는다.

- 어린 시절에 겪은 고통스러운 상처를 받아들이는 법을 배운다.

- 세상에 감사하고 존중하는 마음을 행동으로 실천한다.

- 삶 속에서 관계와 사랑을 키워나간다.

- 결코 '충분한' 상태에 도달할 수 없다는 사실과 끝없이 더 많은 것을 바라다가는 결국 파산에 이른다는 사실을 이해한다.

우리의 영혼은 행복과 불행, 만족 혹은 공허를 담는 곳이며 궁극적으로는 고귀함의 정도를 결정하는 곳이다.

우리는 반드시 좋은 영혼을 유지해야 한다.

더 나은 삶을 위한
행동의 기본 원칙

위대함의 본질은 덕이 충분하다는 인식이다.
—랄프 왈도 에머슨Ralph Waldo Emerson, 미국의 시인이자 사상가

마르쿠스 아우렐리우스는 무수히 많은 '자아의 수식어'를 만들어 낸 것으로 유명하다. 그중에는 '꼿꼿한, 겸손한, 솔직한, 분별 있는, 협동적인'과 같은 단어가 포함돼 있는데 이 모든 특성이 당시 황제였던 그에게 도움을 주었다.

자아의 수식어를 열거한 목록에 덧붙일 수 있는 단어는 이 외에도 굉장히 많다. '정직한, 인내하는, 배려하는, 상냥한, 용감한, 차분한, 건실한, 관대한, 너그러운, 공정한' 같은 것들이 그렇다. 그러나 이 모든 수식어가 기반으로 두고 있는 단어 하나가 있는데, 바로 '덕'이다.

스토아학파에서는 덕을 **최고 선**summum bonum이라고 여겼으며, 덕이 모든 행동의 원칙이 되어야 한다고 믿었다. 덕은 거룩한 게 아니

라 일상생활 속에서 시민의 우수성과 도덕을 드러내는 것이며, 우리의 영혼에서 우러나 행동을 통해 현실화되는 청렴강직함이다.

동양에서도 덕을 중요시했다. 일례로 《도덕경》의 제목은 **덕의 길**이라는 의미다. 또 당시 여러 통치자에게 조언을 주었던 공자 역시 지도자라면 덕을 추구해야 마땅하다는 마르쿠스의 의견에 동의했을 것이다. 이에 더해 통치자가 공자로부터 들을 수 있는 가장 큰 칭찬은 아마도 **군자**라는 호칭이 아니었을까? 지금까지도 영어권 국가의 번역가들이 군자라는 단어에 상응하는 영어 단어를 찾는 데 어려움을 겪고 있는데, 대략 고결함과 도의심, 자제심을 발산하는 사람을 일컫는 말로 이해하면 될 것이다.

'덕'이라는 개념이 조금 답답하게 들린다면 덕 있는 삶이 그 자체로 가치 있다는 사실을 돌아보길 바란다. 옳고 그름을 모르는 사람만큼 평온하지 않은 사람은 없다. 도덕률이 결여된 탓에 모든 결정을 상세히 검토해야 하고 모든 유혹을 두루 살피고 경계해야 하는 사람만큼 지치는 사람도 없다. 사기꾼이나 거짓말쟁이만큼 양심의 가책을 느끼는 사람도 없다. 부정행위와 거짓말로 숱한 이익을 얻었다고 하더라도 말이다. 자신의 선택이 무의미해지는 길을 택한 사람은 삶 또한 무의미할 수밖에 없다.

그렇다면 자신에게 가치 있는 게 무엇인지 아는 사람은 어떤 사람일까? 도와 예를 알고 그에 따라 행동하는 사람은? 도덕적 자제심이 있는 사람, 밤낮없이 이러한 미덕에 편안하게 의지하는 사람은? 이들이 바로 고요를 찾은 사람이다. 어려움이나 스트레스, 심지어 두려운 상황에 맞닥뜨렸을 때 의지할 수 있는 영혼의 힘을 찾은 사람들이다.

캐나다 정치인 저그밋 씽Jagmeet Singh은 유세장에서 한 성난 시위자를 만났다. 흥분한 그 시위자는 시크교도인 씽에게 다가와 이슬람을 걸고넘어지며 소리쳤다. 저그밋 씽은 여기에 대항하지 않고 자신이 정의한 자아의 수식어로 대답했다. "사랑과 용기." 그러자 그곳에 모여 있던 군중이 한목소리로 외치기 시작했다. "사랑과 용기! 사랑과 용기! 사랑과 용기!"

생각해보라. 저그밋 씽은 그 시위자에게 똑같이 소리치거나 도망가버릴 수도 있었다. 자칫하면 영원히 그를 잔인하고 비열한 사람으로 만들어버릴 수 있는 상황이었다. 그는 상대방과 똑같이 행동하고 싶은 마음이 들었을 수도 있었지만 오히려 침착함을 유지했다. 그리고 사랑과 용기라는 두 단어를 되새김으로써 정치 생활뿐만이 아니라 생명의 위협을 느꼈을 수도 있는 상황에서 다시 중심을 잡고 일어설 수 있었다.

상황이 달라지면 그에 걸맞은 덕과 자아의 수식어를 찾아야 한다. 힘든 일을 해야 하는 상황이라면 스스로에게 "힘과 용기"라고 거듭 말해보라. 반려자에게 꺼내기 힘든 말을 하기 전에는 "인내와 상냥함"이라고 말할 수도 있다. 부패와 악이 존재하는 순간에는 "선함과 정직"이라고 말해보라.

우리가 자유의지를 가졌다는 건 주어진 생을 선하게 살지 악하게 살지 우리 스스로 결정할 수 있는 선택권이 우리에게 부여됐다는 의미다. 우리는 스스로 어떤 기준을 지키며 살지, 무엇을 중요하고 고귀하고 훌륭한 것으로 여길지 선택할 수 있다. 그리고 우리의 선택은 우리가 평화를 경험할 수 있을지의 여부를 결정한다.

그렇기 때문에 우리 모두 가만히 앉아서 돌아보는 시간을 가져야 한다. 우리가 지지하는 것은 무엇인가? 우리가 반드시 필요하고 중요하다고 믿는 것은 무엇인가? 우리의 **삶**은 진정 무엇을 위한 것인가? 뼛속 깊은 곳, 심장 깊은 곳에 그 답이 있다. 다만 경력을 쌓아 세상에서 살아남아야 하는 현실과 분주한 일상이 우리 자신과 자기 인식 사이에 자꾸만 끼어든다는 것이 문제다.

공자는 덕이 북극성과 같다고 말했다. 항해자에게 길을 안내할 뿐만 아니라 주변 사람들을 끌어들이는 역할도 하기 때문이다. 역사에서 쾌락주의자라고 부당하게 낙인찍힌 에피쿠로스는 덕이 행복과 평온으로 가는 길이라는 걸 알고 있었다. 사실 그는 덕과 쾌락이 동전의 양면처럼 떼려야 뗄 수 없는 존재라고 믿었다.

> 분별 있게 고결하게 정당하게 살지 않으면서 즐겁게 살기란 불가능하고, 역으로 즐겁게 살지 않으면서 분별 있게 고결하게 정당하게 살기란 불가능하다. 즐거운 삶을 살고 있지 않은 사람은 분별 있고 고결하고 정당한 삶을 살고 있는 것이 아니며, 역으로 이러한 덕을 지니지 않은 사람은 즐겁게 살 수 없다.

즉, 덕이 있는 곳에 행복과 아름다움이 존재한다.

공자는 말했다. "군자는 침착하고 너그러운 반면 소인은 끊일 새 없이 얼굴에 근심을 가득 띤다." 마르쿠스처럼 정치계에 몸담았던 스토아 사상가인 세네카 역시 우리처럼 모순투성이였다. 그의 글에는 도덕과 수양에 관한 굉장히 아름다운 성찰이 담겨 있는데, 이는 맑은 정신과 엄청난 집중력의 결과물임이 틀림없다. 세네카는 야심 찬 작가인 동시에 자신의 글만큼이나 정책도 오래도록 역사에 남기길 열망하는 열성적인 정치인이었다. 그런 그는 직업적으로 상승 가도를 달리던 때에 황제 네로의 조정자 역할을 맡게 되었다. 처음에 네로는 촉망받는 제자로 출발했지만 사실 그는 스승을 전혀 수월하게 해주지 않는 다루기 힘든 제자였다. 네로는 심신이 산란했고 이기적이었으며 주의가 산만하고 병적으로 의심이 많은데다 몰인정하기까지 했다.

상상해보라. 밤이면 의로운 일과 절제, 지혜의 중요성에 관한 글을 쓰면서 다음 날 낮에는 어머니의 암살을 정당화하려는 무소불능한 독재자를 도와야 한다면 어떨 것 같은가? 세네카는 분명 그곳을 벗어나야 한다는 걸 알고 있었을 것이다. 그의 진심은 알 수 없지만 어쨌든 그는 끝내 도망치지 않았다.

덕이란 무엇인가? 세네카는 생각했다. "진실하며 흔들림 없는 판단." 덕으로부터 좋은 결정과 행복, 평화가 비롯된다. 덕은 영혼으로부터 나와 정신과 온몸으로 뻗어나간다.

그러나 정작 세네카의 삶을 들여다보면 그의 야망은 평화를 만들어내기는커녕 의사 결정 과정을 방해하고 왜곡해버린 것만 같다.

세네카는 글에서는 부의 무의미함을 유창하게 주장했지만 현실에서는 의심스러운 수단으로 막대한 재산을 축적했다. 자비와 인정, 연민이 중요하다고 생각하면서도 필시 사이코패스였을 두 명의 황제를 기꺼이 섬겼다. 마치 자신의 철학을 실천에 옮길 만큼은 신뢰하지 않는 사람처럼 말이다. 세네카는 덕을 갖추면 충분히 먹고 살 수 있으리라는 사실을 전적으로 받아들이지 못했다. 그보다는 돈, 권력, 명예가 훨씬 더 절박했던 것으로 보인다.

이러한 선택 탓에 그는 그는 허구한 날 밤잠을 이루지 못했고 심각한 도덕적 딜레마에 빠졌다. 그리고 결국 죽음으로 그 대가를 치렀다. 서기 65년, 네로는 자신의 스승이었던 세네카에게 등을 돌리고 그에게 자살을 강요했다.

거짓말과 속임수를 일삼는 등 남에게 끔찍하게 대하고도 성공할 수 있다는 것은 분명한 사실이다. 어쩌면 그게 정상에 오르는 빠른 방법일지도 모른다. 그러나 그 길을 택하면 우리는 자존감뿐만 아니라 안전까지도 희생해야 한다.

이상한 소리로 들릴 수도 있지만 성공하고 싶다면 덕을 쌓는 편이 훨씬 더 빠르게 목표하는 바를 이룰 수 있고 그 성공을 오랫동안 지속할 수 있다.

어떻게 그럴 수 있을까? 인정을 받기 위해서는 타인에게 의존할 수밖에 없다. 부자가 되려면 반드시 사업 기회가 있어야 한다. 목표를 향해 가는 길은 독재자에 의해서 방해받는 것만큼이나 사소한 날씨 때문에도 쉽게 가로막힐 수 있다. 그러나 덕은 어떠한가? 무엇이 옳은지 아는 것으로부터 당신을 막아세울 수 있는 사람은 아무도 없다. 덕과 우리 사이를 방해할 수 있는 것은 우리 자신 말고는 아무것도 없다.

우리 모두는 반드시 목숨보다 더 소중하다고 할 수 있을 만큼 높은 차원의 도덕률을 길러야만 한다. 스스로에게 이런 질문을 해보라. **내게 중요한 것은 무엇인가? 배반하느니 목숨을 내놓을 만한 것이 무엇인가? 나는 어떻게 살 것이며 왜 살 것인가?**

이는 헛된 질문도 진부한 심리테스트 문항도 아니다. 덕으로부터 생겨나는 고요와 힘을 원한다면 우리는 이 같은 질문에 반드시 대답해야 한다.

네로를 섬기라는 요청을 받고서 세네카가 선택의 기로에 섰을 때처럼 인생의 어려운 순간에 처했을 때 덕이 필요하다. 고대 그리스 사상가 헤라클레이토스는 성격이 곧 운명을 만든다고 말했다. 그의 말이 옳다. 중요한 시기에 두려움 없이 바른 선택을 할 수 있도록 우리는 좋은 인격과 강인한 자아의 수식어를 함양해야 한다.

그러면 다른 모든 사람이 겁을 먹고 유혹에 빠져들 때에도 우리는 덕행을 닦을 수 있다.

그러면 어떤 상황에서도 우리는 고요할 수 있다.

내면아이와 마주쳤을 때
해야 하는 일

내 안에는 여전히 아이가 존재하는데… 썩 고요하지 않을 때가 있다.
―프레드 로저스

레오나르도 다 빈치에게는 장난기와 호기심, 발명과 창작을 향한 강한 흥미처럼 어린아이 같은 면이 있었다. 그의 그런 부분이 그가 대단한 예술가가 되기까지 큰 역할을 했다. 그러나 그의 장난기 속에는 어릴 때 겪은 사건들에 뿌리를 둔 고통과 슬픔이 깊게 자리하고 있었다.

레오나르도는 1452년, 부유한 공증인 가정에서 사생아로 태어났다. 당시 그의 부친은 서자이면서도 첫 아들이었던 그를 집으로 데려와 키우려고 했고 그의 첫 번째 도제 생활을 돕기도 했지만 이들 부자간의 거리는 결코 가까워지지 않았다. 당시에는 그처럼 저명한 부친이 있는 집안이라면 장남이 아버지의 직업을 이어받고 사업을 물려받는 것이 관례였다. 그러나 공증인 조합에서 **서자**를 상속인으로 인정하지 않았다. 레오나르도의 아버지도 치안 판사를 찾아가 자기 아들을 자식으로 인정해달라는 청원서를 제출하는 노력조차 하지 않았던 것을 보면 이 같은 상황을 바꿔볼 생각조차 없었던 것으로 보인다.

그는 레오나르도가 태어난 이후 열두 명의 자녀를 더 낳았고, 그 중 아홉 명이 아들이었다. 세상을 떠나면서도 특별한 유언을 남기지 않았는데, 법을 잘 알 만한 공증인인 그가 이런 행동을 했다는 것은 한 가지 의미로밖에 해석되지 않는다. 바로 자기 '친'자식들을 위해 레오나르도의 상속권을 법적으로 박탈해버린 것이다. 레오나르도의 전기 작가인 월터 아이작슨Walter Isaacson은 훗날 책에 그 부친에 대해 말하기를, 끝내 레오나르도를 아들로 받아들이지 않음으로써 "'절대적인 보호자를 원하는 끝없는 욕망'이라는 유산을 아들에게 물려주었다"라고 했다.

실제로 레오나르도는 자신의 모든 예술적 삶에서 그가 따르던 권력자들에게 어린아이처럼 사랑과 수용을 갈구하는 모습을 보였다. 그는 스물다섯 살이 될 무렵까지 11년이 넘도록 첫 번째 멘토였던 안드레아 델 베로키오Andrea del Verrocchio 밑에서 그를 헌신적으로 섬겼다. 레오나르도의 그토록 풍부한 재능을 생각하면 믿기 힘들만큼 오랜 기간이다. 미켈란젤로가 열여섯 살에 처음으로 자신의 작품을 만들기 시작했던 걸 생각해보라. 또 레오나르도처럼 감미로운 영혼이 흉악한 사이코패스인 체사레 보르자Cesare Borgia * 에게 매료됐던

---

* 르네상스시대 이탈리아의 전제군주이자 교황군 총사령관.

이유가 무엇이었겠는가? 자신의 오랜 열정이 담긴 프로젝트였던 군사용 발명품을 처음으로 주의 깊게 살펴보고 관심을 가진 유일한 후원자가 보르자였기 때문이었다. 그 이후로도 레오나르도는 자신이 온전해지기 위해서 꼭 필요하다고 생각했던 재정적인 지원과 예술적 자유를 찾아 밀라노에서 프랑스, 바티칸 등지로 돌아다녔다.

레오나르도가 작품을 완성하기도 전에 자기 화를 못 이겨 공방을 뛰쳐나간 횟수만 해도 한 손으로 꼽기 어렵다. 때로는 아주 사소한 일이 원인이었는데, 대개는 후원자가 자신이 원하는 모든 것들을 해주지 않는다는 게 이유였다. 그가 남긴 분노의 편지와 끝내지 않은 작품에 숨어 있는 의미는 오늘날 성난 십 대 아이들의 목소리와 크게 다르지 않다. **당신은 내 아버지도 아니잖아요. 제게 이래라저래라 하지 마세요. 절 진심으로 사랑하지도 않잖아요. 내 말이 옳다는 걸 보여주겠어요.**

우리 대부분이 어린 시절의 상처를 지니고 산다. 누군가에게 부당한 대우를 받았을 수도 있고, 끔찍한 경험을 했을 수도 있다. 어쩌면 부모님이 너무 바빴거나 잔소리가 너무 심했거나 자신들의 문제에 너무 깊이 파묻혀 있어서 우리에게 적절한 보호자가 되어주지 못했을 수도 있다.

이렇게 아픈 구석은 우리가 내리는 결정과 취하는 행동에 영향을 미친다. 그렇다는 사실을 우리가 항상 의식하고 있지 못한다고 해도 말이다. 사실 다행스러운 일이다. 우리의 불안과 근심의 원인, 부적절한 상황에서 툭 튀어나오는 좌절감, 관계를 지속하지 못하거나 비난을 무시하지 못하는 근본적인 이유가 우리 자신이 아니라는 말이니까. 좀 더 정확히 말하자면 그 원인은 성인인 우리가 아니라 우리 안에 숨어 있는 일곱 살짜리 아이에게 있다.

야구 역사상 가장 타고난 투수로 꼽히는 릭 앤키엘Rick Ankiel은 학대하는 아버지, 마약 밀매를 일삼는 형과 살며 잔혹한 어린 시절을 보냈다. 이 아픔과 무력감을 평생에 걸쳐 누르고 투수로서의 기량에 집중한 끝에 마침내 마이너리그 최고의 투수 유망주가 되었다. 그렇게 선수 생활이 잘 풀리기 시작하는 것 같았던 2000년, 그는 플레이오프 첫 경기에서 수백만 관중 앞에서 투구 제어에 실패하고 말았다.

무엇 때문이었을까? 경기 바로 며칠 전에 마약 혐의로 구속된 아버지와 형 때문에 법원에 갔던 것이 화근이었다. 수년 간 외면해왔던 고통과 분노가 결국 폭발했고, 투구에 반드시 필요한 섬세한 균형이 산산이 부서졌던 것이다. 그날 이후 앤키엘이 재능을 되찾기까지는 수년의 세월이 걸렸다. 유능하고 인내심 있는 스포츠 심리학자 하비 도프먼Harvey Dorfman을 만나 노력한 끝에 어느 정도 수준으로는 회복할 수 있었지만 끝내 한계를 넘지는 못했다. 선수 생활 중 그가 다시 마운드에 오른 건 겨우 다섯 번에 불과했고 그나마도 선발투수로는 서지 못했다. 이후 그는 외야에서, 그중에서도 마운드에서 가장 멀리 떨어진 센터에서 선수 생활의 대부분을 보냈다.

지그문트 프로이트는 글을 통해 어린 나이에 겪은 크고 작은 결핍이 성인기에 유독하고 난폭한 태도를 만들어내는 일이 얼마나 흔한지에 관해 이야기한 적이 있다. 우리는 충분히 부유하거나 예쁘거나 재능 있게 태어나지 않았다는 이유로, 같은 반 친구들만큼 인정받지 못했다는 이유로, 안경을 써야 했거나 병치레를 자주 했거나 값비싼 옷을 살 형편이 안 되었다는 이유로 불만을 품고 산다. 심지어 리차드 3세가 그랬던 것처럼 결함이 있으면 이기적이고 비열해도 되고 끝없는 야망을 품어도 된다고 믿는 사람들도 있다. 프로이트가 설명했듯이 어릴 때 학대당했거나 불우했다고 생각하기 때문에 "우리 모두는 어릴 때 상처받은 나르시시즘에 대한 보상을 요구하는 것이다." 타이거 우즈도 그 같은 예가 될 것이다.

그러나 상처받은 내면아이를 보호하겠다고 괴물을 만들어내는 것은 위험한 일이다.

자신감 없는 렌즈, 불안한 렌즈, 혹사당한 렌즈, '모두 다 틀렸다는 걸 증명해보이겠어'라는 렌즈, 레오나르도가 갖고 있었던 '내 아버지가 되어줄래요?'라는 렌즈. 어릴 때 세상을 이해하기 위해 갖게 되는 이러한 왜곡된 렌즈는 우리의 삶을 올바르게 바라보게 하지 않고 쉽게 만들어주지도 않는다. 그런 식으로 누가 행복해질 수 있겠는가? 당신이라면 아홉 살짜리 아이에게 힘들거나 위험하거나 중요한 일을 맡길 수 있겠는가?

영화감독 주드 아패토우Judd Apatow는 어느 영화를 찍던 중에 촬영장에서 크게 다툰 뒤 뭔가를 깨달았다고 이야기한 적이 있다. 수년간 그는 촬영을 할 때마다 사람들이 마치 사사건건 간섭하려는 부모처럼 자신의 행동을 제한하려고 한다고 느꼈다. 그래서 그런 간섭이 느껴질 때마다 본능적으로 그리고 감정적으로 시비를 걸었다. **어떤 멍청이들이 나한테 이래라저래라 하는 거야? 왜 그렇게 나한테 대장질을 못해서 안달이지? 세상이 왜 이렇게 불공평해?**

우리도 가끔 누군가의 악의 없는 발언에 발끈해 스스로 깜짝 놀랄 때가 있고, 높은 지위에 있는 사람이 우리의 행동을 통제하려고 할 때 성질을 부리기도 한다. 또는 절대 좋게 끝날 리 없는 유형의 관계에 매력을 느끼기도 하고 잘못됐다는 걸 알고 있는 행동에 끌릴 때도 있다. 이는 거의 원시적이라고 할 만큼 깊은 곳에 존재하는 감정으로 유아기에 뿌리를 두고 있는 것이다.

아패토우가 영화 촬영장에서 만나는 사람들이 **자신의 부모가 아니라는** 사실을 받아들이기 위해서는 치료와 자기반성, 그리고 어쩌면 배우자의 보살핌이 필요했을 것이다. 촬영장에서 오가는 대화는 비즈니스적인 것이었고 창의적인 토론이었을 뿐 부모 노릇을 자처하는 어른들이 아이에게 퍼붓는 잔소리가 아니었다.

그러한 깨달음을 얻으면 직장에서 논쟁이 줄어들기 때문에 고요가 찾아온다. 생각해보라. 상처받기 쉽고 두려움이 많은 아이의 눈으로 인생을 바라보지 않아도 된다면 인생이 덜 무섭고 편안해지지 않겠는가? 우리 스스로가 계속해서 보태지만 않는다면 우리가 짊어지고 있는 짐이 얼마나 가볍겠는가?

삶의 상처를 치유하기 위해서는 인내와 공감, 진정한 자기 사랑이 필요하다. 틱낫한은 다음과 같이 말했다.

우리의 내면아이를 바라보고 인정한 뒤, 세 번째 마음 챙김 수련으로 해야 할 일은 아픈 감정을 달래고 위로하는 것이다. 이 아이를 조심스럽게 감싸 안는 것만으로도 우리는 우리의 아픈 감정을 달랠 수 있으며 편안한 마음을 얻을 수 있다. 마음 챙김과 집중함으로써 그 강한 감정을 끌어안으면 이러한 아픔을 만든 뿌리를 볼 수 있게 되고 우리가 받는 고통이 어디에서 비롯된 것인지 알게 된다. 그것들의 뿌리를 알게 되면 우리의 고통이 경감될 것이다. 그러므로 마음 챙김을 통해 우리는 바라보고 받아들이고 위로할 수 있다.

어릴 때 받은 상처가 있는지 차분히 생각해보라. 상처를 받거나 배신을 당하거나 예기치 못한 힘든 상황에 맞닥뜨렸을 때 자신이 '몇 살'짜리의 감정 반응을 보이는지 생각해보라. 그게 바로 당신의 내면아이다. 당신이 그 아이를 안아줘야 한다. 그리고 그 아이에게 말해줘야 한다. "이봐, 친구. **괜찮아.** 네가 상처받았다는 걸 잘 알고 있어. 하지만 내가 널 돌봐줄게."

제대로 된 어른이라면 내면의 아이가 알아듣고 안심할 수 있도록 손을 내밀고 도와야 한다. 그 아이가 고요를 찾을 수 있도록.

이 일을 해야 하는 건 우리가 우리 자신과 다른 이들에게 빚지며 살고 있기 때문이다. 불교에서 말하는 '**윤회**' 즉, 대를 거듭하여 이어지는 삶의 괴로움의 고리를 우리는 반드시 끊어내야 한다.

코미디언 개리 샌들링은 열 살 때 형을 낭포성 섬유증으로 세상에서 떠나보냈고 그 일로 정신을 잃은 어머니에게 평생을 휘둘리며 살았다. 큰아들을 잃고 정신이 흐려진 어머니는 아들에게 우는 모습을 보이게 될까 봐 두렵다며 큰아들의 장례식에 개리를 오지 못하게 할 정도로 온전치 않았다. 그러던 어느 날, 어른이 된 개리는 일기장에 어떤 공식을 적었다. 그 공식은 자신의 아픔을 극복하는 데, 자신의 내면아이를 치유하는 데 도움을 주었다. 프로그램에 참여하며 자신이 멘토나 아버지 역할을 해줬던 많은 아이들에게 교훈을 주기도 했다.* 그가 쓴 간단한 공식에는 우리가 짊어지고 있는 깊은 괴로움을 잠재우고 악순환을 끊어내는 비결이 담겨 있었다.

더 많이 주라.
네가 갖지 못했던 것을 주라.
더 많이 사랑하라.
지난 이야기는 묻어두라.

할 수 있다면 당신도 한번 시도해보길 바란다.

---

* 공교롭게도 주드 아패토우는 개리 샌틀링이 돌봤던 아이들 중에 가장 크게 성공한 아이였다.

욕망에서 비롯된 충동은
진정한 만족에 닿지 않는다

모든 과일에 벌레가 있듯 모든 이의 마음속에는 밑바닥을 갉아먹는 욕망이 존재한다.
— 알렉상드르 뒤마 Alexandre Dumas 프랑스의 극작가 · 소설가

존 F. 케네디는 1962년 10월, 운명의 13일을 겪는 동안 자기 안의 고요라는 자질을 발휘하여 반박의 여지가 없는 업적을 달성했다. 그러나 그 빛나는 업적이 케네디의 이면을 모두 감출 수는 없었다. 케네디가 가진 이면이란 우리 모두와 마찬가지로 그에게도 끈질기게 따라붙는 악령이 있었고 그것이 케네디의 위대한 업적을 가렸으며 결과적으로는 그의 고요까지도 손상시켰다는 사실이다.

존 F. 케네디는 아버지 조지프 케네디가 식사 자리는 물론이고 가족 휴가에까지 정부를 데려오는 그런 가정에서 자랐다. 격정과 분노가 흔한 집안이기도 했다. 조지프 케네디는 아무렇지도 않게 이런 말을 내뱉곤 했다. "내가 어떤 개새끼를 한 번 싫어하면 그 새끼는 죽을 때까지 나한테 찍히는 거야." 그러니 그의 어린 아들이 훗

날 나쁜 습관으로 고생하고 충동과 욕망에 사로잡혀 발버둥쳤다는 사실은 놀랄 일도 아니었다.

케네디가 성욕에 못 이겨 처음으로 곤경에 빠졌던 건 제2차 세계대전 초기로, 많은 사람들이 나치의 스파이라고 의심했던 미모의 독일인 기자 잉가 아바드^{Inga Arvad}와 사귀기 시작한 때였다. 이후 그가 대선에 출마했던 시기에는 유디트 엑스너^{Judith Exner}라는 여성과 바람을 피웠는데, 그녀는 시카고의 마피아 샘 지안카나^{Sam Giancana}의 애인이었다. 이 같은 엄청난 실수에도 케네디는 아무런 대가도 치르지 않은 채 매번 미꾸라지처럼 상황을 빠져나갔고 그럴수록 그는 점점 더 위험한 행동을 일삼았다.

케네디의 애인들은 그가 만족을 모를 뿐더러 기쁨이 없는 성욕을 지니고 있다고 묘사했다. 그와 관계를 가진 한 여성의 말에 따르면, "케네디에게 섹스란 그저 육체적이고 사회적인 활동"이었고 지루함을 피하거나 쾌감을 얻는 수단에 불과했다. 그는 관계 중에 상대방의 만족에 전혀 신경 쓰지 않았으며 나중에는 자신이 얻는 만족에도 신경 쓰지 않는 듯했다. 케네디가 언젠가 영국 총리에게 말한 적이 있는데, 자신은 며칠간 섹스를 하지 않으면 두통이 생길 정도라고 했다. (그의 아버지는 아들들에게 "여자를 따먹지" 않으면 잠이 오지 않는다고 말한 적이 있다.) 당시 케네디의 허리 상태는 섹스를 하는 것조차 고통스러웠을 정도로 좋지 않았다. 그런데도 그는 결코 통증에 굴복하지 않았다.

쿠바 미사일 위기 당시 소련과 미국이 핵전쟁 직전까지 떠밀려와 있던 순간에도 케네디는 휘튼칼리지Wheaton College에 다니는 열아홉 살짜리 학생을 백악관 근처의 호텔 방으로 데려갔다. 그는 앞으로 얼마나 더 살 수 있을지 모르는 남자였고 위기 속에서 초인적으로 헌신하며 일하던 남자였다. 그리고 지구의 마지막일지도 모를 시간에 두려움에 떨고 있을 가족과 보내기는커녕, 아내 몰래 자기 나이의 반 정도밖에 되지 않은 여자와 침대 위에서 나뒹굴기를 선택한 남자였다.

고요와는 거리가 먼 행동이었다. 특별히 매력적인 이야기로 들리지도 않는다.

영적으로 무너진 사람, 충동이 일으키는 변덕대로 사는 사람, 우선순위를 정하거나 명료하게 사고하지 못하는 사람의 이야기가 아닌가? 그러나 케네디를 비루한 섹스 중독자라고 비난하기 전에 생각해보자. 우리 자신은 어떠한가? 우리 또한 다양한 욕망의 포로가 되지 않는가? 그러면 안 된다는 걸 누구보다 더 잘 알면서도 어쨌든 욕망에 굴복하곤 하지 않는가?

잘못된 욕망은 우리 삶의 평화를 파괴하는 주범이다. 미인만을 탐하는 욕망. 오르가슴을 탐하는, 함께 하기로 맹세한 사람이 아닌 다른 사람을 탐하는 욕망. 권력을 탐하고 지배를 탐하는 욕망. 다른 사람의 것을 탐하는 욕망. 돈으로 살 수 있는 가장 좋고, 화려하고, 가장 값비싼 것들을 탐하는 욕망.

우리가 원한다고 말한 극기克己와 상충하는 것이 아닌가?

배관공이든 대통령이든 간에 잘못된 욕망에서 비롯된 충동의 노예가 된 자는 결코 자유로울 수 없다.

무엇이 됐든 자신의 욕망을 거리낌 없이 채우려다가 결국 모든 것을 잃은 사람들, 때로는 말 그대로 철창에 갇히기까지 했던 위인들이 얼마나 많은가?

권력과 섹스와 관심은 적어도 즐거운 맛이라도 있다. 그러나 잘못된 욕망의 가장 흔한 형태는 시기다. 다른 사람이 소유하고 있다는 단 하나의 이유로 그들이 가진 것을 탐하는 야욕. 칼럼니스트 조지프 엡스타인Joseph Epstein의 명구를 보라. "일곱 가지 죄악 중에 '시기'는 재미조차 없다." 그보다 2400년 앞서 데모크리토스는 이런 말을 했다. "시기하는 자는 자기 자신을 적처럼 대하여 고통을 준다."

질투나 시기에 흔들리는 사람은 또렷하게 사고하거나 평화롭게 살 기회조차 얻지 못한다. 어찌 그럴 수 있겠는가? 시기 어린 삶은 끊임없는 불행의 악순환이다. 우리가 부러워하는 누군가는 또 다른 누군가를 부러워한다. 공장 노동자는 백만장자가 되기를 몹시 바라지만 백만장자는 9시부터 5시까지 일하는 노동자의 삶을 단순하게 여겨 부러워한다. 유명인들은 많은 사람들이 기꺼이 포기할 수 있다고 말하는 사생활이 있던 시절로 돌아가고 싶어 한다. 예쁘고 잘생긴 동반자가 있는 사람은 조금 더 예쁘고 잘생긴 사람을 떠올린다. 그러나 우리가 그토록 부러워하는 상대가 우리를 부러워할 수도 있다는 사실을 생각하면 정신이 번쩍 들 것이다.

또 남을 시기한다는 건 '두 마리 토끼를 다 잡으려는' 미성숙함 때문이기도 하다. 우리는 남들이 갖고 있는 것만 갖고 싶어 하는 게 아니다. 우리가 갖고 있는 모든 것을 그대로 유지한 채 남의 것까지 갖고 싶어 한다. 그 둘이 서로 배타적인 것이라고 하더라도 말이다. 게다가 남들이 더는 그것을 소유하지 않길 바란다. 그러나 당신이 부러워하는 사람의 인생과 당신의 인생을 맞바꾸기 위해 당신의 지력과 원리원칙과 자랑스러운 업적을 모두 포기해야 한다면 당신은 과연 포기할 수 있을까? 당신이 선망하던 삶을 얻기 위해 그들이 지불한 대가를 당신도 기꺼이 지불하겠는가?

아니, 당신은 그러지 않을 것이다.

쾌락주의자로 알려진 에피쿠로스가 이런 말을 한 적 있다. "섹스는 어떤 남자에게도 이로웠던 적이 없다. 오히려 섹스가 그에게 해를 끼치지 않았다면 그것이야말로 경이로운 일이다." 그는 언제든 강한 욕망에 이끌릴 때마다 자문할 수 있는 좋은 실천 방법을 생각해냈다. **내가 원하는 걸 얻으면 내게 어떤 일이 생길까? 그러면 내 기분은 어떨까?**

실제로 **대부분의** 욕망은 비합리적인 감정이기 때문에 가만히 앉아 그 감정을 분석하려면 고요를 갖추고 있어야만 한다. 어떤 자극에 반응한 후에 다시 같은 자극에 반응하지 않는 기간인 불응기를 미리 생각하고, 술을 마시기에 앞서 다음 날 피해갈 수 없는 숙취를 생각해봐야 한다. 이렇게 하면 욕망은 어느 정도 힘을 잃는다.

에피쿠로스학파는 고통과 불안로부터의 자유를 진정한 쾌락으로 여겼다. 무언가를 원하는 행위가 당신을 비참하게 만든다면 보상의 가치가 떨어지지 않겠는가? 당신이 '원하는' 것을 얻는 데에 대가가 따른다면 그게 정말 즐거운 일일까? 처음에 당신의 성공을 도와줬던 욕구 때문에 결국에는 도를 넘게 된다면 그게 정말로 이득인 걸까?

고요를 추구한다고 해서 철저한 금욕주의자가 되라는 말은 아니다. 다만 차분히 생각해보면 욕망이 우리에게 얼마나 큰 영향을 미칠지 깨달을 것이며, 그러한 욕망이 우리에게 순간적인 쾌락만 주는 게 아니라 우리가 추구하는 깊은 차원의 평화를 박탈하기도 한다는 사실도 깨달을 수 있을 것이다.

가장 기분 좋은 때가 언제인지 생각해보라. 슬픔에 야위어가고 있는 순간은 즐겁지 않다. 무엇인가를 애타게 갈망하고 있는 순간도 즐겁지 않다. 무엇인가를 획득하는 순간에는 성취감이나 만족감 대신 오히려 실망이나 상실을 느낄 수도 있다.

《바가바드 기타》의 인격신 크리슈나는 욕망을 일컬어 "만족을 모르는 불처럼 (…) 언제나 존재하는 현자의 적"이라고 했다. 불교도들은 욕망을 죽음의 신 마라의 모습으로 의인화하면서 석가모니가 깨달음과 고요를 얻지 못하도록 그를 유혹하고 방해했던 것이 바로 마라라고 했다. 레오나르도 다 빈치는 공책에 시기의 개념을 한 여성으로 묘사하면서 이 여성은 끊임없이 고통받는 상태에 있으므로 야위고 초췌한 모습이어야 마땅하다고 했다. "퉁퉁한 독사가 그녀의 심장을 갉아먹게 하라." "시기는 결코 죽지 않으므로 죽음을 등에 업고 달리게 하라." 이 같은 욕망을 "야수의 수준"이라고 말한

레오나르도의 표현보다 더 적절한 묘사를 찾기는 힘들어 보인다.

우리 누구도 완벽하지 않다. 생물학적으로나 병리학적으로나 실수를 피할 수도 없다. 그렇기 때문에 우리는 더욱 엄격한 도덕률과 철학을 갖춰야 한다. 우리가 욕망을 물리치려고 할 때, 그리고 실패하고 다시 일어서서 더 나은 사람이 되려고 노력할 때 도덕률과 철학이 우리에게 힘을 실어줄 것이다.

해로운 욕망에 저항하기 위해서 도구에 의존하는 방법도 있다. 4세기에 알렉산드리아에서 활동한 주교, 아타나시우스Saint Athanasius 는 《안토니우스의 생애Vita Antonii》라는 책에서 기독교인들이 참회라고 부르는 형태인 일기 쓰기의 장점으로 죄를 짓지 않도록 도와준다는 점을 꼽았다. 그는 자신의 행동을 돌아보고 기록함으로써 자신의 행동에 책임을 지고 더 나은 사람이 될 수 있었다.

각자 자신의 행동과 영혼의 충동을 기록해보자. (…) 마치 서로에게 보고할 것처럼. 그러면 당신은 그것이 외부에 알려졌을 때 느낄 수치심 때문에라도 죄를 짓는 행동은 물론이고 죄스러운 생각까지도 반드시 멈추게 될 것이다. (…) 우리가 서로 마주할 때 야욕을 품지 않는 것처럼 서로 대화를 나누듯이 우리의 생각을 일기장에 적는다면, 알려졌을 때의 수치심 때문에라도 그릇된 생각을 하지 않도록 절제하려는 마음을 훨씬 더 잘 발휘할 것이다. 이제 우리의 일기장을 다른 금욕주의자의 눈이라고 생각하자. 우리가 쓴 글을 읽으면서 마치 실제로 일어난 일을 본 것처럼 부끄러움이 든다면 우리는 두 번 다시 악을 생각하지 않을 것이다.

충동을 느끼고 충동에 저항하고, 가만히 앉아 충동을 들여다보고 충동을 흘려보내기. 이렇게 하면 우리는 정신력을 기를 수 있고 이 세상에서 원하는 사람이 될 수 있다.

우리의 욕망이 어떤 결과를 낳을지 시간을 들여 생각하고 묻고 예측하는 사람만이 충동을 이겨내고 후회할 일을 멈출 기회를 얻는다. 그런 사람만이 진정한 쾌락은 정직하고 안정적이며 행복하고 안전한 영혼 속에만 깃든다는 사실을 알게 될 것이다.

'충분하다',
불안을 잠재우는 키워드

역사는 정복에 싫증난 정복자를 언급하지 않는다.
—슈테판 츠바이크Stefan Zweig

소설 《제5 도살장》의 저자 커트 보니것Kurt Vonnegut과 《캐치 22》의
저자 조지프 헬러Joseph Heller가 언젠가 뉴욕시 외곽의 화려한 동네에
서 열린 파티에 참석했을 때의 일이다. 따분한 억만장자의 호화로
운 별장에 서 있던 보니것은 친구를 슬슬 자극하기 시작했다. "이
봐, 조! 우리를 초대한 사람이 어제 하루 만에 번 돈이 자네가 소설
로 평생 벌어들인 수익보다 더 많을 것 같은데 기분이 어떤가?"

"나는 저이가 절대 가질 수 없는 걸 갖고 있지 않은가." 헬러가
대답했다.

"도대체 그게 뭐란 말인가?" 보니것이 다시 물었다.

"내가 '충분히' 가진 지식이지."

얼 우즈는 마치 욕설을 지칭하기라도 하듯이 이 단어를 "E로 시

작하는 단어"라고 불렀다. 그러나 사실 **'충분하다**Enough'라는 말은 아름다운 단어다.

조지프 헬러처럼 충분하다는 마음을 지닌 사람들이 얻을 고요를 상상해보라. 끝 모르는 욕망이 존재하지 않고 비교하는 불안이 존재하지 않으며 자기 자신과 자신의 일에 **만족한다**는 것은 얼마나 멋진 선물인가!

"충분하다"라는 말을 하는 것만으로는 충분하지 않다. 충분하다는 개념을 이해하는 일은 철저하게 영적이면서 자기 성찰적인 작업이고 우리가 평생 믿었던 착각과 억측을 파괴하는 작업이다.

사상가 존 스튜어트 밀의 경우를 보면 이 과정이 얼마만큼 끔찍할 수 있는지 알 수 있다. 그는 사춘기가 되기도 전에 그리스어와 라틴어로 쓰인 거의 모든 고전을 원문으로 독파한 천재였다. 아버지와 자기 자신에게 극심하게 떠밀리며 살던 밀은 스무 살 무렵의 어느 날, 생전 처음으로 걸음을 멈추고 자신이 무엇을 좇고 있는지 생각했다. 그리고 이렇게 썼다.

곧장 나 자신에게 이런 질문을 해봤다. '인생의 모든 목적이 이루어졌다고 가정해보자. 그토록 바라던 대로 모든 제도와 여론에 즉각적인 변화를 이뤄냈다고 가정해보자. 그렇게 된다면 과연 나 자신에게 엄청난 즐거움과 행복이 찾아올까?' 그러자 억누를 수 없는 자의식이 뚜렷하게 대답했다. "아니야!" 이 소리를 들은 심장이 철렁 내려앉았다. 내 삶의 근간이 통째로 무너져버렸다.

이 깨달음 뒤에 찾아온 건? 회복하기까지 수년의 세월이 걸린 심각한 정신쇠약이었다. 그러나 어떻게 보면 이런 사실을 이토록 일찍 깨달았다는 것이 밀에게는 행운이었을 수 있다. 세상에는 생각과는 달리 자신이 성취한 업적이 스스로에게 본질적인 안도와 행복을 주지 못한다는 사실을 끝내 깨닫지 못하는 사람이 너무도 많다. 혹은 너무 많은 시간과 돈을 써버린 뒤에야 이를 이해하게 되는데, 그때는 이미 여러 관계와 내면의 평화를 얻을 수 있었던 숱한 순간들을 성공의 제단에 바치고 난 이후다. 그러면 결국 결승점에 다다라서야 이런 생각을 하게 된다. **이게 끝이야? 이젠 뭘 하지?** 결승점에 도달한 줄 알았으나 고통스러운 기로에 선 것이다. 그러나 그보다 더 괴로운 것은 실존적 위기를 느꼈을 때 무의미한 소비와 채울 수 없는 야망으로 그 불안을 덮고 억누르다 보면 우리가 모른 체하는 그 사실이 언젠가는 전혀 다른 결과를 초래하리라는 것이다.

어떤 면에서 이는 우리가 가진 덕이 내리는 저주이기도 하다. 더 나아지고 싶은 열망 없이는, 개선의 여지가 있는 잠재적 영역을 탐구하려는 성향 없이는 누구도 깨달음을 얻거나 탁월해질 수 없기 때문이다. 문제는 더 많은 것을 향한 열망이나 욕구는 행복과 상충할 때가 많다는 점이다. 테니스계의 거장 빌리 진 킹Billie Jean King도 정상에 오르려는 운동선수에게 필수적인 정신력이 오히려 발목을 잡아서 그토록 열심히 노력했던 일을 즐기지 못할 때가 많았다고 했다. 더 발전해야 한다는 달성 욕구가 오히려 적이 되어 그 **과정**을 즐기지 못하도록 방해한 셈이다.

있는 그대로를 인정하지 못하는 사람, 그중에 특히 객관적으로 봤을 때 많은 일을 한 사람들을 보면 그들에게는 고요가 없다. 더, 더, 더 많은 것을 바라는 욕심은 마치 히드라와 같아서 그런 욕심을 지닌 사람은 버킷리스트의 항목을 하나 지워내면 그 빈자리에 두 개를 더 채워넣는다.

동양 철학에서 우리는 '충분하다'에 관한 최고의 통찰을 엿볼 수 있다. 노자는 말한다. "아무것도 부족하지 않다는 것을 깨달을 때 비로소 온 세상이 너의 것이 된다."《도덕경》에 나오는 구절이다.

가장 큰 불행은 만족을 모르는 것이니.

더 얻고자 하는 것보다 더 큰 재앙은 없다.

만족함을 아는 자는 언제나 만족하며 살게 된다.

서양 철학자들은 더 많이 얻는 것과 만족하는 것 사이에서 균형을 찾기 위해 애썼다. 에피쿠로스는 "만족을 모르는 자에게는 충분함이 없다"고 했고, 시인 토머스 트러헌Thomas Traherne은 "축복을 받고 이를 귀하게 여기는 자는 천국에 있을 것이요, 축복을 받고도 귀하게 여기지 않는 자는 지옥에 있을 것이다. (…) 축복을 귀하게 여기지만 받지 못한 자는 지옥에 있을 것이다"라고 했다. 유물론적 세계관을 믿었던 스토아학파는 돈의 진리를 잘 알고 있었다. 돈을 쌓아놓고 살았던 세네카만 보아도 재물이 평화와 전혀 관계가 없다는 사실을 알고 있었다. 그의 작품은 필요 없는 돈과 분수에 넘치는 명예를 좇다가 파멸과 불행으로 자신을 몰아간 사람들의 이야기로 가득 차 있다.

중용中庸. 중용이 열쇠다. 우리 모두 머리로는 이를 알고 있다. 그러나 이를 **느끼는** 건 통찰의 순간 혹은 비극의 찰나뿐이다.

2010년, 미국의 정치인 마르코 루비오Marco Rubio는 상원 의원직에 출마하기 위한 모금 전화를 돌리며 자택 복도를 서성거리고 있었다. 그때 루비오의 세 살 된 아들이 뒷문으로 슬쩍 빠져나갔다가 수영장에 빠지고 말았다. 루비오는 뒷문이 열리면서 난 종소리를 들었지만 다른 식구가 가보겠거니 하며 전화 통화에 다시 집중했다. 그리고 몇 분 뒤, 그는 수영장 물에 고개를 처박은 채 간신히 숨 쉬며 둥둥 떠 있는 아들을 발견했다.

비극에 가까운 일을 겪고서도 루비오는 거의 곧장 업무로 돌아갔다. 링컨이 그랬듯이 그의 야망은 '휴식을 모르는 작은 엔진'이었다. 루비오는 한 발짝 떨어져 나와서야 자신의 전부를 바칠 때 어떤 중요한 것을 잃게 되는지, 욕망의 대가가 무엇인지 깨닫기 시작했다. 그는 자신의 책에 이런 말을 썼다. "계획을 세우고 야망을 좇을 때 초조한 마음이 드는 까닭이 행복과 그 행복을 취하려는 열망 때문이 아니라는 것을 이제야 알게 된 것 같다. 우리가 초조함을 느끼는 까닭은 마음속 깊은 곳에서는 행복이 다른 곳에 있다는 사실을 알고 있기 때문이며, 아무리 중요한 일이라고 할지라도 그 행복의 자리를 대신할 수 없다는 사실을 알고 있기 때문이다. 그럼에도 우리는 여전히 서두르고 업무를 우선한다. 그건 우리가 중요한 사람이 되고자 하기 때문이고 우리가 이미 중요한 사람이라는 사실을 항상 실감하고 있지 못하기 때문이다."

금메달이나 그래미상, 슈퍼볼 챔피언 반지를 받아본 적 있는가? 통장에 10개의 0이 찍힌 잔액을 본 적이 있는가? 어쩌면 당신은 이런 경험을 해봤을지도 모르고 이런 것들을 소유하고 있을지도 모른다. 만약 그렇다면 잘 알고 있을 것이다. 이것들이 아주 좋은 건 맞지만 그렇다고 당신의 영혼에 긍정적인 변화를 주지는 않는다는 사실을. 그것들은 사실 그저 금속 조각이자 주머니에 든 종잇조각일 뿐이며 벽에 걸린 장식판일 뿐이다. 사람의 영혼에 난 아주 작은 구멍조차 막지 못하는, 그만큼 강하지도 부드럽지도 않은 것들일 뿐이다.

게다가 이것들은 우리가 좋아했던 일의 즐거움을 앗아갈 수도 있다. **부족하다고** 느끼는 사람, 가지고 태어난 부를 보지 못하고 관계와 경험을 통해 축적한 것들을 보지 못하는 사람에게는 **더더욱** 유익할 게 없다. 물질적 빈곤은 돈을 벌고 저축함으로써 해결할 수 있다. 문제는 **정신적 빈곤**도 같은 방법으로 해결할 수 있다고 생각할 때 발생한다.

업적, 돈, 명예, 존경, 이러한 것들은 아무리 쌓이고 쌓여도 결코 사람을 만족시키지 못한다.

언젠가 '해냈다'라는 마음이 드는 때가 올 거라고, 드디어 **잘 됐다**는 마음이 드는 때가 올 거라고 믿고 있다면 당신은 예기치 못하게 불쾌한 상황을 맞닥뜨리게 될 것이다. 이보다 더 끔찍한 건 금방 손에 닿을 것 같았던 목표가 조금 더 멀어져 손에 닿지 않는, 끝없는 고문을 경험하게 되리라는 사실이다.

외부적인 성취만으로는 결코 만족감을 얻을 수 없다. '**충분하다**'는 건 내면으로부터 나온다. 열차에서 내리는 발걸음으로부터 나온다. 그리고 당신이 이미 갖고 있는 것과 항상 갖고 있던 것을 알아보는 눈으로부터 나온다. 그렇게 할 수 있는 자는 어느 억만장자보다도 더 부유하고 그 어느 군주보다도 더 강한 사람이다.

그러나 우리는 이런 방법을 선택하는 대신에 더, 더, 더 많은 것을 탐하는 불안정한 길을 택한다. 우리는 더 많은 것이 필요하다고 생각할 뿐 이미 넘치도록 갖고 있다는 사실을 깨닫지 못한다. 우리는 '가족을 위해서' 너무 열심히 일하는 나머지 그 속에 담긴 모순조차 알아차리지 못한다. 우리가 가족과 함께 보낼 시간이 없는 이유가 바로 그 일 때문이라는 것을 말이다.

충분하다.

물론 여기에서 만족했다가는 이대로 커리어가 끝나는 게 아닐까, 어떤 식으로든 이 욕구를 충족하고 나면 갑자기 직장과 일상의 모든 과정이 멈춰버리는 게 아닐까 하는 걱정이 생길 수 있다. 하지만 **모두가 그렇게 만족감을 느낀다면 그들이 무엇 때문에 계속 열심히 노력하겠는가?** 우선 이런 걱정을 한다는 자체가 이상적인 마음 상태가 아니다. 이 사실을 직시해야 한다. 불안해서 최선을 다하는 사람은 없으며 계속해서 상품을 만들어내게 하려고 사람들에게 불안을 조성해서도 안 된다. 그건 산업이 아니라 노예제도와 다를 게 없다.

우리가 지구에 태어난 것은 벌집이 제대로 돌아가도록 죽을 때까지 헌신하는 일벌이 되기 위해서가 아니다. 또 끊임없이 일을 하고 또 하고 또 하고 또 하는 것이 누군가에 대한 '의무'인 것도 아니다. 그건 우리의 팬도, 우리에게 아주 많은 것을 내어준 부모도, 심지어 가족을 위한 일도 아니다. 자신의 생명을 꺼뜨리는 일은 그 누구를 위한 일도 되지 못한다.

당신에게 맞는 곳에서 일하면서 필요한 만큼의 부를 이룬다는 건 충분히 실현 가능한 일이다. 당신은 건강을 지키고 고요를 찾으면서 **동시에** 성공할 수 있다.

조지프 헬러는 자신이 충분히 가졌다고 믿었지만 꾸준히 글을 썼다. 그렇게 그는 《캐치 22》 이후로도 최고의 베스트셀러를 포함해 여섯 편의 소설을 더 써냈다. 그는 학생들을 가르쳤고 희곡과 영화 시나리오를 쓰는 등 놀랄 만큼 생산적이었다. 존 스튜어트 밀은 신경쇠약을 겪고 난 이후 시에 푹 빠졌고 훗날 아내가 된 여성을 만나 서서히 정치철학으로 돌아갔으며 결국에는 이 세상에 어마어마한 영향을 끼쳤다. 실제로 그가 불러온 많은 변화들을 생각하면 서양의 민주주의는 그에게 빚을 지고 있다고 할 수 있을 정도다.

이러한 창조물과 통찰력은 두 사람의 더 선하고 **고요한** 면에서 나왔다는 사실을 기억해야 한다. 이들은 무엇인가를 증명해내려고 이런 일을 한 게 아니었다. 어느 누구에게 감동을 주려고 했던 일도 아니었다. 그들은 그저 그 순간에 집중했을 뿐이다. 그들의 동기는 순수했고 불안이 없었으며 근심도 없었다. 언젠가 자신의 업적이 자신을 온전하게 해줄 것이고 늘 결핍되어 있던 부분을 채워주리라는 비루하고 고통스러운 희망이 없었다.

인생에서 무엇을 더 원해야 하는가? 이것이 문제다. 우리가 더 원해야 할 것은 성취도 아니고 인기도 아니지 않은가? 우리는 스스로 충분하다고 느끼는 순간을 원해야 한다. 현재에 더욱 집중하길, 더욱 또렷하게 사고하길, 통찰력과 진실을 더 잘 바라보길 원해야 한다.

무엇보다 더 많이 고요하길 원해야 한다.

시인의 눈으로
발견하는 아름다움

장엄한 광경 앞에 서면 우리는 전율을 느낀다. (…) 우리 마음으로 감싸기에는 너무 큰 어떤 것. 그러한 광경을 보고 있노라면 우리는 잠시나마 잘난 체 하는 모습을 떨쳐내고 우리를 붙잡고 있던 습관과 진부함으로부터 해방된다.
—로버트 그린Robert Greene, 《권력의 법칙》《인간 본성의 법칙》저자

1944년 2월 23일 수요일 아침, 안네 프랑크는 2년이라는 긴 시간 동안 숨어 지내던 별채에 딸린 다락방으로 기어올라갔다. 안네의 가족과 같이 지내던 유태인 꼬마 피터를 만나러 가는 길이었다. 피터는 집안일을 마친 뒤 안네와 함께 그녀가 가장 좋아하는 자리에 앉아서 작은 창을 통해 밖을 내다보았다. 그들이 어쩔 수 없이 떠나야만 했던 세상이 거기에 있었다.

파란 하늘, 그 아래 이파리 없는 밤나무, 공중에서 휙휙 날아다니는 새들을 바라보던 둘은 말문이 막힐 만큼 황홀감을 느꼈다. 바깥은 아주 조용하고 평온했다. 그리고 이들이 지내던 비좁은 거처와는 비교할 수 없을 만큼 탁 트여 있었다.

안네와 피터의 눈에 비친 세상은 전쟁 중이 아닌 것 같았다. 히틀

러가 이미 수백만명의 목숨을 앗아갔고, 자신들 역시 언제 죽을지 모른다는 두려움 없이 단 하루도 보낼 수 없는 현실이 거짓말 같았다. 그런 상황에도 불구하고 자연의 아름다움은 지지 않고 군림하는 것처럼 보였다. 안네는 생각했다. '구름 한 점 없는 하늘과 햇살, 이 모든 게 존재하는 한, 그리고 내가 이 자연을 즐길 수 있는 한 내가 어떻게 슬퍼하기만 할 수 있을까?'

안네는 훗날 일기장에 자연은 고통받는 모든 이에게 위로가 되는 만병통치약과 같은 존재라고 썼다. 실제로 꽃이 활짝 핀 봄이든 혹독한 겨울이든 심지어 비가 내려 밖이 캄캄할 때든, 창문을 열기에는 너무 위험해서 숨 막히는 더위 속에서도 꼼짝없이 숨어 있어야 하는 순간에도 안네는 언제나 기운을 북돋아주고 중심을 잡을 수 있게 해주는 무엇인가를 자연 속에서 찾아냈다. 일기장에 이런 글도 적혀 있었다. "불행 속에도 아름다움은 존재한다. 찾아보려는 노력만 한다면 점점 더 많은 행복을 발견할 수 있고 균형을 되찾을 수 있다."

얼마나 대단한 진리인가! 얼마나 놀라운 평화의 원천이며 힘의 근원인가!

발자국 없는 숲속, 땅바닥에 배를 깔고 누워서 책을 읽고 있는 조용한 아이, 비행기의 날개를 가르는 구름, 그 안에 잠들어 있는 지친 승객들, 좌석에 앉아 책을 읽는 남자, 자고 있는 여자, 발을 쉬게 하는 승무원, 산 너머로 올라오는 장밋빛 여명, 반복해서 흘러나오는 노래와 그 노래의 비트, 그리고 상황과 완벽하게 맞아떨어지는 리듬. 제출 기한 전에 과제를 끝마친 기쁨, 텅 빈 받은편지함의 일시적인 조용함.

이 모든 것이 고요다.

작가이자 저널리스트, 정치 이론가인 로즈 레인 와일더^{Rose Lane}^{Wilder}는 조지아의 수도 트빌리시에서 풀이 무성한 고원을 내다보며 이렇게 썼다.

> 이곳에는 오로지 하늘뿐이다. 고요한 덕분에 풀의 날카로운 소리가 들린다. 주변이 어쩜 이리 완벽하게 공허한지. 나조차도 공허함의 일부처럼 느껴져 스스로를 비우게 된다. 내가 아무것도 아닌 순간, 거의 아무것도 아닌 순간이었다.

이런 상황을 가리키는 용어가 있다. 우리를 우리 자신 밖으로 이끌어내는 천상의 경험을 뜻하는 **황홀경**이다. 우리는 원한다면 이렇게 아름다운 순간을 언제든지 경험할 수 있다. 우리가 해야 할 일은 이 순간에 우리의 영혼을 활짝 여는 것뿐이다.

사원에 딸린 농장에서 오전 작업을 하려는 햐쿠조 선사에게 제자 둘이 다가와 '도'를 가르쳐달라고 부탁했다. 선사는 이렇게 답했다. "너희가 나를 대신해 농장의 문을 열거든 선종의 위대한 원리를 알려주겠다." 제자들이 노동을 마치고 선사에게로 가서 가르침을 달라고 하자 그는 이제 막 해가 떠오르고 있는 들판을 마주보고 서서, 평화로운 창공을 향해 팔을 넓게 벌려 뻗고는 아무런 말도 하지 않았다.

그게 바로 '도'이자 자연이었다. 경작하기에 좋은 땅, 그곳에서 자라는 농작물, 고된 노동의 만족감…. 대지의 시詩였다. 처음처럼 그리고 영원처럼.

그러나 모든 아름다움이 이런 식으로 제 모습을 드러내지는 않는다. 우리가 항상 농장이나 해변에 있거나 광활한 협곡을 바라보고 있을 수도 없다. 그렇기 때문에 우리는 시인의 눈을 길러야 한다. 모든 곳에서, 심지어 진부하거나 두려운 상황 속에서도 아름다움을 볼 수 있는 능력을 길러야 한다는 말이다.

마르쿠스 아우렐리우스는 어둡고 우울한 성향의 스토아학파 철학자로 추정되지만 특유의 휘트먼식Whitmanesque●으로 아름다움을 사랑했다. 그렇지 않았다면 "곳곳에서 구워지고 있는 빵과 그 빵의 갈라진 틈은 굽는 사람이 의도하지 않았는데도 우리의 눈을 사로잡고 식욕을 돋운다." "잘 익어 고개를 숙이는 곡식의 줄기, 사자의 찡그린 이마, 돼지주둥이에서 흘러나오는 거품"과 같은 생생한 묘사를 써내지는 못했을 것이다. 그는 자신이 마주하는 아름다움을 "매력적인" 자연의 섭리라고 말하기도 했다. 심지어 그는 죽어가는 동안에도 이런 글을 썼다. "자연과 조화를 이루며 시간의 짧은 한 조각에 머물다 간다. 잘 익은 올리브 열매가 자신을 잉태한 대지를 찬

● 시인 월트 휘트먼의 시처럼 낙관적인 관점을 일컫는다.

양하고 자신을 길러준 나무에 감사하며 바닥으로 떨어지는 것처럼, 당신도 마지막에 기품 있는 모습으로 영혼의 안식처를 찾아가기를."

철학자와 시인은 같은 방식으로 세상을 바라봤고 토마스 아퀴나스의 말처럼 둘 다 '경이로운' 학문이라는 동일한 목적을 추구했다.

환경운동가 겸 작가인 에드워드 애비Edward Abbey는 **야생**이라는 단어 자체가 음악이라고 말했다. 그에 따르면 야생은 우리가 어디에 살고 있든, 무슨 일을 하고 있든 우리가 듣고 싶다면 언제든 들을 수 있는 음악이다. 직접 하지 못하더라도 솔방울이 잔뜩 깔린 숲속을 터벅터벅 걷고 천천히 흐르는 강물 위를 떠내려가고 모닥불의 온기를 쬐는 일을 상상할 수는 있다. 아니면 안네 프랑크처럼 단순히 창밖의 나무 한 그루를 감상할 수도 있다. 이렇게 하면, 이런 아름다움을 **알아차리면** 우리는 고요에 더욱 가까이 다가가게 된다.

군중의 아첨, 고급 자동차, 막대한 재산, 빛나는 상패와 같이 표면적인 것에서 아름다움을 찾는 건 건강한 영혼이 보내는 신호가 아니다. 비난꾼이나 혐오자, 괴로움, 상처, 아픔, 상실 등 세상의 추악함 때문에 비참해지는 것 또한 건강하지 않다. 그보다는 모든 곳과 모든 것에서 아름다움을 찾아보기를 권한다. 아름다움은 우리를 둘러싼 모든 곳에 존재하고 우리가 허락하기만 한다면 그 아름다움이 우리를 살게 할 것이다.

먼지 수북한 트렁크에 찍힌 고양이의 부드러운 발자국. 뉴욕시의 아침 풍경. 환풍구에서 뿜어져 나오는 뜨거운 증기. 비가 막 내리기 시작했을 때 대기에 스미는 아스팔트 냄새. 활짝 펼친 손바닥에 주먹이 딱 들어맞을 때 나는 퍽하는 소리. 계약서에 사인할 때 종이를 스치는 펜촉의 소리. 텃밭에서 따 온 채소로 가득한 바구니. 혼잡한 도롯가의 가로수길 사이로 큼지막한 트럭들이 지나가며 만들어내는 직선. 놀다가 지칠 대로 지친 아이의 즐거움이 묻어 있는 장난감. 수백 년간의 독자적인 발전이 고스란히 녹아 있는 도시.

이제 보이기 시작하는가?

바쁜 삶 속에 고요가 드물다는 것, 또 있더라도 너무 순식간에 지나간다는 건 참 아이러니하다. 사실 세상은 고요를 다 써버릴 수도 없을 만큼 많이 만들어내기 때문이다. 그저 아무도 들여다보고 있지 않을 뿐이다.

존 스튜어트 밀은 지나친 자극과 과도한 공부로 얻은 우울증과 신경쇠약을 이겨내느라 거의 2년 가까운 세월을 보냈다. 그 이후 그가 다시 평화를 찾은 곳은 어디일까? 바로 영국의 낭만파 시인인 윌리엄 워즈워스William Wordsworth의 시가 노래하는 자연이었다.

시어도어 루스벨트는 어머니와 아내를 잃은 뒤 의사의 조언대로 사우스다코타주의 배들랜즈Badlands*로 떠나 대자연의 거대함 앞에서 넋을 잃고 지냈다. 루스벨트는 사냥꾼이었고 목장주였으며 남자다운 남자였다. 그런 그가 가장 큰 열정을 품었던 두 가지는 다름

---

* 자연 침식으로 형성된 지형이 뛰어난 경관을 만들어낸 지역으로, 배들랜즈국립공원으로 지정되어 있다.

아닌 책 한 권을 들고 현관 포치에 조용히 앉아 있는 것과 **들새를 관찰하는 일**이었다. 삼림욕은 정신과 영혼의 문제를 치유하는 방법으로 꼽히는데, 루스벨트는 대통령이 되고 난 이후로도 최소한 일주일에 한 번씩은 **삼림욕**하는 것을 잊지 않았다.

우리가 따뜻한 물로 샤워를 하는 만큼 자주 숲으로 들어가 시간을 보낸다면 얼마나 더 깨끗해질까? 우리가 주변의 것들을 제대로 들여다본다면 얼마나 더 현재에 집중하게 될까?

물에 몸을 담그는 일 또한 중요하다. 물에는 뭔가가 있다. 물의 생김새, 물의 소리, 물의 느낌. 고요를 추구하는 사람들은 파도보다 더욱 거센 힘으로 세상의 소란과 괴로움을 씻어내는 방법을 찾는다. 집 근처의 강에서 다이빙하기, 선원식 정원*에 졸졸 흐르는 분수를 바라보기, 떠나보낸 이들을 추도하기 위해 반사 연못 들여다보기 등, 그들은 여차하면 부서지는 파도 소리가 담긴 사운드 머신을 틀어서라도 세상의 괴로움을 씻어내려고 한다.

현대 생활의 권태로 고통받는 이들과 트라우마를 겪고 있거나 스트레스가 많은 직업 때문에 마음이 어지러운 이들에게 역사학자 존 스틸고John Stilgoe 교수는 아주 간단한 조언을 건넨다.

당장 나가라. 그냥 바깥으로 나가라는 게 아니다. 알아차리지도 못

---

* 불교사원 가운데 선종의 선원에서 가레산스이식 정원을 만들어 참선하는 데 활용하는 정원.

할 만큼 부드러운 손길로 수많은 사람들을 붙잡고 있는 전자시대의 덫 너머로 빠져나가라. (…) 밖으로 나가서 부지런히 움직인 다음, 휴식을 취하고 여유를 갖고 주변을 둘러봐라. 조깅하지 말고 달리지도 마라. (…) 대신 인접한 시골길, 도심의 골목, 교외의 대로에 온 신경을 기울여라. 걸어라. 산책하라. 어슬렁거려라. 해안을 따라 하염없이 자전거를 타라. 탐험해보라.

그 안에 평화가 있다. 당신은 언제나 이 평화에 가닿을 수 있다.

당신을 삶의 아름다움으로부터 벗어나게 하는 일을 허락하지 마라. 세상을 신성한 곳으로 여기고 모든 경험을 성스럽게 해보라. 무엇이든 이런 것들이 존재한다는 사실에, **당신이** 존재한다는 사실에 경탄하라. 무의미한 싸움에 서로를 괴롭히고 있다고 할지라도, 무의미한 일로 우리 자신을 죽이고 있다고 할지라도 우리는 언제나 이 모든 일을 멈추고 주변에 수없이 존재하는 아름다움에 몸을 담글 수 있다.

그 아름다움 속에서 마음을 가라앉히고, 그 아름다움 속에서 깨끗해져보라.

더 큰 존재를 수용할 때
발휘되는 힘

평범한 사람은 자기 자신보다 더 높은 존재를 모른다.
—아서 코난 도일

거의 100년의 세월이 지나도록 '회복의 12단계twelve-step program●'
중에 가장 어려운 단계로 꼽히는 일이 무엇일까? 그것은 자신의 실
패에 대해 두려움 없이 도덕적 성찰을 하는 일이나 보상하는 일이
아니다. 또 자신의 문제를 인정하는 일도 후원자를 찾는 일도 모임
에 참석하는 일도 아니다. 많은 중독자들이 그렇지만 특히 스스로
를 사색가라고 생각하는 중독자들은 **더 높은 존재**에 대해 인정하기
를 몹시 힘들어 한다. 그런 사람들은 '자신보다 더 큰 능력을 지닌
존재가 자신을 중독에서 벗어나 맑은 정신으로 회복시켜줄 수 있다

● 중독, 강박 등의 문제에서 회복하기 위한 원칙으로 알코올 중독자 모임 등 여러 자조 모
   임에서 활용한다.

는 사실'을 받아들이고 싶어 하지 않는다.

어쩌면 간단해 보이는 일이 그토록 어려운 까닭은 무엇일까? '익명의 알코올 중독자Alcoholics Anonymous, AA 모임'이 창설된 1935년 이후로 세상이 급격하게 비종교적으로 변했기 때문은 아니다. 오히려 AA 모임 창설자 중에 한 사람은 '호전적 불가지론자*'였다고 한다. 중독자들은 자신의 욕망 외에 어떤 것에도 복종하기를 싫어하기 때문에 더 높은 존재를 인정하기 어렵다. 어느 중독자는 이런 현상을 "중독으로 인한 병적인 자기 본위"라고 묘사하기도 했다.

"나는 신을 믿지 않습니다"라는 대답은 더 큰 힘이 알코올 중독을 회복시킬 것을 믿으라는 2단계를 거부하는 이들이 보이는 가장 흔한 반응이다. 그들은 이렇게 말한다. "더 높은 존재의 증거가 없잖습니까. 진화론을 보세요. 과학을 보시라고요." 아니면 도대체 이런 것들이 금주와 무슨 상관이냐고 반문하는 사람들도 있다. "술이나 약물을 끊는 것과 종교나 믿음이 도대체 무슨 상관이 있다는 겁니까?"

100퍼센트 합리적인 의문이다. 그러나 이것이 합리적인 의문인지 아닌지는 전혀 중요하지 않다. 2단계는 사실 신에 관한 문제가 아니기 때문이다. 이는 **항복**의 문제이며 믿음 그 자체의 문제다.

기억해야 한다. 고집스러운 의지를 꺾을 수 있는 유일한 방법은

---

* 인간은 신을 인식할 수 없다는 종교적 인식론. 이 학설은 유신론과 무신론을 모두 거부한다.

아주 깊은 영혼의 차원에서 내려놓는 것뿐이다.

중독은 의심할 여지없는 생물학적 질환이지만 조금 더 실제적인 의미로 보면 스스로의 충동을 우선하는 자아에 집착하는 과정이기도 하다. 그러므로 우리보다 더 큰 존재가 있다는 믿음이 중요한 돌파구가 될 수 있다. 그런 믿음을 갖는다는 것은 중독자들이 자기가 전지전능한 신이 아니며 자기에게는 무엇이든 할 수 있는 힘이 없다는 사실을, 실제로 그랬던 적이 단 한 번도 없었다는 사실을 마침내 받아들인다는 의미다. 그런 힘을 가진 자는 실제로 **아무도 없다.**

'12단계'가 그 자체로 변화를 만들어내는 과정은 아니다. 그보다는 가던 길을 멈추고 듣고 모든 노력을 **실천하겠다는** 결심이라고 할 수 있다.

AA 모임을 자세히 들여다보면 알 수 있지만 여기에서는 회원들에게 예수를 믿어야 한다거나 교회에 나가야 한다고 가르치지 않는다. 그저 '자기 나름대로의 신을' 받아들이라고 권할 뿐이다. 이 말인즉슨 당신이 믿고 싶은 대상이 대자연이든 자연의 섭리든 운명이든 숙명이든 그냥 운이든 무엇이든지 간에 당신이 정하면 된다는 의미다.

스토아학파에서 말하는 더 높은 존재란 우주의 길을 의미하는 **로고스**다. 그들은 숙명과 운, 그들을 지배하는 힘의 존재를 받아들였다. 더 높은 존재를 인정함으로써 정복하기 위해 싸울 필요가 없으므로 고요와 평화에 더욱 가까이 다가갈 수 있었고, 그로 인해 제국을 다스릴 수 있었으며 노예 생활 또는 망명 생활을 견딜 수 있었다. 궁극적으로는 죽음까지도 대단히 평온하게 맞을 수 있도록 도움을 받았다. 중국 철학에서 말하는 '도'는 우주의 절대적인 자연율을 뜻하며 더 높은 존재가 가는 길을 의미한다. 나아가 다양한 신을 믿었던 그리스인들은 개개인을 각자의 운명으로 이끌어주는 수호신 **다이몬**daemōn이 그들과 함께한다는 믿음을 지니고 있었다.

유교 신봉자들은 우리가 이 땅에 머무는 동안 하늘이 우리를 안내하고 우리에게 삶의 역할이나 목적을 부여해준다는 경천사상을 믿었고 힌두교도들은 브라만Brahman이 우주의 근본 원리라고 믿었다. 유대교에서는 야훼'יהוה가 그리스도를 지칭하는 단어였다. 미국의 주요 원주민 부족들은 저마다 그들을 창조하고 안내하는 신, 즉 주신을 뜻하는 단어를 갖고 있다. 에피쿠로스는 무신론자는 아니었지만 고압적이거나 심판하는 신의 개념은 받아들이지 않았다. 세상 사람들이 두려움 속에서 살길 바라는 신이 어디에 있겠는가? 에피쿠로스는 두려움에 떨며 사는 삶은 그들이 추구하는 **아타락시아**에 어긋난다고 했다.

크리슈나가 "요가라는 기도를 통한 고요 안에서 마음을 쉬게 한다"라고 말한 것도 같은 맥락이다. 기독교인은 하느님이 우리 삶을 고요하게 해주며 평화와 위안을 강줄기처럼 널리 뻗어나가게 해준다고 믿는다. "잠잠하라! 고요하라!" 예수가 바다를 향해 명령했다. "그러자 바람이 멈추고 물결이 잔잔해졌다."

자기 자신만을 생각하는 마음에는 고요가 없으며, 모든 충동에 굴복하고 자기 자신만을 가치 있게 여기는 몸과 영혼에는 결코 평화가 머물 수 없다.

과학과 기술의 발달은 필수적이다. 그러나 그 대가로 많은 현대인들이 경외심을 잃었고 이해할 수 없는 차원의 존재를 인정하지 못하게 되었다. 과학 기술의 발전이 우리에게 있던 영적인 고요와 신앙에 다가갈 수 있는 능력을 앗아간 것이다.

만일 성령의 영광을 경험한 뒤에 아름다운 대성당에 매일 찾아가 예배드리면서 깊은 신앙으로 신을 섬기는 평범한 소작농이 있다고 생각해보자. 그가 기술이나 진화론의 이해가 부족하다는 이유만으로 다른 이들보다 못하다고 말할 수 있을까? 만약 우리가 몇 세기 전의 선불교 승려에게 미래에는 모두가 엄청난 부와 장수를 누릴 수 있지만 이러한 행운을 얻으려면 목적의식이나 만족감 없이 살아야 한다고 얘기한다면 과연 그들이 우리와 입장을 바꾸고 싶어 할까?

어쩌면 그들에게는 이러한 모습이 전혀 발전으로 보이지 않을지도 모른다.

1978년, 러시아 작가 알렉산드르 솔제니친^Aleksandr Solzhenitsyn은 하버드 졸업식 연설에서 자본주의와 공산주의를 가리지 않고 모든 나라가 "영적이지 않고 반종교적인 인본주의적 의식"에 물들어버린 현대 세계를 지적했다.

이러한 의식 속에서 인간은 지구상에 존재하는 만물의 척도가 되었습니다. 자만, 사리사욕, 시기, 허영과 숱한 다른 결점으로부터 결코 자유롭지 않은 불완전한 인간이 말입니다. 지금 우리는 초기에 제대로 평가하지 못하고 지나쳤던 실수에 대한 대가를 치르고 있습니다. 르네상스 시대부터 지금까지 우리는 경험을 풍부히 쌓아왔으나, 과거 우리의 격정과 무책임함을 억누르게 해줬던 '최고로 완전한 존재'에 대한 개념을 잃어버렸습니다. 그동안 정치적, 사회적 개혁에 지나치게 많은 희망을 건 나머지 이제 우리는 가장 소중한 자산인 우리의 영적 삶을 빼앗기고 말았습니다.

현실주의는 중요하다. 실용주의와 과학주의, 회의주의 역시 중요하다. 모두 각자의 자리가 있다. 그러나 어쨌든 우리는 **무엇을 향해서든** 믿음을 가져야 한다. 그렇지 않으면 모든 것에 공허와 냉소를 느끼게 될지도 모른다.

코미디언 스티븐 콜베어Stephen Colbert는 가톨릭 신앙을 통해 비극적인 유년 시절을 견뎌냈고 지금까지도 그 신앙을 이어오고 있다. 연예계 활동을 시작한 후에도 한참 동안 성당의 주일학교에서 아이들을 가르치기도 했다. 비행기 사고로 남편과 두 아들을 잃은 비극에 굴복하지 않고 정면으로 맞섰던 어머니가 그의 본보기였다. "지금 이 순간을 영원에 비추어 보려고 노력하렴." 그의 어머니는 콜베어에게 이런 말을 자주 했다. **영원.** 우리보다 더 큰 무엇. 우리가 이해할 수 있는 범위를 넘어선 어떤 것. 인간의 미미한 능력으로 생각할 수 있는 기간보다 훨씬 더 긴 그 무엇.

어떤 종교를 찾아보더라도 이와 유사한 이야기를 접할 수 있을 것이다.

역사 속에서 끔찍한 고난과 상상하기도 힘든 역경을 이겨낸 많은 인물들에게서 한 가지 공통점이 보이는 건 우연이 아니다. 그들은 모두 더 높은 곳에 있는 신을 향한 믿음, 신앙이라고 부르는 인생의 닻을 가지고 있었다. 그들은 운전대 위에 언제나 신뢰할 수 있는 손이 놓여 있다고 믿었고, 머리로는 이해할 수 없더라도 그들을 덮친 고통의 이면에는 어떤 깊은 목적이나 의미가 있다고 믿었다. 이 세상에서 선한 일을 했던 대다수의 사람들도 다르지 않았다는 사실 또한 우연이 아니다.

종교 개혁자 마르틴 루터Martin Luther는 재판장에 불려가 신앙을 부인하라고 강요받으며 지위는 물론이고 목숨까지 위협당했다. 증언할 차례가 올 때까지 그는 몇 시간을 기도하며 기다렸다. 숨을 들이마시며 머릿속에서 걱정과 두려움을 비워냈다. 그리고 기도했다. "저는 제 믿음을 부인할 수 없고 부인하지도 않을 겁니다. 기독교인으로서 양심에 반하는 말을 한다는 건 있을 수 없는 일이기 때문입니다. 제가 여기에 있습니다. 저는 아무것도 할 수 없습니다. 그러니 절 도와주시옵소서. 아멘."

난세에 시험받게 된 지도자들이 역경을 헤쳐나가며 결국에는 신앙과 믿음에 전적으로 의존했다는 사실이 흥미롭지 않은가?

이는 링컨의 이야기이기도 하다. 다른 많은 똑똑한 젊은이들처럼 그 역시 젊은 시절에는 무신론자였으나 성인이 되어 시련을 겪으면서, 특히 아들을 잃은 경험과 남북전쟁의 참상을 겪은 이후로 교인이 되었다. 케네디는 부모님이 믿는 가톨릭을 거의 평생 얕보며 살았지만 핵 위협에 맞서는 내내 그는 아마도 분명히 기도하고 있었을 것이다.

제가 여기에 있습니다. 저는 아무것도 할 수 없습니다. 그러니 하느님, 도와주소서.

니힐리즘Nihilism, 즉 허무주의는 무력한 사상이다. 삶이 힘들어질 때 미쳐버리거나 자살을 택하는 사람들을 보면 대부분이 허무주의자인 경우가 많다. 더 최근에 들어서 이들은 죽음을 너무 두려워한 나머지 영생에 집착하기도 한다. 도대체 왜 그런 걸까? 이들은 삶의 끝없는 복잡함과 역경, 삶과 죽음에 대한 잠재적 공허를 오로지 자기 자신의 머리로 해결하려고 하기 때문이다. 그러나 이는 말도 안 되는 처사다.

다시 말하지만 역사에 기록된 거의 모든 현인들이 동의한 일이라면 우리도 잠시 멈추고 돌아봐야 마땅하다. 더 높은 존재 혹은 더 높은 능력을 논하지 않은 고대 철학파를 찾는 일은 거의 불가능하다. 이는 단순히 그러한 존재가 실재한다는 '증거'가 있어서가 아니다. 그들은 믿음과 신앙의 힘이 얼마나 강한지 알고 있었기 때문이고, 내면의 평화를 얻고 고요의 상태에 도달하기 위해서는 믿음과 신앙이 반드시 필요하다는 사실을 알고 있었기 때문이다.

원리주의는 다르다. 에피쿠로스의 말이 옳다. 신이 존재한다면 신이 무엇 때문에 우리가 자신을 두려워하길 바라겠는가? 또 무엇 때문에 우리가 어떤 옷을 입는지, 하루에 몇 번 신에게 기도를 올리는지 신경을 쓰겠는가? 기념비를 세우고 용서를 구하는 일에 무슨 관심을 가지겠는가? 가장 순수한 관점에서 봤을 때 어느 아버지나 어머니(또는 창조자)에게 중요한 단 한 가지는 자녀들이 평화를 찾는 것, 의미를 찾는 것, 목적을 찾는 것이 아니겠는가? 우리가 서로 재단하거나 통제하거나 죽이는 모습을 보기 위해 신이라는 존재가 우리를 이 땅에 보낸 것만큼은 확실히 아니다.

그러나 우리는 회의주의에, 그리고 이 우주의 중심에 우리를 가져다 놓는 자기 본위에 허덕이고 있다. 철학자 나심 탈레브Nassim Taleb의 말이 딱 들어맞는 까닭이다. **우리가 반드시 가져야 할 믿음은 신이 위대하다는 게 아니라 신이 우리보다 더 위대하다는 사실이다.**

우리가 진화와 무작위의 산물이라고 하더라도 스토아학파의 입장이 뒤집어지는 것은 아니지 않은가? 중력과 물리 법칙의 대상인 우리는 이미 더 높은 곳에 존재하는 불가해한 힘을 받아들이고 있지 않은가? 설명할 수 없는 많은 일들이 이 세상을 창조했고, 우리에게는 이 세상을 통제할 힘이 없다. 세상은 정말 신이 있는 것처럼 한 치의 오차 없이 돌아간다.

믿음이 중요한 까닭은 이를 통해 우리가 머리를 비울 수 있기 때문이기도 하지만 진실의 관점에서 차분해질 수 있기 때문이기도 하다. 더 높은 존재를 받아들이는 일을 가리키는 가장 일반적인 표현은 이것이다. "'그 존재'가 당신 마음속에 들어가도록 하라." 옳은 말이다. 이는 우리의 지성과 직접적인 관찰 경험만을 절대적인 판단 근거로 삼지 말고 우리 너머 더 큰 존재를 받아들이라는 의미다.

어쩌면 아직 당신은 마음속에 어떤 것도 받아들일 준비가 되지 않았을 수 있다. 그래도 괜찮다. 서두를 필요 없다. 이 단계가 당신에게 열려 있다는 사실만 알아두면 된다. 당신을 기다리고 있다. 언제든 당신이 준비만 되면 영혼을 온전히 회복할 수 있도록 당신을 도와줄 것이다.

고요는 타인과의
관계 속에서 빛난다

함께 나눌 사람이 없다면 아무리 귀한 것도 소유하는 기쁨이 없다.
—세네카

1960년대에 작곡가 조니 캐시는 첫 번째 결혼에 실패한 뒤에 캘리포니아 남부에서 테네시로 이주했다. 새로운 집에서 보내는 첫날 밤이 외롭고 우울해서 마당과 이어진 맨 아래층을 서성거리기 시작했다. 가파른 언덕과 올드히코리 호수Old Hickory Lake 사이에 있던 그 집은 가구랄 것도 거의 없어서 한층 더 크게 느껴졌다. 아래층 한쪽 끝에서 다른 쪽 끝까지, 그러니까 언덕에 접한 쪽에서 호수에 인접한 쪽까지 걷고 있는데 무엇인가 빠져 있다는 느낌이 엄습하기 시작했다.

뭐가 빠졌지? 대체 어디에 뭘 두고 온 거야? 그는 여러 번 곱씹어보았다. 짐을 챙길 때 뭔가 빠뜨렸던 걸까? 해야 할 일이 있었던 걸까? 뭐가 문제였을까?

그러다 불현듯 생각났다. 빠뜨린 건 **물건**이 아니었다. 그의 어린 딸 로잰이 곁에 없었다. 딸은 아이 엄마와 함께 캘리포니아에 남아 있었다. 가족이 없는 집은 집이 아니다. 조니 캐시는 걸음을 멈추고 딸의 이름을 있는 목청껏 소리쳐 부르며 그대로 바닥에 쓰러져 눈물을 쏟았다.

누군가는 타인으로부터의 분리와 무관심을 기르면 충분히 피할 수 있는 고통이라고 생각할 수도 있다. 스스로를 나약한 사람으로 만들지 않는다면, 누구에게도 의존하지 않는다면 잃을 사람도 없고 상처받을 일도 없지 않겠느냐고 생각할 수 있다.

실제로 세상에는 이런 식으로 살려고 하는 사람들이 있다. 그런 사람들은 평생 홀로 살겠노라고 맹세를 하기도 하고 모든 관계를 최소화하거나 업무적인 형태로 축소하려고 애쓰기도 한다. 이전에 받았던 상처를 떠올리며 관계에 벽을 쌓는 이들도 있다. 또는 타고난 재능에만 집중하며 오로지 자기 일에만 전념하기도 한다. 그러면서 자신은 더 큰 소명을 받았기 때문에 어쩔 수 없다고 말한다. 깨달음이 더욱 중요했기 때문에 작별 인사 한 마디 없이 아내와 어린 아들 곁을 떠난 석가모니처럼 말이다.

물론 모든 사람은 자신에게 맞는 인생의 선택을 해야 한다. 그러나 우리가 굉장히 잘못 알고 있는 사실이 있다. 관계를 만드는 데는 시간이 걸리는 게 사실이다. 또 관계를 맺는다는 건 우리 자신의 모습을 들춰내야만 하는 일이고 마음을 어지럽히는 일이며 고통을 받기도 하고 돈이 들기도 하는 일이다.

그러나 관계가 없다면 우리는 아무런 존재도 아니다.

나쁜 관계는 널렸고 좋은 관계는 드물다. 이것이 놀랄 일인가? 타인과 가까워지고 서로 이어진다는 건 우리 영혼의 모든 면을 시험하는 일이다. 특히 우리 안에 있는 내면아이가 활동할 때는 더욱 그렇다. 잘못된 욕망에 끌려 다닐 때나 우리의 이기심이 타인을 위한 자리를 내어주지 않을 때에도 마찬가지다.

세상의 유혹은 우리를 타락의 길로 이끌고 우리의 분노는 사랑하는 사람에게 상처를 입힌다.

좋은 관계를 맺으려면 우리는 도덕적이고 충실하고 현재에 집중하며 공감하고 관대하고 개방적이 되겠다는, 더 큰 전체의 일부가 되겠다는 의지를 가져야 한다. 좋은 관계를 맺으려면, 그로 인해 성장할 수 있으려면 진정한 의미의 항복을 해야 한다. 물론 결코 쉬운 일은 아니지만 이 어려운 도전에서 능력을 발휘한다면 혹은 그러려고 노력만 하더라도 우리는 완전히 달라질 수 있다.

부유해지고 유명해지는 건 누구나 할 수 있지만 당신 삶 속의 누군가에게 부모나 자식, 영혼의 단짝이 될 수 있는 사람은 당신뿐이다. 물론 관계라는 것은 가족뿐만 아니라 스승과 제자, 가장 친한 친구 등 다양한 형태로 다가온다. 그리고 일부의 주장처럼 이러한 관계가 개인의 물질적 또는 창조적 성공 가능성을 줄일 수도 있다. 그러나 그렇다고 하더라도 이 둘을 바꿀 만한 가치가 있는 걸까?

"넘치는 재물에 둘러싸여 인생의 온갖 풍요를 누리지만 사랑을 주고받지 못하는 삶을 바라는 자가 누가 있겠는가?" 약 2000년 전에 키케로가 던진 질문이다. 우리 세대에까지 내려와 마음을 울리는 이 질문은 여전히 그리고 영원히 진실된 물음으로 남을 것이다.

독일 총리 앙겔라 메르켈은 자신이 출세하는 데 절대적인 역할을 해주고 의지할 수 있는 조언을 해준 사람으로 남편을 꼽으면서 그로부터 마르지 않는 응원을 받았다고 말했다. 미국의 시인이자 소설가 거트루드 스타인 역시 평생의 동반자인 알리스 B. 토클라스Alice B. Toklas로부터 지속적인 지지를 받았다. 사랑에 냉소적이었던 퀴리부인도 피에르를 만나 결혼했고 그와 협업하여 노벨상을 수상했다. 존 스튜어트 밀이 자신의 위대한 업적《자유론》의 헌정사에서 아내를 두고 "내 글의 공동 저자라고 할 수 있는, 내게 영감을 주는 사람"이라고 말한 것은 또 어떠한가? 래퍼 제이 콜J. Cole은 자신이 뮤지션으로서 가장 잘 한 일이 다름 아닌 남편, 그리고 아버지가 된 일이라고 말했다. "그동안 제가 해왔던 모든 선택 중에 이보다 더 잘한 건 없습니다. 자신에게 책임감을 심어주기로 한 선택, 내가 책임져야 하는 아내와 함께하기로 한 선택보다 말이죠."

적어도 내가 역사와 문학을 바탕으로 살펴본 바에 의하면 고요는 홀로 찾지 않는 게 최선이다. 그리고 성공과 마찬가지로 공유할 때 가장 빛난다. 서로 솔직할 수 있다면 우리는 우리 자신보다 우리를 더 잘 이해하는 사람과 함께하는 것이 낫다.

누군가는 사랑과 가족은 어떤 직업과도 양립할 수 없다고 생각할지 모른다. 하지만 관계란 생산성을 시험하는 게 아니다. 나는 개인적으로나 직업적으로나 우리가 내릴 수 있는 최고의 선택을 하나만

꼽자면 그것은 서로를 보완하고 지지하며 더 나은 사람으로 만들어 줄 배우자를 찾는 것이라고 생각한다. 반대로 말하면 그렇지 않은 배우자나 친구를 선택할 경우 일과 행복 모두 위험에 빠지게 된다는 의미이기도 하다.

내가 하고자 하는 말은 오로지 성취에만 초점을 맞춘 탓에 관계가 결여된 삶은 불안정하고 연약하며, 공허하고 무의미하다는 것이다. 일에만 매달리는 삶은 지독하게 불균형하고 그런 삶이 무너지지 않게 하려면 끊임없이 바쁘게 움직이는 수밖에 없다.

가톨릭 수녀 도로시 데이는 《고백the long loneliness》이라는 책에서 우리 모두가 경험하는 오랜 외로움은 오직 사랑과 관계로 치유할 수 있는 아픔이라고 이야기했다. 그런데도 굳이 일부러 스스로에게 이런 아픔을 가할 필요가 있을까? 세상은 우리를 너무 많은 폭풍 속으로 밀어 넣는데 섬처럼 혼자서 이 폭풍우를 헤쳐나가려는 사람이 있다면 어떻겠는가? 그는 모진 비바람과 회오리바람에 가장 많이 노출되고 가장 많이 휩쓸리고 말 것이다.

2001년 9월 11일, 브라이언 스위니Brian Sweeney는 납치된 여객기 유나이티드 항공 175편에 타고 있었다. 여객기는 세계무역센터 사우스타워로 직행하는 중이었다. 그는 의자 뒷부분에 붙어 있는 전화기로 아내에게 전화를 걸어 음성 사서함에 메시지를 남겼다. "내가 당신을 정말 사랑한다는 걸 잊지 마. 당신이 좋은 일을 하면서 즐거운 시간을 보내면 좋겠어. 나중에 하늘에서 다시 만나." 수화기를 통해 들리는 그의 목소리는 담담했지만 그 순간 그가 얼마나 두려웠을지 상상해보라.

소설가 표도르 도스토예프스키는 아내 안나를 자신이 기대어 쉴 수 있는 바위, 추위로부터 자신을 보호하고 자신이 쓰러지지 않게 지탱해주는 벽이라고 묘사한 바 있다. 배우자 또는 친구 또는 부모 자식간의 사랑을 이보다 더 완벽하게 묘사할 수 있는 말은 없지 않을까? 프로이트는 사랑을 **위대한 교육가**라고 칭했다. 우리는 사랑을 줄 때 배우고 사랑을 받을 때 배운다. 그리고 사랑을 통해 고요에 한 발 더 가까이 다가갈 수 있다.

훌륭한 모든 교육이 그렇듯이 물론 쉽지 않은 일이다. 아니, 전혀 쉽지 않다.

사랑love이란 단어에는 여러 철자가 숨어 있다고 말한다. 시간TIME이라는 말이 있고, 또 노력WORK과 희생SACRIFICE, 고난DIFFICULTY, 헌신COMMITMENT, 그리고 때때로 광기MADNESS이기도 하다. 그러나 사랑은 그것이 이미 끝난 사랑이라고 할지라도 언제나 보상REWARD에 구두점이 찍힌다.

현관 포치의 그네를 타고 있는 두 사람 속에 담긴, 포옹에 담긴, 마지막 편지에 담긴, 추억에 담긴, 비행기 사고 직전의 전화에 담긴, 선행에 담긴, 가르침에 담긴, 배움에 담긴, **함께함**에 담긴 고요가 바로 그것이다.

완벽하게 자기 자신에만 초점을 맞추고 고립해야 깨달음의 최고 경지에 이를 수 있으리라는 관념은 틀렸을 뿐만 아니라 명백한 진실을 놓치고 있기까지 하다. 만일 당신이 그 어떤 관계도 맺고 있지 않다면 설사 당신이 그 모든 것을 해낸다고 한들 누가 신경이나 쓰겠는가? 아이들이 없으면 집이 더 조용할 수는 있겠지만, 저녁 식탁에 앉아 당신을 기다리는 사람이 없으면 더 오랫동안 일할 수야 있겠지만 그건 공허한 침묵이며 무의미한 편안함일 뿐이지 않을까?

나 자신 외에 그 누구도 보살피지 않으며 하루하루를 살아나가겠다고? 이 모든 일을 혼자 할 수 있다거나 혼자 해야 한다고 생각한다고? 오직 자기 자신의 이익만을 위해 전문 지식, 천재성, 부, 권력을 얻겠다고? 대체 무엇을 위해서 그렇게 한다는 말인가?

혼자 있으면 우리가 될 수 있는 온전한 것의 한 조각일 뿐이다.

혼자 있으면 분명히 뭔가를 놓치게 되며 심하면 우리는 그걸 뼛속까지 **느끼게** 될 것이다.

고요에 이르려면 반드시 타인이 있어야만 한다. 엄밀히 말해 고요란 타인이 있기에 얻을 수 있는 것이 아닌가?

분노보다 사람을
멍청하게 만드는 것은 없다

분노에 더딘 이는 용사보다 낫고, 자신을 다스리는 자는 성을 정복한 자보다 낫다.
─잠언 16장 32절

2009년, 마이클 조던은 농구 명예의 전당에 입성했다. 그의 기록은 NBA 챔피언 6회, 올스타전 14회 선정, 올림픽 금메달 2회를 비롯해 스포츠 역사상 최고 평균 득점까지 아주 눈부신 성취였다. 은빛 정장을 차려 입고 그의 트레이드마크인 한쪽 링 귀걸이를 한 모습으로 무대에 오르던 마이클 조던의 눈에는 초반부터 눈물이 맺혀 있었다. 단상에 올라온 그는 웃으면서 말했다. 원래 상을 받고서 수상 소감으로 감사하다는 인사만 건넨 뒤에 곧장 자리로 돌아갈 작정이었다고. 그러나 그는 계획대로 할 수 없었다. 하고 싶은 말이 있었기 때문이었다.

곧 그의 입에서 기묘하고 초현실적인 말들이 흘러나왔다. 그는 농구 인생 내내 자신이 받았던 냉대를 거의 한 시간 반 동안 일일이

거론하기 시작했다. 마이클 조던은 농담하듯 가볍게 말하려는 듯했으나 자신에게 싫은 소리만 했던 언론을 비난하는 목소리에는 분명히 분노가 가득 서려 있었다. 그리고 노스캐롤라이나대학팀의 감독이었던 딘 스미스Dean Smith가 1981년, 《스포츠 일러스트레이티드 Sports Illustrated》 잡지와 진행한 인터뷰에서 유망한 신입생이 누구냐고 묻는 질문에 자신의 이름을 말하지 않았다고 불평하기도 했다. 심지어 그는 아이들을 데리고 입회식에 들어오면서 지불해야 했던 입장료까지 들먹였다.

마이클 조던은 약 31년 전에 그의 출전 기회를 앗아간 선수라면서 관중석에 있던 리로이 스미스Leroy Smith라는 남자를 가리켰다. 마이클은 많은 사람들이 자기가 고등학교 대표팀에 선발되지 못했다는 사실을 마치 신화처럼 여긴다는 걸 알고 있었다. "리로이 스미스는 제가 잘렸을 때 바로 그 대표팀에 선발됐던 친구입니다. 그리고 지금 이곳에 와 있네요." 그가 설명을 덧붙였다. "여전히 키가 2미터 4센티미터군요. 그때와 비교해서 조금도 더 크지 않았어요. 아마 경기력도 거의 마찬가지일 겁니다. 그렇지만 리로이는 여기까지 온 제 모든 과정을 함께해줬습니다. 제가 탈락한 그 팀에 이 친구가 선발됐을 때부터 저는 제 자신과 리로이 스미스에게, 그리고 저 대신 리로이를 선택했던 감독에게 증명해보이고 싶었습니다. 감독님, 똑똑히 들으십시오. 그때 실수하신 겁니다."

몇 가지 이유에서 이 연설은 마이클 조던의 내면을 비추는 마음의 창이라고 볼 수 있다. 우선 이 연설을 들여다보면 조던이 분명

예측 가능한 결정을 두고 심각한 모욕으로 왜곡해서 받아들였다는 사실을 알 수 있다.

조던은 어느 팀에서도 잘린 적이 없다. 대표팀에 공석으로 난 한 자리에 선발되려고 마이클 조던과 리로이 스미스 둘 다 도전한 결과 한쪽이 성공했을 뿐이다. 그건 '잘린' 것이 아니다. 하급생이 상급생 팀에 뽑히지 못할 거라는 건 충분히 예측 가능한 일이었다. 누구의 실력이 더 나은지를 뽑는 국민 투표도 아니었다. 심지어 당시 리로이 스미스의 키는 2미터 4센티미터였고 마이클 조던의 키는 1미터 80센티미터였다. 그러나 마이클 조던은 이 일로 리로이 스미스와 감독이 자기편이 아니라는 듯이 행동했다. 그는 리로이를 응원해줄 수도 있었고, 감독을 멘토로 삼아 그로부터 뭔가를 배울 수도 있었지만 수십 년 동안 두 사람에게 화가 나 있는 쪽을 선택했다.

그가 점점 더 개인적이고 옹졸한 불평을 늘어놓을수록 관중들이 얼마나 불편해했을지는 보지 않아도 뻔한 일이다. 마이클 조던은 시카고 불스 단장이었던 제리 크라우스Jerry Krause가 1997년에 했다는 말을 연설 중간에 꺼냈다. 아마 경기에서의 우승이란 선수 개개인이 아니라 '구단이 승리'하는 것이라고 했던 얘기였을 것이다. 조던은 그의 견해에 콧방귀를 뀌었고 그 말에 대한 보복으로 입회식에 크라우스를 초대하지 않았다고 했다. 또한 하와이 호텔 스위트룸을 자기 혼자 쓰고 싶다는 이유로 LA 레이커스, 뉴욕 닉스, 훗날 마이애미 히트팀의 감독을 지낸 팻 라일리Pat Riley를 방에서 쫓아냈던 일화를 자랑스럽다는 듯이 언급하기도 했다.

그의 친구들은 마이클 조던이 연설을 통해 사람들에게 도움을 주려던 의도를 이해했다. 상투적인 소감을 전하는 대신 무엇이 그에게 승리를 위한 정신력을 만들어주었는지 알려주려 했다는 의미였다. 그런 정신력을 갖는 일이 얼마나 힘든지, 어떤 대가를 치러야 하는지, 분노가 얼마나 생산적인 역할을 할 수 있는지 보여주고 싶었던 것이라고 말이다. 마이클 조던이 선수로서 무시당할 때마다, 과소평가받을 때마다, 누군가가 자기 방식대로 하지 않을 때마다 조던은 이전보다 더 나은 선수가 될 수 있었다는 이야기였다.

다만 문제는 그의 연설이 거의 정반대의 메시지를 전했다는 데 있다.* 물론, 마이클 조던은 분노가 강력한 연료가 될 수 있다는 사실을 보여주긴 했다. 그러나 그 연료가 자기 자신과 주변 사람들을 망가뜨릴 가능성이 얼마나 높은지도 같이 보여준 게 문제였다.

조던의 농구 생활을 살펴보면 분노가 그에게 이점으로 작용한 순간들, 그를 더 나은 선수로 만들어준 순간들이 분명 존재한다. 다만 조던 자신과 조던에게 몸싸움당하거나 비난당했던 스티브 커, 빌 카트라이트, 쾨미 브라운과 같은 그의 팀 동료들에게 상처를 줬던 것은 일종의 광기였다. 그리고 그런 광기는 먹시 보그스Muggsy

---

* 타이거 우즈를 제외한 모두가 그의 골프 코치에게 이렇게 말한 적이 있다. "알아요. 코치님은 항상 저한테 화낼 거리를 찾고 계시잖아요. 마이클 조던만큼 잘 하려면 이렇게 해야 된다는 건 저도 알아요." 또 우즈가 라스베이거스의 도박 생활에 빠지게 된 데에도 마이클 조던의 책임이 일부 있었다.

Bogues에게 했던 것처럼 경쟁자의 자존심을 잔인하게 짓밟아버렸다. (1995년 플레이오프 때 조던은 키가 160센티미터인 먹시 보그스가 자유투를 던지는 순간에 "빨리 던져, 이 빌어먹을 난쟁이새끼야"라고 말했다). 1989년 합숙 훈련소에서 조던이 맷 브러스트^{Matt Brust}라는 신인 선수를 포악하게 팔꿈치로 가격해 의식불명 상태에 빠뜨린 일도 있었다. 결국 맷 브러스트는 NBA 선수 생활을 향한 꿈을 활짝 펼쳐보기도 전에 접어야 했다.

조던의 경기는 아름다웠으나 때때로 그의 행실은 잔인하고 추악했다.

이쯤에서 생각해보자면 정말 마이클 조던을 챔피언으로 만들어준 비결이 분노였을까? 이듬해에 그가 원하던 대표팀 자리에 들어갈 수 있었던 것이 분노 덕분이었을까? 혹은 키가 10센티미터 더 자란 게 분노 덕분이었을까? 분노는 사실 그가 성취한 것을 즐기지 못하게 만드는 기생충 같은 부산물에 불과했던 게 아니었을까? 비열하게 행동하거나 분노하지 않고도 굉장히 많이 승리했던 미식축구선수 톰 브래디^{Tom Brady}를 생각해봐야 한다.

역사를 어떤 지표로 삼을 수 있다면 근본적으로 분노에 이끌리는 지도자나 예술가, 장군, 운동선수는 실패할 가능성이 크고, 실패하지 않는다고 하더라도 비참해지기 십상이라는 사실을 알 수 있다. 아이비리그 선수들을 싫어하고 기자들을 싫어하고 유대인을 싫어하고 그 외에도 숱하게 많은 사람들을 싫어했던 리처드 닉슨이 죽음을 앞둔 마지막 순간에 백악관 직원들에게 했던 고매한 말 속에는 자기 인식의 기미가 조금도 없었다. "항상 잘 기억해두게. 남들이 나를 미워할 수는 있지만 내가 같이 미워하지 않는 한 그런 사람들은 나를 이길 수 없네. 내가 같이 미워하면 그건 나 자신을 망치게 된다네."

옳은 말이다. 닉슨은 자신의 추락으로 이를 증명해보인 셈이다.

우리가 진심으로 존경하는 지도자들, 다른 사람들보다 월등히 뛰어난 지도자들은 분노나 증오를 뛰어넘는 감정으로부터 동기를 얻었다. 아테네의 정치가 페리클레스부터 마틴 루터 킹 주니어에 이르기까지 위대한 지도자들은 사랑, 조국, 동정심, 숙명, 화해, 통달, 이상주의, 가족을 원동력으로 삼았다. 심지어 조던의 경우만 보더라도 그렇다. 사실 그는 다른 누군가를 짓밟으려고 할 때가 아니라 오로지 **경기에 대한 애정**으로 경기장을 누빌 때 가장 큰 영감을 받았다. 그리고 그가 우승 반지를 모을 수 있었던 것 또한 농구계의 '선사Zen master'로 불리는 필 잭슨Phil Jackson 감독과 지도의 영향이 컸다.

마이클 조던을 리처드 닉슨만큼 비뚤어지고 끔찍하다고 하기에는 무리가 있지만 그렇다고 해도 그 연설은 정말 당황스러운 것이었다. 그동안 영혼의 벽장에 꾸역꾸역 가둬놓았던 분노와 고통이 벌컥 열린 문틈으로 왕창 쏟아져 나와버린 것만 같았다.

세네카는 분노라는 감정은 궁극적으로 우리가 성취하고자 하는 목표를 가로막는다고 했다. 근시안적으로 보면 우리를 성공하게 도와주는 것처럼 보일지 몰라도 멀리 보면 분노는 파괴적일 뿐이다. 탁월함이 우리에게 만족과 행복, 성취감을 안겨주지 못한다면 그게 과연 탁월한 걸까? 승리를 하려거든 패배자가 된 것처럼 느꼈던 순간을 끊임없이 상기하라는 조던의 조언은 납득하기 어렵다. 세계적인 선수가 되는 것에 대한 보상으로 자신의 찢어진 상처를 헤집어가며 하루에 수천 번씩 당겨지는 방아쇠가 되어서는 절대 안 될 일이다.

세네카의 말을 다시 한 번 보자.

> 분노보다 더 사람을 멍청하게 만드는 것은 없다. 분노만큼 모든 것을 왜곡하게 만드는 것은 없다. 분노가 성공한다면 그보다 오만한 게 없고 실패하면 그만큼 광기 어린 게 없다. 분노는 행운의 여신이 적을 물리쳐줄 때에도 스스로를 향해 이빨을 드러내며 패배하더라도 지쳐 물러서는 법이 없기 때문이다.

분노는 역효과를 낳는다. 여기서는 격정의 불꽃을 터뜨리고 저기서는 주변의 무능함에 폭발한다. 분노가 순간적으로는 원초적 동기를 발산하게 하기도 하고 때로는 안도감을 준다고 생각할 수도 있지만 그 이후로 얼마나 많은 좌절감을 야기하는지에 대해서는 헤아려본 적이 아마 없을 것이다. 분노를 터뜨린 이후에 사과를 하거나 선한 일을 훨씬 더 많이 한다고 하더라도 이미 받은 상처는 그대로 남고 분노를 표출한 결과가 반드시 따라온다. 우리가 고함쳤던 상대는 이제 적이 되었다. 홧김에 부서뜨린 서랍장은 이제 끊임없는 골칫거리가 되었다. 고혈압, 혹사당하는 심장은 우리를 병원이나 무덤에 처넣으려는 공격에 점점 더 박차를 가한다.

우리를 불쾌하게 만드는 감정을 못 본 척해도 된다. 내면의 극단적인 감정이 흩어질 시간을 주면서 천천히 행동해도 된다. 우리의 화를 돋우는 상황이나 사람들, 혹은 도시 전체까지도 피하는 것이 하나의 방법이 될 수 있다. 속에서 화가 들끓는 게 느껴지면 끼어들 지점을, 그러니까 자극과 반응 사이의 틈을 찾아야 한다. 자리를 박차고 일어나 떠나버릴 수 있는 지점을 찾아야 한다는 말이다. "내가 지금 이 일 때문에 화가 나지만 그래도 흥분하고 싶지 않아" 또는 "이건 중요하지 않으니 여기에 매달리지 않겠어"라고 말할 수 있다면, 우리는 로저스 아저씨가 불렀던 분노에 대한 노랫말에 대해서도 생각해볼 수 있을 것이다.

멈출 수 있어서 참 다행이야
잘못된 일을 계획했을 때 말야
대신 다른 일을 할 수 있잖아
그런 때에 이 노래를 떠올려보렴

이 노랫말이 우스워 보일지 모르겠지만 화가 끓어오른다고 다 큰 어른이 사소한 일에 냉정을 잃는 것보다 더 우습기야 하겠는가? 어쩌면 평생 우리를 쫓아다닐지 모르는 경솔한 언행을 하는 것보다 더 우습기야 하겠는가?

후회를 최소화하는 것도 중요한 일이지만 그보다 더 중요한 것은 분노에 이끌려 행동하는 사람은 행복하지 않다는 사실이다. 그런 사람들은 고요할 수 없다. 그들은 스스로 자신의 길을 가로막고 자신의 능력과 목표를 줄어들게 하고 만다.

불교도들은 분노가 우리 내면에 존재하는 호랑이와 같다고, 그 호랑이가 발톱을 세우면 그를 감싸고 있는 우리의 몸통을 찢는다고 믿었다. 고요, 그리고 이를 정의할 수 있는 명료한 사고와 넓은 시야를 가지려면 호랑이가 우리를 죽이기 전에 우리가 먼저 그 호랑이를 길들여야 한다. 욕망은 주의하면 되지만 분노는 제압해야 한다. 분노는 우리 자신뿐만 아니라 다른 많은 사람들에게도 상처를 주기 때문이다. 스토아학파 학자들은 엄격한 규칙과 규율 때문에 비난을 받기도 하지만 엄격한 규칙이야말로 그들이 추구하는 것이기도 하다. 그들은 위험한 열정으로부터 그들 자신과 사랑하는 사람들을 보호할 수 있는 내면의 엄격함과 예의를 추구한다.

농구는 틀림없이 마이클 조던의 피난처였고 그가 사랑했던 게임이었으며 그에게 많은 만족을 주었다. 그러나 조던이 승리와 우월함만 좇은 결과, 그런 소중한 농구를 출혈과 통증이 평생 계속될 것 같은 벌어진 상처로 만들어버렸다. 그 평생의 상처를 입은 대가로 스프링필드 명예의 전당에서의 짧은 즐거움과 몇 년의 우승을 얻은 것만 같았다.

우리가 원하는 것이 이런 것이 아니기를 바란다. 이런 사람이 되고 싶어 하지 않기를 바란다.

마이클 조던과 같은 사람이 되지 않으려면 우리는 분노를 몰아내고 그 자리에 사랑과 감사, 목적을 채워넣기를 택해야 한다. 고요에 도달할 수 있느냐의 문제는 우리가 여유를 가질 수 있는지, 분노하지 **않기를** 택할 수 있는지, 분노가 아닌 다른 감정을 연료로 사용할 수 있는지의 여부에 달려 있다. 우리는 진정한 발전과 승리를 도와주는 연료, 타인과 우리의 대의명분, 평화를 얻으려는 기회에 해를 끼치지 않는 연료를 사용해야 한다.

우리는 모두
똑같은 존재일 뿐이다

당신이 보는 모든 것, 신과 인간으로 이루어진 모든 것은 하나다. 우리는 하나의 거대한 몸에 속한 일부이다.

—세네카

1971년, 우주비행사 에드가 미첼Edgar Mitchell이 우주로 날아갔다. 38만 킬로미터 위에서 푸른 공깃돌처럼 생긴 지구를 내려다보고 있노라니 묘한 감정이 그를 엄습했다. 훗날 그는 그 감정이 "순간적으로 찾아든 글로벌 의식, 인간의 본성, 세계의 현재 상태에 대한 강한 불만족, 뭔가를 해야만 한다는 강한 충동"이었다고 말했다. 그렇게 먼 거리에서 보니 지구상에 존재하는 온갖 사소한 말다툼이 갑자기 옹졸해 보였던 것이다. 국가나 인종 간의 차이점이 사라졌고 하찮은 문제들 속에 숨겨진 그릇된 절박함도 사라졌다. 만물을 향한 인정과 유대감만이 그 자리에 남았다. 정적이 감도는 우주선의 무중력 선실 안에서 지구를 내려다봤을 때 미첼의 머릿속에는 세상 모든 이기적인 정치인의 멱살을 잡고 거기까지 끌어올린 다음

이렇게 말하고 싶을 뿐이었다. "이것 좀 봐라, 이 개자식아."

화가 나서가 아니었다. 오히려 그는 일평생 그렇게 침착하고 평온했던 적이 없었다고 했다. 국민들을 대신해서 일해야 할 지도자들도 자기가 지금 느끼고 있는 것과 같은 깨달음을 얻기를 바랐을 뿐이었다. 우리 모두가 하나라는 것, 지구 안에서 우리 모두는 함께라는 것, 그리고 이 **하나만이** 진정으로 중요한 사실이라는 깨달음을 말이다.

기독교에서는 이를 **아가페**Agape라고 부른다. 이것은 더 높은 존재로부터 받는 사랑의 황홀경, 그 안에서 만들어지는 행운과 복을 의미한다. 건축가이자 조각가인 지안 로렌조 베르니니Gian Lorenzo Bernini의 〈성 테레사의 황홀경Ecstasy of Saint Teresa〉이라는 작품을 본 적이 있다면 이 같은 감정을 물리적 형태로 느낄 수 있을 것이다. 테레사의 심장에 화살을 꽂는 천사의 따뜻한 미소, 천국에서 쏟아져 내리는 황금 태양빛, 자신을 위해 존재하는 관계와 깊은 사랑을 실감하고 **깨달은** 테레사의 감은 눈과 살짝 벌린 입.

우주의 관점을 통해서든 종교적 깨달음을 통해서든 명상의 침묵을 통해서든 **우리 모두가 하나**라는 사실을 알게 되는 건 우리 삶에 어마어마한 변화를 일으키는 경험이다.

이런 깨달음 뒤에는 정말로 조용한 평화가, 진정한 고요가 뒤따른다. 그리고 나면 우리의 소란한 삶에 뿌리를 두고 있는 이기심과 자기도취를 버리게 된다.

그리스인들은 과거, 현재, 그리고 미래의 모든 것이 서로 연결되어 있고 상호의존적이라는 의미의 **심파테이아**^{Sympatheia}에 대해 말했다. 그리고 지구상에 존재하는 모두는 각자 맡아야 할 중요한 역할이 있으므로 한 사람도 빠짐없이 존중받아야 한다고 믿었다. 존 케이지도 남들과 같아지길 거부하고 〈4분 33〉초간의 침묵으로 구성된 곡을 내놓는 등, 자신만의 기이하고 독특한 음악 스타일을 받아들였을 때 이와 비슷한 깨달음을 얻었다. 그는 우리 개개인을 하나의 몸에 붙어 있는 일부로 바라보며 이렇게 말했다. "전 인류를 한 사람으로 보는 사람은 독창적인 인물이 반드시 필요하다는 사실을 알게 된다. 손이 그토록 잘하는 일을 굳이 눈이 나서서 할 필요는 없지 않은가."

정말로 철학적인 견해는 세상에 독창적인 인물뿐만 아니라 당신이 싫어하거나 당신을 정말로 화나게 하는 사람들까지 포함해서 모두가 필요하다고 주장한다. 삶을 낭비하거나 남을 속이거나 규칙을 어기는 사람들조차도 더 큰 방정식의 일부분이라는 것이다. 우리는 그들과 싸우거나 그들을 바꾸려고 하기보다 그들을 이해해야 하고, 정 이해하지 못하겠다면 최소한 동정의 눈으로 바라봐야 한다.

권력과 유혹은 도덕과 관련이 없다는 연구로 널리 알려진 로버트 그린은 그의 저서 《인간 본성의 법칙》에서 우리는 남의 불행을 기뻐하는 **샤덴프로이데**^{schadenfreude}가 아니라 다른 사람들과 함께 즐거워하길 소망하는 **미트프로이데**^{mitfreude}를 연습해야 한다고 말한다. 그러려면 용서를 실천할 수 있도록 적극적으로 노력해야 한다. 특히 우리가 치유하려고 애썼던 내면아이에 상처를 입힌 사람들을 용서할 수 있도록 노력하고 우리와 생각이 다른 사람들을 받아들여야 한다. 'Tout comprendre c'est tout pardonner.' 모두를 이해한다는 것은 모두를 용서한다는 것이라는 뜻으로, 모두를 사랑한다는 것은 나 자신을 포함한 모두와 평화롭게 지낸다는 의미다.

당신이 깊이 아끼는 것, 소중히 여기는 물건, 사랑하는 사람, 아주 큰 의미가 있는 경험을 떠올려보라. 생각만 해도 온기를 내뿜는 그 감정을 떠올리면서 **모든 사람**, 그러니까 형 집행을 기다리는 사형수나 조금 전에 슈퍼마켓에서 당신을 밀치고 간 얼간이를 포함한 모든 사람의 삶 속에 이와 똑같은 감정이 있다는 사실을 생각해보라. 그리고 모두와 함께 이런 감정을 공유해보라. 거기에서 나아가 지금껏 존재했던 모든 사람과 감정을 공유하면 된다. 당신이 클레오파트라, 나폴레옹, 미국의 노예해방론자이자 작가였던 프레더릭 더글러스와 마음이 통하게 되는 셈이다.

고통도 마찬가지다. 불쾌한 감정이 들 때에도 다른 사람들과 공유할 수 있다. 배우자와 말다툼을 한 뒤 바람을 쐬러 밖으로 걸어나오고 있는 남자, 항상 문제를 일으키는 것 같은 자녀를 걱정하는 어머니, 돈이 나올 구멍이 보이지 않아서 **'앞으로 어떻게 먹고 살지?'** 고민하며 스트레스 받는 상인, 부모를 여의고 슬퍼하는 두 형제, 조국이 불필요한 전쟁을 하지 않길 소망하며 뉴스를 보는 보통 시민들. 모두가 저마다의 고통을 안고 있다.

고통 속에서든 기쁨 속에서든 혼자인 사람은 없다. 저 길 아래에 바다 건너에 다른 언어로 다른 누군가가 거의 똑같은 경험을 하고 있고, 지금까지 항상 그래왔으므로 앞으로도 그럴 것이다.

이를 당신 자신과 자신의 삶을 더욱 깊이 연결시키기 위한 방법으로 활용할 수도 있다. 오늘밤 당신이 바라보는 달은 당신이 겁먹은 어린이였을 때 봤던 것과 같은 달이며, 기쁠 때든 슬플 때든 나이가 더 들었을 때 바라볼 달과 똑같은 달이다. 그리고 당신의 자녀가 그들 삶 속 그들의 순간에 바라볼 달과도 같은 달이다.

아무리 끔찍한 일을 마주하고 있더라도 한 발 물러나서 보면 다른 사람들의 경험이 눈에 들어온다. 그러면 그들과 소통하면서 극심한 고통을 덜어낼 수 있다. 우리 모두는 헤아릴 수 없을 만큼 많은 세대를 거슬러 올라가고 모든 대륙과 모든 나라를 이어주는 기다란 줄에 묶여 있다. 모두 같은 생각을 하고 같은 감정을 느끼며, 동일하게 만들어진 존재이고 동일한 것에서 동기를 부여 받는다. 우리 모두는 우주에 흩어져 있는 작은 물질일 뿐이다. 이러한 깨달음은 다른 누구보다도 야심차고 창조적인 사람들에게 간절히 필요하다. 이들은 자신의 머릿속과 자신이 만들어낸 비눗방울 속에 너무 오랫동안 갇혀 있어 왔다.

개인적인 것에서 보편성을 찾고 보편적인 것에서 개성을 찾는 일은 예술과 리더십, 심지어 기업 경영의 비결이며 자기중심을 잡는 비결이기도 하다. 이는 세상 속 소음의 양을 확연히 줄이고 현자와 철학자들이 오랫동안 이끌어온 잔잔한 지혜의 파장에 맞춰 조정해주는 역할을 한다.

이러한 유대감과 보편성을 꼭 우리와 같은 인간에게만 적용할 필요는 없다. 최근에 철학자 마사 누스바움Martha Nussbaum은 인간으로 산다는 게 어떤 의미인지에 집착하는 인간의 나르시시즘을 지적했다. 이보다 더 좋고 더 열린, 더 적절한 질문은 살아 있다는 것이 무엇을 의미하는지, 혹은 존재한다는 것이 어떤 의미인지에 관한 것이다. 이것이 해야 할 이야기의 **전부**다. 누스바움의 다음 글을 보자.

> 우리는 지각이 있는 존재 수십억 명과 함께 지구를 공유하고 있으며, 그들 모두는 어떤 식으로든 저마다의 복잡한 방식을 가지고 있다. 오래 전 아리스토텔레스가 관찰했던 것처럼 우리와 함께 사는 동물들은 살아남아 더 많은 종족 번식을 위해 노력한다. 그들 모두 인지한다. 그들 모두 욕망한다. 그리고 대부분 그들이 원하고 필요한 것을 얻기 위해 이동한다.

우리는 이러한 생물들과 DNA 대부분을 공유하고 같은 공기를 마시고 같은 땅을 걸으며 같은 바다에서 헤엄친다. 우리 모두는 운명처럼 떼려야 뗄 수 없이 서로 얽혀 있다. 특정 국가가 세계를 이끌고 있다는 생각은 버려야 한다. 그럴수록 환경을 이해하고 또 환경에 기여할 수 있는 우리의 능력이 더욱 커질 것이다. 우리는 욕망에 맹목적으로 끌려 다니지 않을수록 주변의 결핍을 더욱 뚜렷하게 이해하고 우리가 속한 더 큰 생태계를 더욱 잘 이해할 수 있다.

평화는 긴 스펙트럼에서 승리와 패배가 거의 같은 지점에 있다는 사실을 깨닫는 순간에 찾아온다. 평화는 다른 사람의 좋은 일에 우리가 기뻐하고, 반대로 우리의 좋은 일에 다른 사람들이 기뻐할 수 있을 때 온다. 평화는 사람들이 선하게 행동하도록 유도하는 일이며, 다른 생명체를 잘 대하는 것이 곧 자기 자신을 잘 대우하는 일임을 깨닫게 하고 이를 실천하도록 유도할 때 이루어진다.

우리는 끝이 없는 프로젝트에 함께 참여한 하나의 거대한 집단 유기체이며 하나이다. 우리는 모두 똑같은 존재다.

그럼에도 우리는 너무 자주 이 사실을 잊어버리고 우리가 이 과정 속에 있다는 사실을 잊어버린다.

영혼의 고요,
그 다음은…

자신의 행동을 절제하면 잘못된 길에 빠질 일이 없다.
—공자

L'essentiel est invisible pour les yeux.

중요한 건 눈에 보이지 않아.

프레드 로저스의 벽에 걸려 있던 인용문은 사실 인용구의 일부일 뿐이었다. 나머지 문장은 프랑스의 비행사이자 제2차 세계대전의 영웅인 앙투안 드 생텍쥐페리^{Antoine de Saint-Exupéry}가 지은 아름답고 초현실적인 동화 《어린 왕자》에 등장한다. 그 책에서 여우는 어린 왕자에게 말한다. "내 비밀을 알려줄게. 아주 간단해. 그건 오로지 마음으로 보아야 제대로 볼 수 있다는 거야. 중요한 건 눈에 보이지 않아."

가장 먼저 우리는 명료한 정신을 추구했다. 그러나 고요를 얻고 싶다면 영혼도 똑같이 바르게 정돈되어 있어야만 한다는 사실을 금세 깨달았다. 명료한 정신과 바른 영혼이 서로 협력하면 깨지지 않는 평온함과 탁월함을 모두 얻을 수 있다. 눈으로 봐야 할 중요한 것들을 겉으로 드러나게 하는 일은 **마음**과 영혼으로 해야 한다.

영혼을 들여다보는 일은 머릿속을 맑게 하는 일만큼이나 쉽지 않다. 당신도 곧 알게 될 것이다. 영혼을 들여다보려면 작가 마크 맨슨Mark Manson이 말한 "자기 인식이라는 양파self- awareness onion"의 껍질을 벗겨내야 하며 우리의 감정과 충동에 책임져야 한다. 이미 해본 사람이 있다면 양파와 눈물이 보통 단짝처럼 붙어 다닌다는 얘기를 해줄지도 모른다.

그러나 비치발리볼 챔피언인 케리 월시Kerri Walsh가 자신을 코트 위의 살인마로 만들어주는 요소로 손꼽은 건 서로 가깝게 지내기, 균형과 의미 찾기, 덕 함양하기와 같은 부드러운 것들이었다.

고대에는 영혼이 뱃속에 존재한다고 믿는 문화가 있었는데 이는 꽤 타당한 주장이라고 볼 수 있다. 고요를 찾는 여정에서 우리는 이제 막 '**짐승의 배**belly of the beast *'를 지나왔고, 덕분에 이제 어디로 가야할지 방향을 알게 됐으니.

고요는 그저 우리가 막연히 생각하거나 느끼고 마는 추상적인 개념이 아니다. 고요는 실재하고 우리 **몸 안에** 존재한다. 세네카는 우

---

* 위험하거나 힘든 상황을 일컫는 말이다.

리에게 "몸이 고요하면 영혼도 평화로울 것"이라고 추측하지 말라고 경고했다. 그 반대도 마찬가지다. 노자는 "움직임이 고요의 바탕"이라고 말했다.

우리가 다음으로 살펴볼 것은 고요의 마지막 영역이다. 일상에서 우리의 존재가 취하는 형태, 심장과 뇌가 모두 자리하고 있으며 우리가 결코 잊어서는 안 되는 우리의 몸, 그리고 이토록 소중한 몸이 놓인 주변 환경과 이러한 몸에 우리가 종속시킨 습관과 일상을 이야기해보려고 한다. 과로하거나 학대당한 몸은 고요하지 않을 뿐만 아니라 우리의 남은 삶 전체에 영향을 미치는 동요를 일으킨다. 혹사당하고 학대당한 정신은 사악해지고 타락하기 쉽다. 게으르고 제멋대로 생활한다는 건 영혼이 공허하다는 징후다. 활동적으로 바쁘게 지내면서도 여전히 고요할 수 있다. 사실 고요에 어떤 의미가 있으려면 반드시 활동적이어야 한다.

인생은 힘들고 운은 변덕스럽다. 우리는 약해질 여유가 없고 무력해질 여유가 없다. 우리의 몸은 물질 세계의 변덕에 취약한 그릇과 같다. 그러므로 우리의 정신과 영혼을 담는 육체적 그릇인 몸을 반드시 강하게 만들어야 한다.

그렇게 하기 위해서 우리는 이제 고요의 마지막 영역인 '몸'으로 넘어가 현실 세계와 실생활에서 몸이 어떤 위치를 차지하고 있는지 살펴볼 것이다.

우리의 영혼은 행복과 불행, 만족 혹은 공허를 담는 곳이며

궁극적으로는 고귀함의 정도를 결정하는 곳이다.

우리는 반드시 좋은 영혼을 유지해야 한다.

세 번째 영역

●

정신과 영혼의 실행자인

몸

—

우리 모두는 조각가이고 화가이다.
우리 자신의 살과 피와 뼈가 우리의 재료가 된다.
– 헨리 데이비드 소로

몸의 영역

: 처칠이 삶을 생산적으로 만들 수 있었던 비결

윈스턴 처칠의 삶은 매우 생산적이었다. 그는 스물한 살에 처음으로 전투에 참여했고 얼마 지나지 않아 그 전투에 관한 내용으로 첫 번째 베스트셀러를 써 냈다. 스물여섯 살에는 공직에 선출되어 향후 65년여 동안 정부 기관에 몸담았다. 1000만 개가 넘는 단어를 사용하여 40권 이상의 책을 집필했고, 500점 이상의 그림을 그렸으며, 지구에서 살아 숨 쉬는 동안 2300번 이상의 연설을 했다. 이 모든 일을 하는 사이 국방부 장관, 해군 장관, 재무 장관, 그리고 모두가 알다시피 영국 총리직까지 맡아 수행하며 나치의 위협으로부터 세계를 구하는 데 일조했다. 그리고 자신의 황혼기조차 전체주의 공산주의자들의 위협과 싸우면서 보냈다.

역사를 통틀어 보더라도 윈스턴 처칠만큼 추진력이 넘치는 사람을 찾기란 쉽지 않다. 대영 제국의 마지막 기병을 거쳐 1898년 어린 나이에 종군 기자 생활을 했고, 이후 핵 시대와 우주 시대가 도입되는 데에도 일조했다. 미국에 처음 방문했을 때 처칠은 마크 트웨인 작품에 등장하는 증기선을 타고 갔고 마지막으로 방문했을 때에는 시속 800킬로미터 이상의 속도로 비행하는 보잉 707기를 타고 갔다. 그는 첫 방문과 마지막 방문 사이에 역사의 시련과 승리를 직접 목격했다. 자동차와 라디오, 로큰롤의 도입, 그리고 두 차례의 세계 대전을 겪은 역사의 산 증인이었다.

이런 사람 안에서도 고요를 찾을 수 있을까? 숱한 시련을 견디고 초인적인 힘을 발휘해 세상일을 헤쳐나간 사람, 누구보다 바쁘게 산 사람을 고요하고 평화롭다고 묘사할 수 있을까?

묘하게도 그렇다.

처칠의 최고 전기 작가로 손꼽히는 폴 존슨Paul Johnson의 말을 빌리자면, "처칠은 죽을힘을 다해 열심히 일하면서도 창의적이고 회복성 있는 여가 시간을 보내며 삶의 균형을 유지했다. 누구든 최고 자리에 있는 사람이라면 처칠의 삶을 눈여겨볼 가치가 있다." 존슨이 작가로서 경력을 쌓기 수십 년 전이었던 열일곱 살 시절, 길거리에서 만난 처칠에게 소리쳐 물었다. "선생님! 성공하실 수 있었던 요인이 무엇입니까?"

처칠은 망설임 없이 대답했다. "정신과 육체의 힘을 보존하는 것. 앉아 있을 수 있을 땐 절대 일어서지 말고 누워 있을 수 있을 때는 절대 앉아 있지 말게나."

처칠이 기력을 보존했던 건 일을 회피하거나 도전에서 물러서지 않기 위해서였다. 그리하여 그는 모든 일을 추진력 있게 해내면서도 결코 기력을 모두 소진해버리는 일이 없었고, 삶을 가치 있게 만드는 기쁨의 불꽃을 꺼뜨리는 일도 없었다. 존슨은 처칠의 삶을 돌아보면 열심히 일하는 것 외에도 네 가지의 교훈을 더 얻을 수 있다고 했다. 첫째, 목표를 높이 세울 것. 둘째, 자신을 우울하게 만들 만한 비난이나 실수를 절대 받아들이지 말 것. 셋째, 타인으로부터의 원한이나 이중성, 내분 따위에 기력을 낭비하지 말 것. 넷째, 즐거움을 누릴 여유를 가질 것. 처칠은 전쟁 중에도 유머 감각을 잃는 법이 없었고 세상의 아름다운 것들을 바라보는 눈을 잃지 않았으며 지친 기색이나 냉소적인 모습을 보이는 법이 없었다.

각각의 문화에 따라 좋은 삶을 위한 처방도 각기 다르다. 스토아학파는 타협하지 않는 완고한 태도와 결단력을 가질 것을 강력히 권고했다. 에피쿠로스학파는 단순한 쾌락과 휴식의 중요성을 설파했다. 기독교는 하나님의 영광을 찬양하고 인류를 구원해야 한다고 말했다. 프랑스인들은 **삶의 환희**joie de vivre를 느껴야 한다고 했다. 이는 회복탄력성이 높고 행복한 사람들이 살아가는 방식이기도 한데 처칠도 그랬던 게 틀림없어 보인다. 그는 절제와 열정이 대단한 사람이었다. 그리고 군인이었다. 애서가였고 영광과 명예를 믿는 사람이었다. 정치가였고 말 그대로 벽돌공이었으며 화가였다. 그는 언젠가 친구에게 우리 모두 벌레처럼 먹고 싸고 죽는 단순한 생물일 뿐이라고 농담한 적이 있는데, 그는 정말로 스스로를 **개똥벌레**라고 생각하길 좋아했다.

처칠은 놀라운 지적 능력과 정신력을 소유했을 뿐만 아니라 덜퍽진 허우대로 미루어보건대 고요의 세 번째이자 마지막 영역인 신체적 고요도 통달한 거장이 분명했다.

그가 세상에 이렇게 널리 이름을 떨치리라고 예상한 사람은 거의 없었을 터였다. 처칠은 허약한 체격으로 태어나 젊은 시절 "몸뚱이에 저주를 받았는지 너무나 연약해서 하루의 피로조차 감당하기 힘들다"라고 불평하기 일쑤였으니 말이다. 그러나 앞 시대의 시어도어 루스벨트처럼 그도 연약한 몸 안에 신체적 한계를 뛰어넘는 불굴의 영혼과 결연한 정신을 채워넣었다.

지속적인 내적 평화를 갈망하는 사람이라면 반드시 균형을 찾아야 한다. "건강한 몸에 건강한 정신이 깃든다Mens sana in corpore sano." "온 마음을 다해 일하는" 사람이라고 말할 때 우리는 감정을 얘기하는 게 아니라 그 사람에게 의지와 근성이 있다는 의미로 하는 말이다. 생각해보면 이 비유는 오해의 소지가 있다. 사실 우리 몸에서 정말로 일하는 부위는 심장이 아니라 등뼈인 **척추**이기 때문이다.

어릴 때부터 처칠은 글쓰기를 아주 좋아했지만 보통 작가들이 걷는 전형적인 길을 걷지는 않았다. 먼지투성이의 오래된 도서관에 틀어박혀 책을 읽기보다는 몸을 움직여 실행에 옮겼다. 그는 연달아 세 번이나 전쟁에 참전했고, 맨 처음 종군 기자로 참전했던 남아프리카 보어 전쟁 당시 1899년에 포로로 잡혔다가 간신히 탈출한 경험을 바탕으로 책을 써서 유명세를 얻었다.

1900년에는 처음으로 공직에 선출되었는데, 서른두 살이 되었을 때 혼자서는 큰일을 이룰 수 없다는 걸 깨닫고 자신의 전부를 바칠 결혼 상대를 찾았다. 훗날 처칠이 말했다. "아내를 설득해 결혼에 성공한 건 내 생애 가장 훌륭한 업적입니다. (…) 내 '반쪽'의 헌신적인 도움이 없었다면 그간의 시련과 전쟁을 결코 나 같은 범인이 평화롭게 헤쳐나가지 못했을 겁니다."

추진력이 있었던 만큼 바쁘고 야심만만했던 처칠은 지나치게 흥분하는 일이 거의 없었고 무질서를 용납하지도 않았다. 특히 작가로서 그는 입이 떡 벌어질 정도로 생산적이었는데, 공직에 있는 와중에도 1898년부터 제1차 세계대전이 종전될 때까지 7권의 책을 출간할 정도였다. 어떻게 가능했던 걸까? 어떻게 그토록 많은 에너지를 끌어낼 수 있었을까? 대답은 간단하다. 규칙적인 일상 덕분이었다.

처칠은 매일 아침 8시 쯤 일어나 첫 번째 목욕을 했다. 늘 36도의 온수에 들어갔고, 물에 몸을 담그고 있는 동안 40도까지 수온을 올렸다. 상쾌하게 목욕을 한 다음에는 두 시간 동안 독서를 했다. 그 이후에는 그의 정치와 관련된 우편물을 확인하고 답장을 썼다. 행복한 결혼 생활의 비결이 부부끼리 정오 전까지는 얼굴을 보지 않는 것이라고 믿었던 처칠은 정오 무렵이 돼서야 처음으로 아내에게 가서 인사를 건넸다. 그러고 나서 기고문이든 연설문이든 책이든 그때 쓰고 있는 글을 붙잡고 씨름했다. 막힘없이 술술 글을 써내려가다가도 이른 오후가 되면 펜을 내려놓고 옷을 차려 입고 점심을 먹었다. 점심 식사 후에는 시골 마을 차트웰Chartwell 주변을 산책하며 백조와 물고기의 먹이를 챙겨줬다. 그때가 하루 중 가장 중요하고 즐거운 시간이었다. 산책하고 돌아오면 현관 포치에 앉아 바람을 쐬며 사색했다. 그때 시를 암송하며 영감을 얻거나 평온함을 찾았는지도 모르겠다. 오후 3시부터는 두 시간 동안 낮잠을 잤다. 낮잠을 자고 일어나면 가족과 함께 시간을 보내고 오후 8시 이후에 있을 정찬 전에 두 번째 목욕을 했다. 먹고 마신 뒤에는 한 차례 더 글쓰기에 집중한 뒤 잠자리에 들었다. 처칠이 크리스마스 날에도 어기지 않고 지켰던 원칙이었다.

처칠이 성실하고 절제하는 사람이긴 했으나 우리와 마찬가지로 완벽하지는 않았다. 때때로 계획보다 더 많은 양의 일을 할 때가 있었는데, 그건 대개 필요 이상으로 돈을 많이 썼기 때문이었다. (그 결과 출판되지 않은 채로 남는 게 나았을 글이 상당히 많이 세상에 나왔다). 처칠은 충동적이었고 도박을 즐겼으며 무리한 약속을 하는 경향이 있었다.

그의 삶이 끝없는 승리의 연속이었던 것도 아니다. 처칠은 셀 수 없이 많은 실수를 저질렀는데, 대부분이 스트레스에서 비롯된 판단 착오였다. 그는 그렇게 엇갈린 평판을 받으며 제1차 세계대전으로부터 벗어났다. 전쟁 중 전시 총리직을 맡았던 것은 대실패라는 평가를 받았으나 그는 그 자리에서 사임하고 왕립 스코틀랜드 보병 연대와 함께 최전방에서 복무하며 이전의 실패를 설욕했다. 전쟁 이후 그는 다시 정부의 부름을 받아 영국 육군부장관 겸 공군부장관직을 지냈고 그 이후 식민부장관을 역임했다.

1920년대 중반, 처칠은 (자신의 능력을 훨씬 넘어서는 자리인) 재무장관을 지내면서 《세계 위기The World Crisis》라는 제목의 전쟁을 설명하는 6권짜리 3000페이지에 달하는 책을 집필하기로 계약했다. 제멋대로 일을 벌여놓고 엄청난 작업량 앞에서 불안에 떨었을 테지만 그는 책임감 있게 대가를 치르려고 애썼다. 그 모습을 본 주변 사람들은 걱정하면서 그에게 조금이라도 재미를 느낄 수 있는 취미를 찾아 휴식을 취하라고 권했다. "현재의 문제로부터 벗어날 시간이 있어야 한다는 내 충고를 잊지 말게." 스탠리 볼드윈 총리가 처칠에게 편지를 써 보냈다. "곧 대단한 해가 시작될텐데 많은 것이 당신의 건강이 유지되는가 그 여부에 달려 있다네."

누가 처칠 아니랄까 봐 그는 벽돌 쌓기라는 전혀 예상치 못한 형태의 여가 활동을 골랐다. 차트웰의 벽돌공 두 명에게 기술을 배우자마자 회반죽을 섞고 흙을 손질하고 벽돌을 쌓아올리는 이 느리고 체계적인 과정에 푹 빠졌다. 벽돌을 쌓는 일은 글쓰기나 정치 같은 그의 다른 직업들과 차원이 달랐다. 그의 진을 빼기는커녕 오히려 기운을 북돋았다. 처칠은 한 시간이면 무려 90장의 벽돌을 쌓았다. 1927년, 총리에게 보낸 편지에 그는 이렇게 썼다. "한 달간 오두막 한 채를 짓고 책을 저술하며 매우 즐거운 시간을 보내고 있습니다. 하루에 200장의 벽돌을 쌓고 2000개의 단어를 씁니다." 그리고 여기에 더해 하루에 몇 시간씩은 장관직 업무를 보았다. 그의 친구도 바닥에 앉아 땅과 가까이 지내는 생활이 처칠에게 굉장히 큰 도움이 되고 있다는 걸 알아차릴 정도였다. 무엇보다 이 시간은 그의 막내딸 사라와 함께 보낸 귀중한 시간이기도 했다.

제1차 세계대전이라는 어둠의 시기는 처칠에게 또 다른 취미를 만들어주었다. 1915년 갈리폴리 전투에서의 실패로 극심한 스트레스에 휘청거리던 처칠을 보다 못한 제수가 그에게 그림 그리기를 권했다. 처칠은 그 덕분에 혈관이 터질 것 같은 극도의 불안과 양심의 가책을 그림 그리기를 통해 달랠 수 있었다. 그는 《취미로 그림 그리기Painting as a Pastime》라는 제목의 소책자에서 우리의 뇌와 신체의 다른 부위를 사용하는 새로운 활동을 하면 그동안 혹사당한 부위의 긴장이 풀린다고 설득력 있게 주장한다. "그러므로 새로운 형태의 관심을 갖고 취미를 기르는 일은 공직자에게 가장 중요한 정책이다. 정말로 행복하고 정말로 안전하려면 적어도 두세 가지 취미를 가져야 하며 그 취미들은 반드시 현실적이어야 한다."

처칠이 재능 있는 화가는 아니었으나 그의 그림 속 붓놀림을 한 번 보는 것만으로도 그가 그림을 그리는 동안 스스로 얼마나 즐겼는지 알 수 있다. 그는 입버릇처럼 말했다. "그냥 그림 그리는 일 자체가 대단히 재미있다. 물감의 색깔은 보고만 있어도 아름답고 물감을 쥐어짤 때는 또 얼마나 짜릿한지." 그가 이토록 그림 그리기를 즐길 수 있었던 건 일찍이 유명한 화가로부터 캔버스 앞에서 결코 주저하지 말라는, 즉 **너무 많이 생각하지** 말라는 조언을 받은 뒤에 이를 줄곧 마음에 새긴 덕분이었다. 그는 자신의 부족한 실력에 겁을 먹거나 낙담하지 않았다. 그렇지 않고는 총리 공관에 걸려 있던 페테르 루벤스의Peter Paul Rubens 값을 매기기도 힘든 작품에 쥐를 그려 넣는 그의 뻔뻔함을 설명할 길이 없다. 처칠에게 그림 그리기란 그저 즐거움의 표현이었다. 일이 아니라 진정한 **여가 활동**이었던 것이다.

좋은 취미라면 모두 그렇듯 그림 그리기 역시 붓을 쥔 사람에게 현재에 집중하는 법을 가르쳐준다. 그가 쓴 글을 보면 이런 글귀가 나온다. "자연을 바라보는 관찰력이 높아진 것은 그림 그리기를 통해 얻은 가장 큰 기쁨이다." 일과 야망에 사로잡힌 채 이미 40년을 살아온 그였지만 그림을 통해 세상에 대한 관점과 통찰력을 훨씬 더 예리하게 갈고닦을 수 있었다. 이젤을 설치하고 물감을 섞고 그림이 다 마르기까지 기다리는 동안 여유를 가질 수밖에 없었던 그는 이전 같았으면 무심코 넘겼을 것들을 유심히 바라볼 수 있었다.

처칠은 신체 활동을 통해 정신 건강을 증진시키는 기술을 적극적으로 함양했다. 그림을 보러 미술관에 다니기 시작했고, 미술관에 다녀온 뒤에는 다음 날까지 기다렸다가 오로지 기억력에 의존해 전날 봤던 그림을 똑같이 그려보려고 노력했다. 또는 어떤 장소를 떠난 뒤에 그때 봤던 풍경을 담아내려고 애썼다. 그건 시를 큰소리로 암송하는 습관과 유사했다. 처칠의 평생 친구 바이올렛 본헴 카터Violet Bonham Carter가 말했다. "그림은 그의 지성에 도전하는 일이었고 그의 미적 감각, 균형 감각에 호소하는 일이자 그의 창작열을 불러일으키는 일이었으며 (…) 그에게 평화를 가져다주는 일이었다." 카터는 처칠이 유일하게 조용해질 때가 바로 그림 그릴 때라는 말도 덧붙였다. 처칠의 다른 딸 메리는 그림 그리는 일과 육체노동이 '아버지의 타고난 우울증적 기질에 최고로 효과적인 해독제'라고 생각했다. 처칠이 행복할 수 있었던 건 머릿속을 비우고 부지런히 몸을 움직인 덕분이었다.

그러나 1929년 그의 굉장했던 정치 생활은 느닷없고 수치스럽게 끝났다. 정치계에서 쫓겨나듯 내몰린 처칠은 네빌 체임벌린Neville Chamberlain을 비롯한 다른 영국의 정치인들이 유럽 내에 번지는 파시즘의 위협을 달래는 동안 유배 생활하듯 차트웰로 가서 약 10년의 세월을 보내야 했다.

인생이 이렇다. 이렇게 우리의 뒤통수를 갈긴다. 우리가 애써서 일했던 모든 것을 언제든 빼앗아 갈 수 있고 우리의 권력은 한순간에 무너져내릴 수 있다. 이런 상황이 되면 영혼이나 정신적인 문제가 아닌 정말로 육체적인 문제가 따라온다. **남아도는 시간에 무엇을 할 것인가? 그 충격으로 얻은 스트레스를 무엇을 하며 감당할 것인가?**

이런 상황에 대해 마르쿠스 아우렐리우스는 말했다. "당신이 알고 있는 수련 방법을 즐겨 함으로써 힘을 얻도록 해야 한다."

1929년, 자신의 의지와 상관없이 정계를 떠났을 때 그는 다시 취미 생활을 통해 정신을 수양하면서 마음을 안정시키고 스스로를 돌아볼 시간을 만들었다.

1930년대 중반에는 처칠은 몰랐겠지만 독일이 재무장을 하고 있던 그 시기에 권좌에서 내려와 있었던 건 더할 나위 없이 적절한 일이었다. 그 자리를 지키고 있었다면 그는 굉장히 힘들었을 것이었다. 싸워 이겨야 했기 때문만이 아니라 정부 내 동료들의 무능 때문에 오점이 찍혔을 터이기 때문이다. 어쨌든 이 시기에 처칠은 정계를 떠나 있던 덕분에 저술 활동과 라디오 출연에 적극적으로 집중할 수 있었고, 그 덕분에 미국에서 사랑 받는 유명인이 되었다. 또 그가 키우던 금붕어와 자녀들 그리고 유화를 가까이 하며 시간을 보낼 수 있었다.

그리고 그는 기다려야 했다. 그것은 살면서 처음 해보는 경험이었다. 포치에 앉아서 보내는 오후 시간을 제외하면 그에게는 달리 할 일이 없었다.

처칠이 정치적 망명길에 올랐을 때 그 모욕을 감당하지 못한 채 마음속 깊이 상처를 입고 다시금 세상의 이목을 끌겠다고 버둥거렸더라면 영국의 전성기에 다시 국가의 부름을 받고 지도자의 자리에 오를 수 있었을까? "잃어버린 10년"이라고들 부르는 그 세월이 없었더라면 예순여섯의 처칠이 홀로 나라를 짊어지고 **끌고 나갈** 기력을 발휘할 수 있었을까?

확신하건대 그렇지 않았을 것이다.

처칠 스스로도 역사상 모든 선지자들이 황무지로 내몰린 적이 있고 그런 경험을 통해 고독, 궁핍, 성찰, 명상을 했다는 글을 썼다. 그런 시간과 육체적 시련을 통해 '강인한 정신'이 만들어진다. 다시 부름을 받았을 때 처칠은 준비되어 있었다. 다른 모두가 히틀러를 두려워하며 위축되어 있었지만 처칠은 달랐다.

그는 맞서 싸웠고 누구도 그를 꺾을 수 없었다. 그는 하원들 앞에서 이렇게 말했다.

비록 많은 유럽 국가들과 오래되고 유명한 나라들이 게슈타포를
비롯한 나치 통치 하의 끔찍한 조직의 손아귀에 넘어갈지라도 우
리는 약해지거나 무너져서는 안 됩니다. 우리는 끝까지 나아가야
합니다. 프랑스에서 싸워야 하고 해전을 치러야 하며 큰 자신감과
힘으로 공중전을 치러야 합니다. 어떤 대가를 치르든 우리의 섬을
반드시 지켜내야 합니다. 해변에서든 비행장에서든 들판에서든
길거리에서든 언덕에서든 우리는 반드시 싸워야 합니다. 우리는
결코 항복하지 않을 것입니다. 이런 일이 생길 거라고 단 1초도 생
각하지 않지만 혹시라도 우리 섬 또는 이 섬의 많은 부분이 정복
당해 굶주리게 된다면 바다 너머 영국 함대로 무장한 우리의 제국
이 나서서 언젠가 신세계가 열리고 구시대의 해방을 이룩할 때까
지 투쟁을 이어나갈 것입니다.

비열한 인권 유린을 일삼는 대영 제국의 모습을 본 처칠은 그것
이 나치주의라는 이름의 구제불능한 악마라는 사실을 깨달았다. 집
단 수용소와 대량 학살이 그치지 않았지만 처칠은 자존심 있는 지
도자, 덕이 있는 국가라면 히틀러와 타협할 수 없다고 판단했다. 그
게 훨씬 더 쉬운 길일지라도, 영국을 침략으로부터 보호하는 방법
일지라도 말이다. 그러면서도 처칠은 전쟁을 부추길 수 있는 분노
를 신중히 다스렸다. "나는 히틀러를 제외한 그 누구도 혐오하지 않

는다. 프로란 이런 것이다."

영국이 독일에 전쟁을 선포한 1939년부터 1945년 중반 전쟁이 종식될 때까지 처칠은 지칠 줄 모르고 달리는 역용마 같았다.

이 당시 처칠은 일주일에 110시간씩 일하느라 삶의 균형을 잃었고 고요를 거의 얻을 수 없었다. 1940년부터 1943년도 사이에만 비행기와 배, 자동차로 18만 킬로미터에 육박하는 거리를 이동한 것으로 추산된다. 전쟁 중이던 기간에 처칠은 '산불보다도 더 예측할 수 없었고 허리케인보다도 더 평화롭지 않았다'고 한다. 그러나 또 한편으로는 그동안의 휴식이 바로 이 순간을 위한 것이었다. 처칠은 전쟁 내각실이라는 지하 벙커에서 땅다람쥐처럼 지내는 와중에도 할 수 있을 때에는 일상의 원칙을 지켰다. 전쟁 중에는 그림을 그릴 시간이 많지 않았고 바깥에 나가 자연을 감상할 기회도 별로 없었지만 할 수 있을 때는 꼭 그렇게 했다. (〈북아프리카의 일몰〉이라는 아름다운 그림이 있는데 그 광경은 처칠이 카사블랑카에서 주요 국가 지도자들과 만난 뒤 다섯 시간을 운전해 이동하는 동안 포착한 장면이었다.)

동서양을 막론하고 사회를 지키거나 발전시키기 위해 한 개인이 이처럼 많은 역할을 한 경우는 거의 없다. 그렇다면 처칠은 그가 해낸 모든 일과 노력에 어떤 보상을 받았을까?

1945년에 공직에서 밀려난 그는 다시 한 번 휴식을 취하고 스스로 균형을 찾을 시간을 얻었고, 그 덕분에 그의 회고록《제2차 세계대전》을 마무리할 수 있었다(이 책은 확고한 교훈을 담고 세계가 자폭의 길을 향해 달려가지 않도록 막아주었다). 처칠이 1948년에 모로코의 마라케시에서, 1950년대에 남프랑스에서 그림을 그리고 있는 사진도 있는데 그가 평생 그린 550여점의 그림 가운에 145점이 바로 전쟁 이후에 탄생한 작품이다.

종합적으로 보면 인정은커녕 오히려 오해를 받았던, 희생과 고투의 삶이었다. 생산적이긴 했으나 개인적으로 큰 희생을 치러야했던 삶이었다. 처칠의 업무량과 책임감은 평범한 사람 십수 명의 에너지를 소진하고도 남을 정도의 것이었다.

"그럴만한 가치가 있는 일이었나?" 처칠의 유일한 소설에 등장하는 지친 영웅이 묻는다. "분투, 노동, 끝없는 사건, 인생을 쉽고 즐겁게 만드는 수많은 것들의 희생. 도대체 무엇 때문인가?" 이 소설은 처칠이 야심 넘치고 바쁜 삶을 살았지만 아직 공직에 종사하기 전이었던 젊은 시절에 쓴 것이다. 그리고 훗날 처칠은 55년간 의회에 몸담았다. 장관으로 31년, 총리로 9년. 다가올 세월은 그에게 중요한 일을 위해 싸운다는 것의 진정한 의미와 삶의 진정한 의미를 보여주었다. 그는 승리도 재앙도 겪었다. 그리고 삶이 끝날 때쯤 그는 이 모든 게 가치 있었다는 사실을 알게 되었다.

실제로 처칠의 마지막 유언은 이 같은 사실을 다시 한 번 확인시켜주었다.

아주 즐겁고 충분히 할 만한 가치가 있는 여정이었다. 다만 딱 한 번만!

에피쿠로스는 언젠가 현인은 살아가는 동안 세 가지를 성취한다고 했다. 후세에 남을 작품을 쓰고, 미래를 대비하여 검약하며, 전원 생활을 소중히 여기는 것이다. 다시 말하면 우리는 사색하고 책임감 있게 절제하며 자연에서 휴식을 취할 시간을 내야 한다는 말이다. 그런 점에서 처칠은 여유가 있을 때에만 이렇게 살았다는걸 인정하더라도 비교적 이러한 일을 잘 해낸 것으로 보인다. 에피쿠로스의 이 세 가지는 아리스토텔레스가 당대 노예들의 삶을 묘사하면서 사용했던 세 단어와 비교해서 생각해볼 수 있다. "일하고, 맞고, 먹고."

어느 편이 우리가 사는 현대 사회와 더 가까운가? 어느 편이 행복과 고요로 가는 길이겠는가?

이 마지막 영역을 소홀히 하면서 고요의 여정을 걸을 수 있는 사람은 아무도 없다. 우리는 **몸으로** 어떤 일을 하는가? 몸 안에 무엇을 채워넣는가? 어디에서 사는가? 어떤 일상의 원칙과 일정을 지키고 있는가? 삶의 무게에서 벗어나 안정을 찾기 위해 어떤 여가 활동을 하는가?

처칠의 절반만큼이라도 생산적인 사람이 되고 싶다면 그리고 그의 삶 속에 있었던 기쁨과 열정과 고요를 얻고 싶다면 우리는 다음과 같은 특징을 길러야 한다. 우리 모두는

- 신체적 한계를 뛰어넘어야 한다.
- 우리에게 휴식과 회복을 주는 취미를 찾아야 한다.

- 확실하고 절제된 일상의 원칙을 만들어야 한다.
- 야외에서 활동적으로 시간을 보내야 한다.
- 고독과 자기만의 관점을 길러야 한다.
- 사람들이 나를 찾을 때 나서지 않는 법을 배워야 한다.
- 충분히 수면을 취하고 일 중독의 고삐를 죄어야 한다.
- 나 자신보다 더 큰 대의에 헌신해야 한다.

사람들이 말하는 것처럼 우리 몸은 점수를 기록한다. 우리가 우리 몸을 돌보지 않는다면, 적절히 중심을 맞추지 않는다면 우리가 지적으로나 영적으로 얼마나 강한지는 전혀 중요하지 않게 된다.

노력이 필요할 것이다. 단순히 **생각**만 한다고 해서 평화로 갈 수 있는 게 아니기 때문이다. 더 나은 영혼이 되게 해달라고 기도해도 소용없다. 몸을 올바른 위치에 두려면 마음과 정신을 바르게 해야 하는 것처럼, 우리의 마음과 정신을 올바른 위치에 놓기 위해서는 습관, 행동, 의식, 자기관리를 통해 우리의 몸을 바르게 관리해야 한다.

정신, 마음, 몸은 삼위일체이다. 각 부분이 서로서로 의존하는 거룩한 삼위일체.

'파비우스 전략',
"아니오"라는 말의 힘

무위의 유익함. 이를 아는 자가 세상에 지극히 드물다.
―《도덕경》

파비우스는 파견을 나가 로마 군단을 이끌고 한니발에게 대항하면서 아무것도 하지 않았다. 그는 공격하지 않았다. 겁먹은 침략자들을 이탈리아 밖으로 몰아내고 아프리카로 돌려내보기 위해 내달리지 않았다.

이를 보고 당신은 어쩌면 대부분의 로마 사람들이 그랬던 것처럼 병력이 약해서 그랬을 거라고 생각할 수도 있겠지만 사실 이 모든 것은 파비우스의 전략이었다. 한니발은 고국에서 멀리 떨어져 있었고 비바람 속에서 군사들을 잃으면서도 그들을 대체할 병력도 갖추고 있지 않았다. 파비우스는 큰 희생이 따를 전투를 벌이지 않고 그저 버티고만 있으면 로마가 승리하리라고 확신했던 것이다.

그러나 병사들은 파비우스의 이유 있는 제지를 견디지 못했다. 우리는 세상에서 가장 강한 군대입니다. 누가 우리를 공격하려고 하는 상황에서 어떻게 아무것도 안 하고 가만히 있을 수 있단 말입니까! 결국 병사들은 파비우스가 종교 행사에 참석하러 멀리 나가 있는 사이에 지휘관 미누키우스를 압박해 공격에 나섰다.

상황은 뜻대로 흘러가지 않았고 미누키우스는 곧장 함정에 걸려들고 말았다. 파비우스는 서둘러 아군을 구하러 가야 했다. 그런데도 미누키우스는 뭔가를 해낸 영웅으로 칭송받았지만 파비우스는 나서지 않았다는 이유로 겁쟁이라는 낙인이 찍혔다. 파비우스의 임기가 끝나자 로마 의회는 투표에 붙였다. 그 결과 더 큰 공격과 더 큰 활약을 위해 직접적인 전투를 회피하면서 한니발의 진을 빼도록 유도했던 파비우스의 전략을 폐기했다. 오늘날 "파비우스 전략"으로 통하는 바로 그 전략을 말이다.

전략을 폐기한 결과는 좋지 않았다. 로마 사람들은 한니발을 공격했다가 대참패하여 거의 모든 병력을 잃고 피바다가 돼버린 칸나에전투를 경험하고 난 뒤에야 하나둘씩 파비우스의 현명함을 이해하기 시작했다. 그제야 지나치게 조심하는 것처럼 보였던 행동이 사실은 굉장히 훌륭한 전략이었다는 사실을 깨달았고, 파비우스가 시간을 벌면서 적군이 자멸하도록 기다렸다는 사실을 알게 됐다. 그리고 마침내 파비우스의 말을 들을 준비가 되었다.

로마에서는 다른 나라를 상대로 승리를 이루거나 큰 업적을 남긴 위대한 로마인에게 그에 걸맞은 경칭을 붙여줬는데, 훗날 파비우스에게 붙은 경칭이 유독 눈에 띄었다. **파비우스 쿤크타토르**Fabius

Cunctator, 바로 꾸물거리는 사람이라는 뜻이다.

파비우스는 하지 않은 행동(하기 위해 기다렸던 행동)으로 특별한 사람이 됐으며 그 이후 모든 지도자들에게 중요한 본보기가 되었다. 특히 자기 자신이나 부하들로부터 대담한 모습을 보여달라는 압박 또는 즉각적인 조치를 취하라는 압박을 받고 있는 사람들에게 좋은 본보기였다.

야구에서는 담장을 넘기는 스윙을 보여줘야 이름을 날릴 수 있다. 특히 작고 가난한 나라에서 온 선수들은 홈런 타자로서의 파워를 보여줘야만 스카우트 팀과 감독들의 눈에 띌 수 있다. 도미니카공화국에는 "그냥 걸어서는 섬을 벗어날 수 없다"라는 말이 있다. **치고 나가야 한다는 의미다.**[●]

인생도 비슷하다. 당신이 활용하려고 노력하지 않으면 기회가 있어도 이득을 얻을 수 없다.

그러나 뉴욕 메츠와 거의 10년의 세월을 함께한 엘리트 스포츠 심리학자 조너선 페이더^{Jonathan Fader} 박사는 이 같은 가르침 때문에 메이저리그의 신인 선수들이 굉장히 큰 문제를 겪고 있다고 지적한 바 있다. 선수들은 가능한 한 모든 공에 배트를 휘두르면서 명성을 쌓았고 그러면서 정체성을 형성해나갔다. 그러다가 오늘날 세계 제일의 투수를 직면하게 되는데, 그러면 그동안 강점이었던 이들의

● 도미니카공화국은 쿠바 옆에 위치한 섬나라로 야구의 인기가 매우 높으며 미국 메이저리그로 진출하는 야구선수가 매우 많다.

공격성과 진취성이 한순간에 약점이 된다. 이제 그들은 수백만 달러를 받으면서 배트는 좀체 휘두르지 **않은** 채 수백만 명의 사람들 앞에 서 있어야 한다. 완벽한 공을 기다려야 하기 때문이다.

이제 선수들이 배워야 하는 것은 기다리는 힘, 정밀함의 힘, 공空의 힘이다. 이것이 진정한 프로를 만드는 요소다. 그저 **스윙을 하는 사람**이 아니라 정말로 대단한 타자라면 빠른 손놀림과 강력한 엉덩이는 물론이고 아무것도 하지 않는다는 의미인 **무위**의 힘을 지니고 있어야만 한다.

무위는 타자가 완벽한 공을 볼 때까지 배트를 휘두르지 않고 잡고 있는 능력이다. 명상하는 요가 수행자도 마찬가지였다. 그들은 정신과 영적 수준에서 활동할 수 있도록 신체적 고요를 유지한다. 쿠바 미사일 위기 당시 케네디도 마찬가지였다. 상대편을 무너뜨리기 위해 전혀 서두르지 않았던 케네디의 모습이 아무런 조치를 취하지 않고 있는 것처럼 보였을 수 있으나 그는 자기 자신과 러시아가 생각할 시간과 여유를 만들고 있었다. 타이거 우즈가 일 중독과 섹스 중독에 빠져 버둥거리고 있던 때 잃어버렸던 것이 바로 **무위**를 연습하는 능력이었다.

절제된 행동, 이게 바로 존 케이지가 아무것도 하지 않았던 〈4분 33초〉의 공연 지침에서 요구했던 것이다.

급하게 서두른다고 미로를 풀 수 있는 게 아니다. 미로를 풀기 위해서는 멈춰서 생각해야 한다. 에너지를 아끼면서 신중하고 느리게 걸어야 한다. 그렇지 않으면 어찌할 도리 없이 길을 잃고 만다. 우리가 살면서 부딪히는 여러 문제들을 풀 때에도 마찬가지다.

초록불은 우리 문화에서 강력한 상징으로 쓰인다. 우리는 로저스 아저씨가 우리에게 보여주려고 했던 것, 노란불과 빨간불도 똑같이 중요하다는 것을 거듭 잊어버린다. 속도를 줄이세요. **멈추세요.** 최근에 발표된 한 연구에서 대다수의 피실험자들은 단 몇 분이라도 지루함을 견디느니 스스로 전기 충격을 주는 편을 선택했다.

일흔의 나이를 훌쩍 넘은 조안 리버스Joan Rivers의 인터뷰 영상이 뇌리에 깊이 남아 있다. 이미 역대 가장 많은 업적을 남겼으며 존경받고 재능 넘치는 코미디언인 조안에게 인터뷰 진행자가 무슨 이유로 계속 일을 하는 거냐고, 왜 항상 공연을 하고 있으며 왜 항상 공연 스케줄을 찾는 거냐고 물었다. 조안은 두려움 때문이라고 대답하면서 텅 빈 달력을 집어 들었다. "내 일정표가 이런 모습이면 아무도 날 원하지 않는다는 의미겠지요. 그동안의 내 모든 노력이 실패라는 의미일 겁니다. 날 보고 싶어 하는 사람이 없으면 난 완전히 잊히고 말 거예요."

조안이 만족할 줄 몰랐다는 얘기를 하려는 게 아니다. 중요한 건 서두르지 않아야 최고의 성과를 낼 수 있다는 사실이다. 완벽한 공을 기다렸다가 배트를 휘둘러야 하는 것처럼.

단 며칠 동안이라도 무엇인가를 하지 않았다는 이유로 스스로를 무가치한 사람이라고 생각하는 사람은 자기 손으로 고요를 박탈하는 것과 같다. 그렇다. 그뿐만 아니라 한층 높은 수준의 역량을 얻을 수 있는 길을 스스로 차단하고 있는 것이기도 하다.

영적으로나 육체적으로나 어려운 일이다. 그럼에도 당신은 "아니오No"라고 말하는 법을 배워야 한다. 무대에 오르지 **않는** 법을 배워야 한다.

파비우스가 나약했더라면 한니발을 공격하지 않고 기다리지 못했을 것이고 그랬더라면 역사가 달라졌을지도 모른다. 제 스스로 페이스 조절을 하지 못하는 장거리 달리기 선수, 하락하는 시세를 견디지 못하는 자산 관리사. 이들이 자신의 직업에서 **무위**의 기술을 배우지 못한다면 결코 성공할 수 없다. **무위**의 기술을 **인생**에 적용하지 못한다면 성공은 잊어야 한다. 당신의 몸은 피로에 지쳐 쓰러지게 될 것이고 두 번째 몸이 주어질 일은 없을 것이다!

달력의 노예가 된 사람들, 직원이 열 명은 더 있어야 현재 진행 중인 모든 프로젝트를 처리할 수 있는 사람들, 마치 여기에서 저기로 도망 다니는 탈주자처럼 보이는 삶을 사는 사람들을 우리는 걱정스러운 마음으로, 아니 안타까운 마음으로 바라봐야 한다. 이런 삶에는 고요가 없다. 그저 자발적인 노예 상태일 뿐이다.

우리 모두가 "아니오"라고 말하는 데에 더 능숙해져야 한다. "아뇨, 미안합니다. 저는 못 하겠습니다." "아뇨, 미안합니다. 정말 좋을 것 같지만 저는 안 하는 편이 낫겠습니다." "아뇨, 전 상황을 지켜보겠습니다." "아뇨, 좋은 생각 같지 않네요." "아뇨, 필요 없습니다. 제 능력껏 해보겠습니다." "아뇨, 제가 당신에게 알겠다고 대답하면 다른 모두에게 알겠다고 대답해야 하기 때문입니다."

할 수 있는데도 하기 싫은 마음에서 "아뇨, 미안합니다. 저는 못하겠습니다"라고 말하는 건 썩 도덕적이지 않은 일일지도 모른다. 그러나 잘 생각해보라. 정말로 할 수 있는가? 정말로 그걸 할 여유가 있는가? 계속해서 너무 무리한 일을 시도하다가 다른 사람에게 해를 끼치지는 않겠는가?

조종사라면 상황을 빠져나갈 구실로 "미안합니다. 대기 중이라서요"라고 말할 것이다. 의사나 소방관, 경찰관이라면 "당직 중"이라는 말을 방패막이로 쓸 수 있다. 그렇다면 우리는 우리 인생이라는 업무에 당직을 서고 있는 중이 아닌가? 우리가 최대한의 능력을 발휘하여 지키려는 무엇인가가 또는 누군가가 있지 않은가? 우리의 몸은 가족이나 자기계발, 우리 자신의 일을 위해 항상 당직 중이 아닌가?

그들이 정말로 당신에게 내어달라고 하는 게 무엇인지 항상 생각해야 한다. 왜냐하면 대부분은 **당신 인생의 일부**를 요구하고 있을 것이고, 당신은 원하지도 않는 것과 당신의 인생을 맞바꾸려고 하고 있을 것이기 때문이다. 시간이 그렇다는 사실을 명심해야 한다. 시간은 다시는 돌이킬 수 없는 당신의 인생이자 당신의 살이고, 피다.

모든 상황에서 이렇게 물어라.

- 그게 무엇인가?
- 그게 왜 중요한가?
- 내게 필요한 것인가?
- 내가 바라는 것인가?

- 기회비용은 무엇인가?
- 먼 훗날 이때를 돌아봤을 때 과연 잘 한 일이라고 생각할까?
- 이 일을 내가 아예 몰랐더라면, 이 요청 메일이 누락됐다거나 그들이 나를 지명해서 요청하지 않았더라면 내가 이 일을 놓쳤다는 걸 누가 알아차리기나 할 수 있을까?

  우리가 어떤 일에 "아니오"라고 말해야 할지 알게 된다면 정말 중요한 문제에 "네Yes"라고 대답할 수 있게 될 것이다.

산책의 이유

가치 있는 아이디어는 오로지 걷는 중에만 떠오른다.

─**프리드리히 니체**

코펜하겐 시민들은 거의 매일 오후만 되면 쇠렌 키르케고르Søren Aabye Kierkegaard가 이상하게 거리를 걷고 있는 광경을 볼 수 있었다. 성미가 고약한 이 철학자는 아침이면 스탠딩 책상에서 글을 쓰고 정오 무렵이면 어김없이 분주한 도심 거리로 향했다.

그는 신기하게 생긴 최신식 '보도'를 걸었다. 도심 공원을 가로질러 걸었고, 훗날 그가 묻힌 아시스텐스 묘지Assistens Cemetery의 통로를 따라 걸었다. 도시의 장벽을 지나 시골길을 걷기도 했다. 키르케고르는 똑바로 걷는 법을 모르는 것 같았다. 항상 그늘로만 걸으려고 해서 무단횡단으로 길을 건넜고 이쪽저쪽 지그재그로 걸었다. 그러다가 몸이 지치거나 고민하던 문제의 해결 방안이 떠오르거나, 좋은 아이디어가 떠오르면 곧장 집으로 돌아가 남은 하루 동안 글을 썼다.

걸어 다니는 키르케고르의 모습을 본 코펜하겐 시민들은 그가 돌아다니는 일 자체가 굉장히 의외라고 생각했다. 최소한 그의 글에 비친 키르케고르는 집 밖으로는 나오지도 않을 것처럼 너무나도 신경질적인 사람이었기 때문이다. 사람들 생각이 틀린 것도 아니었다. 그러나 키르케고르에게 걷기란 철학적 탐구를 하면서 받는 스트레스와 좌절감을 해소하는 방법이었다.

그는 침대에 누워서만 지내다가 결국 우울증까지 얻은 형수에게 편지를 보내며 걷기의 중요성을 강조했다. 1947년에 보낸 편지에는 이렇게 썼다. "무엇보다도 걸어야겠다는 마음을 잃지 마십시오. 저는 하루하루 더 건강해지기 위해 걸었고 또 걸으면서 갖가지 질병으로부터 벗어났습니다. 저는 최고의 아이디어를 얻기 위해 걸었습니다. 걷기를 통해 벗어나지 못할 만큼 무거운 생각은 어디에도 없습니다."

키르케고르는 움직임 없이 가만히 있기만 하는 것이 질병의 온상과도 같다고 믿었다. 반대로 걷는 **활동**을 거의 신성시했는데, 철학자인 그의 탐구의식에 마중물을 붓는 것처럼 걷는 일은 그의 머리를 비웠고 영혼을 맑게 해주었다. 그는 "인생은 길이니 우리는 반드시 걸어야 한다"라고 즐겨 말했다.

키르케고르는 특히 걷기에 관한 글을 매우 설득력 있게 썼는데, 놀랍게도 걷기에 헌신한 사람이나 걷기의 이점을 찬양한 사람이 그 혼자만이 아니었다. 니체는 《차라투스트라는 이렇게 말했다》의 아이디어를 긴 산책 중에 얻었다고 말했다. 발명가 니콜라 테슬라 Nikola Tesla는 1882년 부다페스트의 도심 공원을 산책하다가 역대 가장 중대한 과학적 발견으로 꼽히는 회전자계의 원리를 발견했다. 어니스트 헤밍웨이는 파리에 살던 시절, 글을 쓰다 막히거나 생각을 정리해야겠다 싶을 때면 늘 부둣가를 따라 긴 산책을 했다. 찰스 다윈의 하루 일과에는 여러 차례의 산책이 끼어 있었으며, 이는 스티브 잡스, 심리학자 아모스 트버스키 Amos Tversky, 그리고 훗날 "아모스와 여유롭게 산책하고 있을 때 머리가 가장 잘 돌아갔다"라고 말한 심리학자이자 경제학자인 대니얼 카너먼 Daniel Kahneman도 마찬가지였다. 카너먼은 자신의 두뇌를 가동시키는 것이 다름 아닌 신체적 활동이라고 했다.

마틴 루터 킹 주니어가 크로저 신학대학교의 학생이었던 시절, 그는 '자연과 교감하기 위해' 매일 한 시간씩 교정에 있는 숲을 거닐었다. 월트 휘트먼과 율리시스 S. 그랜트는 각각 정신을 맑게 하고 뚜렷하게 사고할 수 있도록 워싱턴 주변을 거닐다가 서로 마주치는 일이 잦았다고 했다. 어쩌면 휘트먼의 〈나 자신의 노래〉라는 시의 한 구절이 바로 그 경험에서 비롯됐는지도 모른다.

수심에 찬 생각을 할 때의 환희를 아시나요?
자유롭고 쓸쓸한 마음, 약하고 우울한 마음의 환희를?
고독한 산책의 환희, 괴로움 속에 발버둥치는 영혼의 환희를?

프로이트는 저녁 식사 후에 빈의 링슈트라세^{Ringstrasse}(순환도로)를 빠른 걸음으로 걷는 것으로 유명했다. 작곡가 구스타프 말러는 하루에 네 시간씩 걸으며 아이디어를 간추리고 메모를 했다. 베토벤도 같은 이유로 산책할 때 필기도구와 한 장짜리 악보를 챙겨 다녔다. 도로시 데이는 평생 산책을 즐겼는데, 처음으로 자신의 인생에 하느님이 함께 한다는 느낌을 강하게 받았던 자신이 성직자의 길을 걸을 것 같다는 깨달음이 찾아온 순간도 1920년 스태튼아일랜드^{Staten Island}*의 해변을 걷고 있을 때였다고 했다. 예수가 한 발 앞에 다른 발을 놓는 움직임의 신성함과 기쁨을 알고 있는 **여행자**였다는 사실도 우연이 아닐 것이다.

어떻게 걷기가 우리를 고요로 이끈다는 걸까? 지금까지 활동을 추구할 게 아니라 줄여야 한다고 얘기하고 있지 않았는가? 물론, 걸을 때 우리는 움직이고 있지만 그건 격한 동작이 아니고 의식하면서 행하는 동작도 아니다. 그저 반복적이고 의례적인 움직임일 뿐이다. 걷기는 찬찬한 동작이며 평화 속에서 하는 운동이다.

불교도들은 오랜 시간 좌선한 후에 아름다운 곳으로 가서 '걷는 명상', 즉 경행^{經行}을 하면 전통적인 명상을 할 때보다 더 다양한 고요에 접할 수 있다고 말한다. 실제로 삼림욕과 같은 가장 자연스러운 아름다움을 경험하려면 집이든 사무실이든 차든 간에 거기에서

---

* 미국 뉴욕주의 뉴욕에 속하는 구역으로 허드슨강 하구에 위치해 있다.

밖으로 나와 숲속으로 걸어 들어가야만 한다.

좋은 산책을 하는 비결은 인지하는 것이다. 현재에 집중하면서 움직임에 마음을 여는 것이다. 휴대폰을 꺼라. 삶을 짓누르는 문제들을 잊어라. 아니 더 정확히는 걸음걸음마다 그 문제들이 그 걸음에 녹아들게 하라. 발을 내려다보라. 발이 무엇을 하고 있는가? 두 발이 얼마나 자연스럽게 움직이는지 보라. 당신이 의식적으로 발을 움직이고 있는가? 아니면 제 스스로 움직이고 있는 것 같은가? 발 밑에서 부스러지는 낙엽소리를 들어보라. 땅이 당신을 받치고 밀치는 느낌을 느껴보라.

숨을 들이마시고 내쉬어라. 수 세기 이전에 바로 이곳을 누가 걸어갔을지 상상해보라. 당신이 서 있는 아스팔트를 누가 깔았을지 상상해보라. 그들에게는 무슨 일이 일어나고 있었을까? 그들은 지금 어디에 있을까? 그들은 무엇을 믿었을까? 그들에게는 어떤 문제가 있었을까?

바깥세상에서 무슨 일이 벌어지고 있는지 확인하고 싶은 충동이나 일에 대한 책임감이 당신을 잡아끄는 것 같거든 걷고 있는 자신을 조금 더 밀어붙여라. 전에 걸어본 적이 있는 길을 걷고 있다면 전에 가본 적 없는 방향으로 갑자기 발길을 돌리거나 언덕 위로 올라가보라. 낯설고 새로운 주변 환경을 느껴보고 여태 맛본 적 없는 공기를 마셔보라.

길을 잃어도 보라. 당신을 찾는 목소리가 들리지 않는 곳에 있어보라. 그리고 **천천히** 걸어 가라.

산책은 칼로리를 소모한다거나 심장박동수를 올리기 위한 일이 아니다. 아니, 애초에 무엇인가를 위해서 하는 행동이 아니다. 산책은 존재, 초월, 마음을 비우는 것, 당신을 둘러싼 세상의 아름다움을 알아차리고 감상하는 것에 대한 개념을 표현하고 구체화하는 행동이다. 이제는 떨쳐내야 할 생각으로부터 벗어나 떠오르는 생각을 향해 다가가야 할 때다.

제대로 된 산책을 하려면 마음이 완전히 비어 있으면 안 된다. 넋을 놓고 걷다가는 나무뿌리에 걸려 넘어지거나 자동차 또는 자전거에 치이고 만다. 요점은 전통적인 명상처럼 마음에 이는 모든 생각을 밀어내는 게 아니다. 반대로 주변에 무엇이 있는지 보는 것이 중요하다. 이렇게 하고 있는 동안 마음은 활동하고 있지만 여전히 고요한 상태다. 제대로만 한다면 이는 다른 방식의 생각이 되고 더욱 건강한 방식의 생각이 된다. 뉴멕시코 하일랜드대학의 연구팀은 우리가 걷고 있을 때 뇌에 공급되는 혈액량이 증가한다는 사실을 발견했다. 스탠포드의 연구원들은 사람들이 걷는 동안 또는 걷고 난 이후에 '창의적 사고와 확산적 사고'를 측정하는 시험에서 더 좋은 성적을 낸다는 사실을 발견했다. 듀크대학교 연구진은 키르케고르가 형수에게 말했던 것처럼, 산책이 우울증을 앓고 있는 일부 환자들에게 효과적인 치료법이 될 수 있다는 사실을 발견했다.

시인 윌리엄 워즈워스는 일평생 29만 킬로미터나 걸었다. 그것은 다섯 살 때부터 평균적으로 하루에 10킬로미터씩 걸어야 채울 수 있는 거리다. 그는 영국 외곽에 있는 그래미스미어 호수Lake Grasmere

주변이나 그곳에서 멀지 않은 라이덜 워터^{Rydal Water} 주변을 거닐며 대부분의 작품을 썼다. 이렇게 긴 산책을 하다가 시상이 떠오르면 언제쯤 그걸 종이에 옮겨 적을 수 있을지 몰랐기 때문에 문장을 계속해서 중얼거렸다. 그의 전기 작가들은 이런 궁금증을 품었다. 그의 시상에 영감을 준 것은 풍경이었을까 아니면 산책이었을까? 산책을 통해 돌파구를 찾은 경험이 있는 사람이라면 이 두 가지 힘이 동등하게 그리고 마법처럼 효과를 발휘한다는 사실을 알 것이다.

삶의 아름다움과 좋은 점을 찾고 싶다면 우리도 밖으로 나가 주변을 걸어 다니는 게 온당하다. 우리 의식의 깊숙한 부분을 열고 더 높은 수준의 정신에 접근하고 싶다면 몸을 움직이고 혈액이 순환하도록 해야 한다.

일상에서 마주치는 갖가지 스트레스와 곤경은 우리를 쓰러뜨릴 수 있다. 컴퓨터 앞에만 앉아 있다 보면 우리는 하나를 닫으면 또 하나 열리는 온갖 정보 속에 사로잡힌다. 거기에 앉아 그 모든 것을 흡수해야 할까? 그저 견디고 앉아서 걷잡을 수 없이 욕지기가 심해지도록 내버려둬야 할까? 아니다. 그렇다면 자리를 박차고 일어나 청소 같은 일이나 남에게 시비거는 것처럼 일종의 카타르시스를 느끼게 하는 다른 일을 찾아야 할까? 그 역시 아니다. 결코 그런 일을 해서는 안 된다.

우리는 단지 걸어야 한다.

키르케고르는 자신이 절망과 좌절, 그의 말마따나 **병적인** 상태로 집에서 쫓기듯이 나왔던 어느 아침에 관한 이야기를 들려준다. 한 시간 반 가까이 걷고 난 뒤에 그는 마침내 마음의 평화를 찾고 거의 집 근처까지 돌아왔다. 그런데 집 앞에서 우연히 마주친 한 신사가 그에게 온갖 문제를 지껄이며 퍼부어댔다. 우리 인생은 왜 항상 이런 식일까?

하지만 괜찮다. 그는 이렇게 말했다. "내가 할 일은 단 하나뿐이었다. 집으로 돌아가는 대신 다시 산책을 하는 것이었다."

우리도 반드시 그래야 한다.

걷고 또 걸어보라.

격정과 동요는
루틴 속에서 가라 앉는다

규칙적인 의식과 정도(正道)를 따르기 위해 노력이라도 하는 사람은 그 노력의 곱절로 보상받을 것이다.
―순자

아침마다 프레드 로저스는 5시에 일어나 기도하고 명상하며 묵상의 시간을 보냈다. 그런 다음 피츠버그 스포츠클럽으로 가서 오전 수영을 했다. 수영장에서 나올 때면 항상 몸무게를 쟀고(그는 항상 65킬로그램을 유지하는 걸 중요하게 여겼다), 물에 들어갈 때는 언제나 〈유빌라떼 데오Jubilate Deo(주를 찬양해)〉라는 찬송을 읊조렸다. 그의 친구는 프레드 로저스가 물 밖으로 나올 때마다 매일 새롭게 세례를 받는 것처럼 상쾌하고 완전한 상태로 새날을 준비한다고 말했다.

TV 프로그램 세트장에 도착하면 다음 의식이 시작됐는데, 그건 후대를 위해 매년 수백 편의 에피소드를 동일한 방식으로 녹화하는 일이었다. 주제곡이 나오고 노란불이 깜빡거린다. 카메라가 현관으로 이동하면 곧 로저스 아저씨가 들어와 노래를 부르며 계단을 내려온다. 재킷을 벗어 벽장 안에 단정하게 걸어놓은 다음 그의 트레이드마크이자 어머니가 손수 만들어준 카디건을 입고 편한 신발로 갈아 신는다. 그렇게 하고 난 다음에 그는 자신이 세상에서 가장 좋아하는 사람들인 이웃 어린이들에게 이야기를 건네며 가르침을 주기 시작한다.

어떤 사람들에게는 이 일상이 단조로워 보일 수도 있다. 프로그램 끝머리에 "커트!" 소리가 난 뒤에는 낮잠, 가족과의 저녁 식사, 9시 30분 취침으로 이어지는 날마다의 똑같은 일상. 똑같은 몸무게, 똑같은 음식, 똑같은 시작, 똑같은 마무리. 지루한가? 그러나 좋은 루틴은 큰 편안함과 안정을 주는 방법일 뿐만 아니라 활기 넘치고 성취감 있는 일을 가능하게 만드는 발판이기도 하다.

충분히 오랫동안 성실하게 실천해온 덕분에 습관화된 원칙, 즉 루틴routine은 규칙적인 것을 넘어서 신성하고 거룩한 **의식**이 된다.

어쩌면 로저스 아저씨가 취향에 맞지 않을지도 모르겠다. 그렇다면 영원한 올스타 포인트가드인 러셀 웨스트브룩Russell Westbrook의 경우를 살펴보자. 웨스트부룩은 경기가 시작하기 정확히 세 시간 전에 자기만의 원칙을 행하기 시작한다. 가장 먼저 몸을 푼다. 한 시간 전에는 경기장 안에 있는 예배당을 찾는다. 그러고 나서 땅콩버터와 잼이 발린 샌드위치를 먹는다(버터를 발라 구운 흰 식빵에 딸기잼과 '스키피Skippy' 브랜드의 땅콩버터를 올린 뒤 사선으로 자른, 늘 똑같은 샌드위치다). 정확히 경기 6분 17초 전이 되면 그는 팀의 마지막 몸 풀기 연습을 시작한다. 또한 그는 경기용 운동화, 연습용 운동화, 길거리 게임 용 운동화를 각각 따로 보관한다. 고등학교 시절부터 지금까지 자유투를 던지고 나면 언제나 3점 라인 너머까지 뒤로 걸어갔다가 다음 슛을 던지기 위해 다시 앞으로 걸어왔다. 연습 경기장에 갈 때마다 그는 특정 자리에만 주차를 했고 3번 코트에서 연습하길 좋아했다. 그리고 매일 같은 시간에 부모님에게 전화를 걸었다. 이외에도 그의 루틴은 쭉 이어진다.

스포츠에는 웨스트브룩과 같은 선수의 이야기가 차고 넘친다. 대개 하키의 골키퍼, 야구의 투수, 풋볼의 쿼터백과 플레이스키커 등 각각의 경기에서 가장 지적인 역할을 맡고 있는 선수들에게서 이런 특색이 두드러진다. 어떤 사람들은 이렇게 행동하는 선수들을 보고 별나다며 손가락질하고, 그들이 지키는 원칙을 미신이라고 비방한다. 누구나 인정할 만큼 성공한데다 누구의 통제도 받지 않을 뿐더러 확실한 재능을 갖고 있는 사람들이 자신이 만든 원칙의 포로가 된 것 같은 상황이 우리 눈에는 이상하게 보일 수 있다. 사소한 규칙과 통제로부터의 해방, 하고 싶은 모든 일을 할 수 있는 것이야말로 성공한 사람이 누릴 수 있는 최고의 이점이 아니던가?

그러나 뛰어난 사람들은 완전한 자유가 곧 악몽이라는 사실을 알고 있다. 그들은 탁월해지려면 반드시 질서가 필요하다는 사실과 예측할 수 없는 세상을 사는 우리에게 좋은 습관이야말로 확실하고 안전한 천국이라는 사실을 누구보다 잘 알고 있다.

아이젠하워는 자유를 자기 절제의 기회라고 정의했다. 실제로 자유, 권력, 성공에는 반드시 자기 절제가 **필요하다**. 자기 절제가 없으면 쉽게 혼란스러워지거나 안주하고 싶은 마음이 찾아온다. 절제가 성공을 유지하는 하나의 방법인 셈이다.

절제는 우리가 일을 하기 위해서 제대로 된 정신 상태를 갖추는 방법이기도 하다. 작가이면서 마라토너인 무라카미 하루키는 매일 정해진 원칙대로 하루를 보내는 이유를 이렇게 설명했다. "반복 그 자체가 중요한 것이 되기 때문입니다. 최면의 일종이라고 할 수 있죠. 더 깊은 정신 상태에 도달하기 위해 스스로 최면을 거는 겁니다."

머릿속은 비어 있지만 몸은 반복되는 일상 속에 있을 때 우리는 최고의 능률을 발휘할 수 있다.

루틴은 시간을 기반으로 짤 수 있다. 트위터의 창업자이자 CEO인 잭 도시Jack Dorsey는 무조건 새벽 5시에 일어난다. 네이비실에서 복무했던 조코 윌링크Jocko Willink는 새벽 4시 30분에 일어나 이를 증명해 보이기 위해 시계를 찍은 사진을 매일 자신의 SNS에 게시했다. 빅토리아 여왕은 8시에 일어나 10시에 아침 식사를 하고 11시부터 11시 30분까지 장관들과 회의를 했다. 시인 존 밀턴John Milton은 새벽 4시에 일어나 책을 읽고 머릿속으로 구상한 다음 7시가 되면 글을 쭉쭉 '뽑아낼' 수 있도록 준비했다.

순서 또는 정리정돈에 초점을 맞춰 짤 수도 있다. 공자는 자신의 돗자리가 반듯하게 깔리지 않으면 앉지 않겠다고 했다. 오랫동안 그저 그런 경기력을 보여줬던 텍사스 크리스천대학교 야구팀을 맡게 된 짐 슐로스너글Jim Schlossnagle 감독은 선수들에게 더그아웃과

라커를 항상 완벽히 정리한 상태로 유지하라고 가르쳤고, 그 이후이 팀은 한 시즌도 패배하지 않았으며 4회 연속으로 칼리지 월드시리즈에 진출했다.

루틴은 도구나 소리, 냄새를 중심으로 짤 수도 있다. 릴케는 항상책상 위에 펜 두 자루와 두 종류의 종이를 두었다. 하나는 글을 쓰는 용도였고, 다른 하나는 청구서나 편지 등 덜 중요한 문서를 작성할 때 썼다. 수도사들은 수도원에 종소리가 울리면 묵상을 하러 가고 의식과 묵상을 시작하기 전에 향을 피워 손에 문지르기도 한다.

종교나 믿음에 기반을 둔 루틴도 있다. 공자는 아무리 하찮은 식사를 하더라도 항상 먹기 전에 제물을 바쳤다. 그리스인들은 중대한 결정을 하기 전에 늘 델포이 신전을 찾아가 조언을 구했고 전투에 나가기 전에는 언제나 신에게 제물을 바쳤다. 유대인들은 수천 년간 안식일을 지켜왔는데, 언젠가 유대인 사상가 아바드 함[Abad Ha'am]은 안식일이 유대인을 지킨 것이나 마찬가지라고 말하기도했다.

진심을 다해 충분히 반복하다 보면 루틴은 하나의 의식이 된다. 그 규칙적인 패턴은 깊고 의미 있는 경험을 만들어낸다. 말을 돌보는 일이 누군가에게는 잡일일 수 있으나 남아메리카의 독립운동 지도자인 시몬 볼리바르[Simón Bolívar *]에게는 하루 일과 중 꼭 해야 하는

● 스페인 식민지배로부터 콜롬비아, 베네수엘라, 에콰도르, 페루, 볼리비아를 해방시켰다.

신성한 일이었다. 익숙한 일로 몸이 분주하면 마음은 긴장을 푼다. 단조로운 반복은 근육 기억*이 된다. 그러다 보면 루틴에서 벗어나면 뭔가 잘못되고 위험해질 것 같은 느낌이 든다. 그랬다가는 큰 실패를 맞기라도 할 것처럼 말이다.

누군가는 이 '미신적인' 행동을 비웃을 수도 있지만 그건 잘못된 생각이다. 테니스 선수 라파엘 나달Rafael Nadal의 설명처럼 말이다. "미신이라면 내가 무엇 때문에 이기든 지든 똑같은 행동을 끊임없이 반복하고 있겠습니까? 이건 경기장의 환경을 내 머릿속에 그대로 정돈하면서 경기에 임할 마음의 준비를 하는 겁니다." 그리스인들이 델포이 신천을 찾아 가면 정말로 어떻게 해야 할지 정답을 얻을 수 있을 거라고 믿었을까? 상담을 받으러 가는 과정, 파르나소스 산을 오르는 과정 자체가 중요했던 게 아닐까?

사회학자들의 연구에 따르면 민물낚시가 아닌 바다낚시처럼 운이 더 크게 좌우하는 활동을 더 많이 하는 섬사람들이 그렇지 않은 내륙 사람들에 비해 의식을 만드는 경향이 더 강했다. 그러나 사실 운은 항상 우리를 노리고 있다고 해도 과언이 아닐 만큼 언제나 중요한 요소다.

어떤 의식을 행하는 목적은 신을 우리 편에 서게 하는 것이 아니다. (물론 그렇다고 해가 될 건 없지만!) 그 목적은 운이 우리가 싸워야

---

* 특정 신체 활동을 반복함으로써 그 활동을 할 때 나타나는 신체의 생리적 작용.

할 상대가 되어 네트 건너편에 서 있을 때에도 우리의 몸과 정신을 차분히 가라앉힐 수 있게 하기 위함이다.

사람들 대부분은 아침에 눈을 뜨자마자 수많은 선택의 공세를 받으며 정신없이 하루를 시작한다. **무슨 옷을 입지? 무엇을 먹어야 할까? 무엇을 가장 먼저 해야 할까? 그 다음엔 뭘 해야 하지? 어떤 일을 해야 할까? 이 문제를 먼저 해결해야 할까 아니면 이 불을 먼저 꺼야 할까?**

정말 진 빠지는 일이 아닌가? 서로 부딪히는 충동, 자극, 성향, 외부의 방해요소가 회오리바람 친다. 이는 고요로 가는 길도 아니고 최대치의 능력을 발휘하는 방법도 아니다.

심리학자 윌리엄 제임스$^{William James}$는 습관을 적이 아니라 협력자로 만들어야 한다고 말했다. 그렇게 하면 우리의 하루, 나아가 우리의 인생을 도덕적이고 정연하고 고요하게 만들 수 있으며 혼란스러운 세상에 대항하는 일종의 방책을 만들 수 있고, 우리가 하는 일에서 최고의 능률을 발휘할 수 있다는 것이다.

이렇게 되려면 도움이 되는 행동을 최대한 많이, 최대한 일찍부터 습관적으로 만들어야 한다. 페스트를 경계하듯 우리에게 불이익을 끼치는 방향으로 발전하지 않도록 경계해야 한다. 우리가 힘들이지 않고 저절로 되게끔 만드는 일상의 과정이 많아질수록 더 높은 정신력을 갖게 되고 더 자유로워지므로 더욱 적절한 일을 할 수 있게 된다. 어떤 행동도 습관으로 만들지 못하고 주저하며 습관적으로 하는 일 없이 모든 것을 주저하는 사람, 시가를 피울 때마다 먹고 마실 때마다 매일매일 자고 일어날 시간을 결정할 때마다 무엇이든 시작할 때마다 일일이 다 신경 써야 하는 사람보다 비참한 사람은 없을 것이다.

일상의 사소한 부분만 루틴으로 만드는 게 아니라 선한 결정까지도 저절로 내릴 수 있게 된다는 건 중요하고 뜻 깊은 탐구를 할 수 있는 자원을 확보했다는 의미다. 그렇게 된다면 우리에게 평화와 고요를 느낄 여유가 생기고 결과적으로 좋은 일과 좋은 생각이 우리에게 들어와 **떠나지 않게** 된다.

이 일을 가능하게 만들고 싶다면 지금 당장 자리를 박차고 일어나 집안을 정리하라. 짜임새 있게 하루 일과를 계획해보라. 방해 요소를 제한하고 선택해야 할 일의 개수를 줄여라.

이렇게 할 수 있다면, 격정과 동요는 알아서 갇히게 될 것이므로 당신의 삶에 문제를 훨씬 덜 일으킬 것이다.

영감이 필요하다면 꽃꽂이 하는 사람들을 본보기로 삼아라. 그들은 질서정연하고 조용하고 깨끗하며 침착하게 집중한다. 이들이 시끄러운 커피숍에서 연습하거나 계획을 잘못 세워 새벽 3시에 게슴츠레한 눈으로 꽃을 꽂는 모습을 볼 수는 없을 것이다. 충동적으로 가위를 집어 들거나 방금 막 걸려온 전화기를 붙잡고 오랜 친구와 수다를 떨며 속옷만 입은 채로 꽃을 꽂는 모습도 볼 수 없을 것이다. 이 같은 행동은 진정한 거장이 한다고 하기에는 무질서하고 혼란스럽다.

거장은 스스로를 통제할 줄 알고 있으며 자신만의 체계를 가지고 있다. 그들은 평범한 것을 신성한 것으로 바꾼다.

우리도 반드시 그렇게 해야 한다.

소유로부터의 자유

재산은 가난이자 두려움이다. 가진 뒤에 다시 놓아주는 행위만이 걱정 없는 소유다.
— 라이너 마리아 릴케

에픽테토스는 노예로 태어났지만 결국에는 자유를 얻었다. 마침내 과시할 수 있는 멋진 삶의 요소를 (최소한 스토아학파의 버전으로는) 누릴 수 있게 되었다. 그의 강의를 듣기 위해 황제들이 찾아왔고 그는 여러 제자를 가르치면서 남부럽지 않은 생활을 하게 되었다. 어렵게 번 돈으로 멋진 철제 램프를 하나 샀고 그걸로 집 안에 있는 작은 사당에 불을 밝혀 놓았다.

어느 날 저녁, 현관 앞 복도에서 요란한 소리가 들렸다. 서둘러 내려가 봤지만 이미 도둑이 그 값비싼 램프를 훔쳐 달아난 뒤였다. 자신의 물건에 애착을 느끼는 다른 사람들처럼 그 역시 실망했고 놀랐으며 배신을 당한 것만 같았다. 누군가 몰래 집에 들어와 그의 물건을 훔쳐갔으니 어찌 보면 당연한 반응이었다.

그러나 에픽테토스는 금세 자신을 추스르고 자신의 가르침을 돌이켜 봤다. 그러고는 마음속으로 생각했다. "친구여, 내일이면 토기 램프를 하나 찾자. 사람은 오로지 가져야만 잃을 게 있는 법이다." 이후로 그는 평생 저렴한 토기 램프 하나만을 가지고 살았다. 그가 세상을 떠난 뒤, 그를 숭배했던 사람이 그 램프를 3천 드라크마(고대 그리스의 화폐 단위)에 구입했다. 물질의 소유를 거부했던 에픽테토스의 가르침을 완전히 거스른 행동이었다.

세네카의 가르침 중에 가장 강력한 비유로 꼽히는 것이 노예에 예속된 노예 소유자, 막대한 소유지에 예속돼버린 부자에 관한 이야기다(현대에도 이를 지칭하는 '하우스 푸어'라는 용어가 있다). 통찰력이 뛰어났던 몽테뉴는 사실 자기가 고양이의 반려동물인 건 아닐까 자문하기도 했다. 동양에서도 이와 유사한 가르침을 찾아볼 수 있다. 순자가 말했다.

군자는 주변을 자신의 종으로 만들고 소인배는 자신이 주변의 종이 된다.

한마디로 물질의 세계에서 우리가 소유물에 지배당한다면 정신적, 영적 독립은 의미가 없어진다는 말이다.

키니코스학파Cynics*는 이 같은 개념을 더욱 극단적으로 발전시켰다. 디오게네스는 통 속에서 살면서 거의 발가벗은 상태로 돌아다녔다고 한다. 우물에서 양손으로 물을 떠 마시는 어린아이의 모습을 본 디오게네스는 자신이 불필요한 소지품을 지니고 다녔다는 걸 깨닫고는 자신의 컵을 부숴버렸다.

오늘날 디오게네스와 같은 사람을 본다면 부랑자, 패배자 혹은 미친 사람이라고 손가락질 할지도 모른다. 어떻게 보면 디오게네스는 실제로 그런 존재였다. 그러나 당시 최고의 권력자였던 알렉산더 대왕과 만났을 때 사람들을 더 놀라게 만든 건 오히려 디오게네스였다. 어떤 호의라도 베풀려고 애썼던 알렉산더 대왕은 필요한 게 없는 디오게네스에게 해줄 것이 아무것도 없었고, 이미 자신의 의지대로 모든 걸 내던진 그로부터 빼앗을 것도 없었기 때문이다.

고대 로마의 풍자 시인 유베날리스Juvena는 스토아학파와 키니코스학파 간의 차이점은 셔츠 한 장뿐이라고 농담했다. 스토아학파는 키니코스학파와 다르게 옷을 입을 만큼 공공장소에서 신체 노출을 삼갈 정도의 분별력이 있다는 의미였다. 꽤 합리적인 말이다. 우리는 우리의 **모든** 소유물을 없앨 필요는 없지만 무엇을 소유하고 있는지, 왜 소유하고 있는지, 그것 없이도 생활할 수 있는지 끊임없이 자문해야 한다.

허물어진 집을 본 적이 있는가? 평생의 수입과 저축으로 마음에 꼭 들 때까지 엄청난 시간을 쏟아 정리하고 꾸미고 채워 넣은, 아주 많은 살림살이가 들어 있는 집도 결국에는 쓰레기차 두어 대 정

• 소크라테스의 제자 안티스테네스가 창설한 고대 그리스 철학의 학파로, 오로지 덕을 중요시하여 극단적 금욕주의를 주창했다.

도를 가득 채우는 파편 더미의 신세가 되고 만다. 아무리 대단한 부자들이라고 할지라도, 평생 넘치는 선물을 받은 국가 원수들이라고 할지라도 세상을 떠날 때에는 결국 쓰레기차 몇 대 정도 더 채울 수 있을 뿐이다.

그럼에도 소유물의 총 무게가 개인의 가치를 증명하기라도 하는 것처럼 끊임없이 물건을 사 들이고 수집해대는 사람이 얼마나 많은가? 모든 수집광들이 결국 자신이 모은 쓰레기에 갇히게 되는 것처럼 우리도 결국 우리의 소유물에 얽매이게 된다. 값비싼 보석을 소유하면 보험 청구서가 따라오고, 대저택을 소유하면 관리하는 직원들이 따라오며, 투자를 하면 채무와 월차손익계산서가 따라오고, 희귀한 동식물을 들여오면 그만한 책임이 따라오게 마련이다.

부자를 우리와 다른 사람들이라고 생각했던 F. 스콧 피츠제럴드는 소설에서 부자들을 자유롭고 근심 없는 인물로 묘사했다. 그러나 이는 틀린 말이다. 돈이 많을수록 문제가 많아지고 가진 게 많을수록 자유는 적어진다.

20세기 후반에 서양 군사 전략에 혁명을 일으켰던 존 보이드John Boyd는 방위산업체에서 주는 수표를 거절하고 일부러 작은 아파트에서 지내며 다른 의장과 장군들에게 충고했다. "필요한 것이 아무것도 없어질 수 있다면 그 사람은 참으로 자유로울 겁니다. 그에게서는 앗아갈 것이 아무것도 없으며 누구도 그를 해치기 위해 할 수 있는 일이 없지요." 여기에 우리는 이 말을 덧붙일 수 있다. "그리고 그 사람은 고요에 이를 수 있습니다."

채권자에게 시달리는 사람은 누구라도 자유로울 수 없다. 처칠의 삶이 입증해 보였듯이 분수에 맞지 않는 삶은 매력적이지 않다. 화려한 겉모습의 이면을 들여다보면 **진이 빠질** 뿐이다.

소유는 위험한 일이기도 하다. 자신의 소유물을 잃게 될까 봐 두려워하거나 자신의 정체성을 소유물에 얽어매는 행동은 적에게 여지를 주는 것과 같다. 그런 사람들은 스스로를 운명 앞에서 훨씬 더 나약하게 만든다.

극작가 테네시 윌리엄스^{Tennessee Williams}는 사치품을 '문 앞의 늑대'라는 말로 표현하면서 소유물 자체가 아니라 그에 대한 의존도가 문제라고 지적했다. 그러면서 스스로 할 수 있는 것들이 점점 더 줄어드는 상황, 일정 수준의 서비스 없이는 점점 더 견디지 못하는 상황을 성공의 파멸이라고 일컬었다. 소유물이 쓰레기처럼 널려 있는 것만이 문제가 아니다. 그걸 치우려면 사람을 고용해 돈까지 지불해야 한다.

'편의의 불쾌함'이라고 부를 만한 상황도 있다. 우리는 일정 정도의 편리함과 호화로움에 너무 익숙해진 나머지 그런 것들이 없는 삶은 상상도 하지 못한다. 부유함의 정도가 커질수록 우리가 '보통'이라고 느끼는 수준도 같이 높아진다. 그러나 생각해보면 불과 몇 년 전까지만 해도 우리는 이러한 풍요로움 없이도 잘 살았다. 지금보다 더 적게 먹고 작은 집에서 사는 게 큰 문제가 되지 않았다. 그러나 더 많은 것을 가지게 된 지금은 우리의 머리가 우리에게 거짓말을 하기 시작한다. **너에게는 이게 필요해. 잃어버릴 수도 있으니까 긴장**

해. 지켜내야 해. 나눠 쓰지 말란 말이야. 아주 중독성 있고 무서운 거짓말이다.

이런 이유로 철학자들이 우리에게 욕구를 줄이고 소유물을 제한하라고 늘 권하는 것이다. 수사와 사제들은 평생 가난하게 살겠다고 서약한다. 그래야 그들이 맹세한 영적 추구를 위한 여유가 더 많이 생기고 그 길을 가는 데에 방해 요소가 줄어들기 때문이다. 우리에게 이렇게까지 하라고 강요하는 사람은 아무도 없다. 그러나 우리가 더 많이 소유하고 더 많이 욕심낼수록 우리의 내면은 앞으로 나아갈 공간이 좁아지면서 아이러니하게도 고요로부터 점점 더 멀어진다.

쓰레기봉투와 상자를 들고 집 안을 돌아다니면서 사용하지 않는 것들을 버리는 일로 시작해보라. 당신의 머릿속과 신체에 더 많은 자리를 만들 수 있도록 청소하는 행동이라고 생각해보라. 스스로에게 공간을 마련해주고 머리를 쉬게 해야 한다. 화낼 일을 줄이고 싶은가? 탐욕을 줄이고 싶은가? 그렇다면 더 많이 버려라.

최고로 좋은 차는 많은 사람들의 눈길을 받는 차가 아니라 걱정을 가장 덜하게 해주는 차다. 최고의 옷은 잡지에서 뭐라고 말하든 간에 당신에게 가장 편한 동시에 쇼핑을 하는 데 가장 적은 시간이 드는 옷이다. 최고의 집은 정말 **집**에 있는 듯한 안락함을 주는 집이다. 외로움, 두통, 지위의 불안을 사기 위해 돈을 쓰지 마라.

할머니는 당신이 잃어버릴까 봐 전전긍긍하길 바라면서 그 브로치를 주신 게 아니다. 당신의 집 벽에 걸려 있는 그림을 그린 화가는 언젠가 찾아올 손님이 그 그림을 훼손할까 봐 당신이 걱정하길 바라며 그토록 열심히 그 그림을 그린 게 아니다. 또 앵귈라^{Anguilla} • 에서 보낸 아름다운 여름의 기억이 기념품 조각상에만 담겨 있는 게 아니고, 당신과 배우자와의 사랑이 결혼사진 속에만 국한되어 있는 것도 아니다. 중요한 건 경험 그 자체고 기억하는 것이다. 기억과 경험은 당신이 언제든 접근할 수 있고, 어떤 도둑이 쳐들어 와도 절대 빼앗아갈 수 없다.

인생에서 관계를 만들어나갈 여유가 없다고 말하는 사람들이 있다. 어쩌면 그 말은 틀리지 않을지도 모른다. 그렇게 말하는 이들의 내면에는 그들의 소유물이 너무 많은 자리를 차지하고 있을 것이다. 그들은 사람이 아닌 물건을 사랑하고 있는 셈이다.

사용하지도 않을 여분의 침실이 딸린 집의 대출금을 갚느라 늦게까지 맞벌이하는 탓에 서로 얼굴 볼 시간이 없는 가족? 자녀들에게 낯선 사람이 될 만큼 공연을 하러 다니면서 얻은 인기? 소위 '기술'의 집약체라면서 사용법은 익히기 힘든 골칫거리이자 하루가 멀다 하고 고장나는 골칫덩이? 우리가 항상 깨끗이 닦고 완충재를 덧대고 자랑하고 싶어하지만 오래 가지도 못하면서 값비싼 신제품?

이건 부유한 삶이 아니다. 여기에 평화는 없다.

당신은 자유롭게 태어났다. 물건으로부터 자유롭게, 짐으로부터

• 서인도 제도 카리브 해에 있는 영국령의 산호섬.

자유롭게. 그러나 처음으로 당신의 자그마한 몸의 치수를 쟀을 때부터 사람들은 당신에게 온갖 물건들을 들이밀었다. 그 이후로 당신은 소유물의 쇠사슬에 끊임없이 고리를 연결하며 살아 왔던 것이다.

행동으로 옮겨라. 당신을 뒤덮고 있는 불필요한 모든 소유물로부터 벗어나라. 필요하지 않는 것들을 치워버려라.

'자기만의 방',
고독이 필요한 시간

혼잡한 세상은 혼자 있는 행동을 외롭다고, 고독을 추구하는 행동을 변태적이라고 생각한다.

─존 그레이브John Graves, 영국의 뮤지션

레오나르도 다 빈치의 습관은 공책에 짤막한 우화를 적는 것이었다. 그가 쓴 우화 중에 돌멩이 이야기가 있다. 이 돌멩이는 분주한 시골길 근처의 꽃으로 둘러싸인 쾌적한 숲속에 있던 것인데, 그토록 평화로운 환경에 있으면서도 날이 갈수록 점점 더 안절부절못했다. "이 풀투성이 틈바구니에서 내가 뭘 하고 있는 거지? 나도 다른 돌멩이 친구들과 함께 있고 싶어."

혼자라서 불행했던 돌멩이는 어찌어찌 몸을 굴려 언덕 밑 길가로 내려갔고 그곳에서 셀 수 없이 많은 돌멩이를 만났다. 그러나 기대했던 만큼 삶이 멋지게 달라지지는 않았다. 이제 흙길에 놓인 돌멩이는 말발굽에 밟히고 마차 바퀴에, 사람들 발에 밟혔다. 또 진흙과 말의 배설물을 번갈아가며 잔뜩 뒤집어썼고 이리저리 떠밀려 굴러

다니면서 깨지기 일쑤였다. 이따금 보이는 숲속 옛집의 모습과 그곳에 두고 온 혼자만의 평화를 떠올릴 때면 안 그래도 괴로운 시간이 한층 더 고통스러워졌다.

이야기를 여기서 끝내는 데 만족할 수 없었던 레오나르도는 확실한 교훈이 담긴 문장을 하나 넣어야겠다고 생각해서 자기 자신과 우리 모두를 향해 이렇게 썼다. "고독하고 명상적인 삶을 떠나서 사람들 사이에 수많은 악마가 살고 있는 도시에서 살기를 선택하면 이런 일이 일어난다."

물론 레오나르도의 전기 작가들은 이 우화의 지은이조차 늘 이 교훈대로 살지는 않았다는 점을 지적한다. 레오나르도는 생애 대부분을 플로렌스와 밀라노, 로마와 같은 도시에서 보냈다. 분주한 화방에서 그림을 그렸고 호화로운 행사와 파티에도 자주 참석했다. 우리 대부분과 마찬가지로 직업상 어쩔 수 없는 일이기는 했지만 은퇴 후 말년에도 한적한 시골이 아닌 프랑스의 프란시스 1세의 궁전에서 여생을 보냈다.

그렇기에 고독한 시간을 함양하는 일이 더욱 더 중요해진다. 오이겐 헤리겔이 얘기한 대로 고독을 찾는 불교도들의 방법에 귀 기울여야 한다. "저 멀리 조용한 곳에서 고독을 찾지 않는다. 불교도는 자기 자신으로부터 고독을 끌어내 어디에 있든 고독을 주변으로 퍼뜨린다. 고독을 사랑하기 때문이다."

레오나르도는 〈최후의 만찬〉을 그리는 동안 아침 일찍 일어나 그의 조수나 구경꾼들보다도 먼저 수도원으로 향했다. 어마어마한 창조적 도전을 앞에 두고 침묵하며 홀로 생각을 정리하기 위해서였다. 또 그는 화방을 나서서 공책 한 권을 들고 근처를 돌아다니며 주변에서 무슨 일이 일어나고 있는지 찬찬히 들여다보면서 홀로 긴 산책을 하는 것으로 유명했다. 그는 고독과 영감을 찾아 삼촌의 농장에 가는 것도 무척 좋아했다.

다른 사람들로 가득 찬 방에서 분명하고 뚜렷하게 사고하기는 어렵다. 혼자 있는 시간 없이는 결코 스스로를 이해할 수 없다. 삶이 끊임없는 파티로 이루어져 있고 집이 공사장과 같이 어수선하다면 결코 명료하고 통찰력 있는 시각을 얻기 어렵다.

당신이 아끼고 사랑하는 사람들, 그리고 스스로와 더욱 잘 소통하려면 가끔은 관계로부터 떨어져 나와야 한다.

미국 해병대 대장과 국방부 장관 등을 역임한 제임스 매티스James Mattis는 말했다. "내게 정보화시대의 시니어 리더십의 문제점이 무엇이냐고 묻는다면 자기반성이 부족했다고 대답하겠습니다. 고독하게 있으면 곰곰이 생각할 수 있지만 그렇지 않으면 그저 주변 상황에 반응하게 될 뿐입니다. 문제가 발생하면 그때그때 반응할 게 아니라 집중하여 신중하게 의사결정을 내릴 수 있도록 고독을 유지해야 합니다."

사람들은 고독한 시간을 충분히 갖지 않기 때문에 인생에서 충분한 침묵을 누리지 못한다. 그리고 침묵을 추구하거나 함양하지 않기 때문에 충분한 고독을 누리지 못한다. 대부분 침묵 속에서 깨어나는 자기반성과 고요, 좋은 아이디어를 가로막는 악순환이라고 할 수 있다. 역사가 에드워드 기번Edward Gibbon의 말마따나 고독이 천재들의 학교라면 혼잡하고 분주한 세상은 멍청이들이 가득한 지옥이다.

우리는 보통 아침에 더 고요하다. 집 안에 폭풍이 밀려들기 전에, 전화벨이 울리기 전에, 통근이 시작되기 전에 더 고요하다. 주변이 조용할 때, 사적인 공간이 존중받을 때 우리는 순간의 의미를 더 잘 파악할 수 있다. 이 반대라고 주장할 사람이 누가 있을까? 고독하게 있을 때는 시간이 천천히 흐른다. 처음에는 그 속도를 견디기 힘들 수도 있지만 일상과 업무의 분주함을 이런 식으로라도 저지하지 않는다면 우리는 결국 제정신을 잃고 말 것이다. 미치지 않는다고 하더라도 틀림없이 중요한 것을 놓치게 될 것이다.

고독은 비단 은둔자만을 위한 게 아니다. 세상 속에서 건강하게 제 역할을 하는 사람들에게도 고독은 필요하다. 물론 고독의 전문가가 된 사람들에게 들어보면 배울 점이 한 두 가지 정도는 있겠지만 말이다.

1941년, 당시 겨우 스물여섯 살이었던 토머스 머튼Thomas Merton은 켄터키주 바즈타운에 있는 겟세마니 수도원Abbey of Gethsemani에 들어갔다. 그곳은 이후 27년 동안 다양한 형태로 계속되었던 그의 수많은 고독의 여정의 출발점이 되었다. 토마스 머튼의 고독은 나태하고 안온한 모습이 아니었다. 그보다는 자기 자신과 종교, 인간 본성에 대한 적극적인 탐구에 가까웠다. 훗날 이는 불평등이나 전쟁, 불의와 같은 심각한 사회문제를 해결하기 위한 적극적인 연구로 발전했다. 그의 아름다운 일기와 우리의 경험을 비교해보면 우리는 머튼이 신문사 혹은 심지어 대학 교정에서 시간을 보냈더라면 결코 이런 탐구를 하지 못했으리라는 사실을 짐작할 수 있다.

그는 고독이 자신의 **소명**이 되었다며 이렇게 말했다.

> 오전에 기도하고 공부하고, 오후에는 일하고 휴식하고, 땅 위에 어둠이 내려앉고 어둠과 별 사이에 침묵이 가득 차는 저녁이 되면 고요히 앉아 명상하는 일. 이것이 진실되고 특별한 소명이다. 이러한 침묵에 흠뻑 취하려는 사람, 이러한 침묵을 뼛속까지 스며들게 하려는 사람, 오로지 침묵만을 호흡하려는 사람, 침묵을 먹고 살려는 사람, 자신의 재산을 살아 숨 쉬는 침묵과 맞바꾸려는 사람은 거의 없다.

머튼의 피정보다 조금 더 모방하기 쉬운 형태를 살펴보자. 마이크로소프트의 창립자이자 자선가인 빌 게이츠는 오랜 세월 동안 일년에 두 번씩 이른바 '생각의 주'를 갖는다. 숲속 오두막에서 일주일을 보내는 것이다. 숲속에 들어감으로써 업무가 주는 일상의 방해를 물리적으로 제거해두고 그는 정말로 가만히 생각을 할 수 있게 된다.

빌 게이츠는 그곳에 혼자 있지만 외로움을 느낄 겨를은 거의 없다. 몇 시간씩 조용히 앉아 한 번에 **수백 쪽**의 문서를 읽을 때도 있다. 인쇄물로 읽을 때도 있고 계곡 방향으로 놓인 컴퓨터 모니터를 보며 읽을 때도 있다. 빅토르 위고의 초상화가 걸린 서재에서 책을 읽기도 한다. 자신의 조직에서 일하는 사람들에게 긴 편지를 쓰기도 한다. 휴식 시간이라고는 잠시에 카드게임 '브리지'를 하거나 산책을 갈 때뿐이다. 오두막에서 고독한 나날을 보내고 있을 때의 빌 게이츠는 토마스 아 켐피스^{Thomas à Kempis}*의 말을 그림으로 재현해 놓으면 이럴까 싶은 모습이다. "평화로운 곳을 찾아 도처를 헤맸으나 책 한 권 놓인 이 방구석보다 더 나은 곳이 없구나^{In omnibus requiem quaesivi, et nusquam inveni nisi in angulo cumlibro}."

빌 게이츠에게 이 시간은 우리가 생각하는 휴가가 아니다. 그는 이 일주일 동안 몇 날 며칠씩 잠도 못 자고 고된 시간을 보낸다. 복잡한 문제, 상충하는 아이디어, 정체성에 맞서는 개념들과 씨름한다. 이토록 애써야 하는 일임에도 빌 게이츠는 숲속에서 일주일을 보내고 나면 재충전되어 다시 업무에 집중하는 모습으로 나타난다. 멀리 내다보기에 할 수 있는 일이다. 그는 자신이 무엇을 우선하고 싶은지, 직원들에게 어떤 일을 맡겨야 하는지 알고 있다. 그는 숲속에서 얻은 조용한 고요를 고스란히 지닌 채 복잡한 세상으로 돌아와 사업가이자 자선가로서 다시 방향을 잡고 나아간다.

우리도 그런 심오한 일을 할 수 있도록 우리의 몸을 물리적으로 옮겨놓아야 한다. 비록 몇 시간만이라도 버지니아 울프가 말한 것

---

* 독일의 신비주의자로 거의 평생을 수도원에서 지냈다.

처럼 정적과 고독 속에서 생각할 수 있는 '자기만의 방'에 데려다놓아야 한다. 석가모니는 깨달음을 얻기 위해서 은둔했다. 세상에서 한 발짝 떨어져 나와 있던 곳을 떠나서 가만히 생각했다.

그렇다면 당신에게도 고독이 도움되지 않겠는가?

다만 이럴 시간을 만드는 게 어려운 일이다. 멀리 떠나기에는 비용도 많이 들고 우리에게는 책임져야 할 것들이 있다. 그러나 먼 곳이 아니더라도 우리가 잠시 있던 곳으로부터 떠나보는 것은 우리의 일에도 더 도움이 된다. 고독으로부터 고요를 얻고 돌아온 우리는 인내, 이해, 감사, 통찰의 형태로 그 고요를 드러내게 될 것이다.

레오나르도의 우화에 등장하는 돌멩이는 길가로 가고 싶어서 숲속의 평화로운 고독을 버렸지만 결국 후회한다. 물론 완벽한 고독을 택한 머튼도 자신의 선택을 가끔 후회했다. 그러나 그가 속세의 인간으로 사는 길을 택했더라면 더 큰 업적을 쌓을 수 있었을까? 그가 고독을 버렸더라면 더 큰 영향력을 발휘할 수 있었을까?

그러나 우리의 존재를 완벽히 동떨어지게 만들고 싶어 하거나 그렇게 할 수 있는 사람은 극히 드물며 그래서도 안 된다. 무용가 트와일라 타프는 "목적 **없는** 고독"은 창의력 살인마라고 지적한다. 심지어 머튼도 수도원장으로부터 세상 사람들과 편지와 글을 통해 소통하라는 권고를 받았으며, 나중에는 길을 떠나 더 많은 군중들과 대화를 나누었다. 수도원장이 머튼에게 그런 지시를 내린 건 켄터키 숲속 자그마한 벽돌집에 갇혀 있기에는 그가 해야 하는 일이 너무 중요했고 그가 발견한 통찰이 이 세상에 반드시 필요했기 때문이다.

숲속에서 오랜 시간을 홀로 보낸 머튼은 마침내 자기 안에 고독이 깃들어 있으며 원할 때 언제든 고독에 가까이 다가갈 수 있다는 사실을 깨닫게 되었다. 분주하지만 현명한 사람들은 우리가 찾아보기만 한다면 주머니 안에서도 고독과 고요를 발견할 수 있다는 사실을 깨달을 것이다. 무대에 올라 강연을 하기 몇 분 전 또는 회의를 시작하기 전 자리에 앉아 있는 단 몇 분. 다른 식구들이 일어나기 전의 아침 시간 또는 세상이 잠들고 난 뒤의 늦은 밤.

이러한 순간을 붙잡아보라. 그 순간을 당신의 일상 안에 넣어두고 가꾸어나가라.

일하는 인간이 아닌
존재하는 인간

말이 죽는 건 일 때문이다. 누구도 이를 잊어서는 안 된다.

— **알렉산드르 솔제니친**Aleksandr Solzhenitsyn

빅토리아 여왕과 그의 부군인 작센 코부르크 고타 왕가의 앨버트 공Prince Consort Albert of Saxe-Coburg and Gotha은 대부분의 왕족 부부와는 다른 행보를 보였다. 이 둘은 실제로 서로 사랑했고 국가 원수로서의 일을 진지하게 생각해 열심히 노력했다. 이는 매우 훌륭한 일이었지만 이 부부의 삶을 들여다보면 (열심히 일하는 것을 포함해) 그 어떤 긍정적인 요소라고 해도 지나치면 악이 된다는 말이 떠오를 수밖에 없다.

태어날 때부터 직업이 정해져 있었던 이 부부에게 '일과 생활의 균형'이라는 개념은 상상조차 불가능했다. 게다가 자기 수양과 헌신이라는 훌륭한 덕목은 훗날 두 사람에게 치명적인 영향을 미치기까지 했다.

영국 왕족과 결혼한 바이에른의 왕자 앨버트는 빅토리아와 결혼한 첫날부터 매우 열심이었다. 그는 여왕의 일상에 매우 필요했던 질서와 원칙을 만들었고 절차를 간소화하여 그동안 아내가 홀로 떠맡아야 했던 짐을 나눠 들었다. 실제로 소위 '빅토리아 특징'이라고 불리는 것들 대부분이 앨버트가 시작한 일이었다. 그는 절제력 있고 꼼꼼하고 야심차고 신중했다.

그의 열성 때문에 부부의 일정은 언제나 회의, 보고, 사교 모임으로 가득 차 있었다. 앨버트는 과한 업무 스트레스 때문에 시도 때도 없이 구토를 할 만큼 지쳐 있었으면서도 늘 바쁘게 지냈다. 그가 책임이나 기회를 결코 회피하지 않고 아내와 권력을 공유하면서 모든 부담을 짊어진 결과, 이 부부는 당시 대영 제국 군주제를 공식적, 비공식적 면에서 완전히 장악했다. 한 쌍의 일 중독자였던 두 사람은 그런 사실까지도 자랑스러워했다.

앨버트가 그의 고문에게 쓴 편지를 보면 그가 매일 몇 시간씩 독일어, 프랑스어, 영어로 된 신문을 읽었다는 걸 알 수 있다. "연관성을 잃어 잘못된 결론을 도출하지만 않는다면 아무것도 놓치지 않을 수 있습니다." 옳은 말이었다. 그렇게 하지 않으면 중요한 걸 놓칠 위험성이 높았다. 영국이 미국 남북전쟁에 휘말리지 않을 수 있었던 것도 앨버트가 지정학에 박식했던 덕분이었다.

그러나 문제는 앨버트가 훨씬 덜 중요한 사안에도 자신의 온몸을 바쳐 일했다는 사실이다. 그는 거의 6개월간 지속됐던 1851년 만국박람회에서 대영 제국의 위대함을 과시할 수 있도록 준비하기 위해 본인 인생의 수년을 소모했다. 만국박람회가 개최되기 며칠 전에 엘버트는 의붓어머니에게 이런 내용의 편지를 썼다. "살아 있다는 게 믿기지 않을 정도로 피곤합니다." 축제는 분명 아름다웠고 오래 기억에 남을 만했지만 그것과 맞바꾼 건강은 결코 회복되지 않았다.

엘버트도 윈스턴 처칠 같은 부류였던 셈인데, 다만 엘버트 부부는 중용과 재미조차 몰랐다. "트레드밀 위에서도 계속 일을 합니다. 제 인생이 그런 것 같아요." 엘버트가 말했다. 그와 빅토리아가 살아내던 지치고 반복되는 일상을 썩 잘 표현한 묘사였다. 빅토리아는 1840년부터 무려 17년 동안 아홉 명의 아이를 출산했고 그중 네 아이가 연년생으로 태어났다. 분만 중에 산모가 목숨을 잃는 일이 흔했던 시대에 키가 겨우 150센티미터였던 빅토리아가 계속해서 임신을 했던 것이다. 심지어 빅토리아는 언제든 하녀의 도움을 받을 수 있는 상황이었음에도 여왕의 임무 외에 어마어마한 가사 노동까지 오롯이 홀로 견뎌냈다. 사람들은 빅토리아가 사망한 뒤에야 그녀가 생전에 자궁탈출증과 탈장 때문에 상상하기 어려울 정도의 통증을 견뎌야했을 것이라는 사실을 알게 되었다.

당시에는 왕위를 이어받을 왕자가 필요하므로 자식을 많이 낳는다는 게 잘못된 건 아니었지만 이 부부는 그 문제에 결정권을 가지고 있다는 생각을 전혀 하지 못했던 것으로 보인다. 엘버트는 자신의 형에게 이런 편지를 써 보냈다. "인간은 짐을 나르는 짐승입니다. 끌고 갈 짐이 있어야만, 그리고 자유의지가 없다시피 해야만 행복합니다. 하루하루 인생의 경험이 쌓일수록 이게 진리라는 게 뚜렷이 보입니다." 그 결과 앨버트와 빅토리아는 특권이나 안정, 자유와는 거리가 먼 존재가 되었다. 마치 숨 막히는 속도로 돌고 도는 의무의 고리 속에 갇히기를 자처한 것 같았다.

이 부부의 결혼생활이 끝까지 유지됐다는 것은 그만큼 서로를 아끼고 사랑했다는 증거이기도 하다. 적어도 빅토리아는 남편이 이토록 많은 일을 하는 게 심신에 해로운 영향을 미친다는 사실을 인식하고 있었다. '일을 향한 지나친 사랑'이 부부 관계에 미치는 영향에 관해 글을 쓰기도 했고, 남편의 건강이 날로 악화되고 있다는 걸 눈치채기도 했다. 온 정신을 다해 앞만 보고 달렸던 앨버트는 일을 하느라 밤잠을 이루지 못했고 복통에 시달렸으며 피부는 축 늘어졌다.

그러나 앨버트는 이 같은 경고 신호를 귀 기울여 듣기는커녕 계속 몸을 혹사해가며 더 열심히 일했다. 그러나 그 모든 것이 1861년에 갑작스럽게 끝났다. 그는 모든 기력이 쇠진하여 지리멸렬의 상태에 빠져버렸고 12월 14일 오전 10시 50분, 마지막으로 숨을 세 번 내쉰 뒤 영영 눈을 감았다. 원인은? 극심한 스트레스로 악화한 크론병이었다. 그는 정말 말 그대로 **뼈 빠지게** 일했던 것이다. 한국에서는 이를 **과로사**라고 부른다. 현대 의학이 이러한 비극으로부터 우리를 구해주리라고 믿는다면 큰 오산이다.

이게 당신이 원하는 모습인가? 끝없이 짐을 싣다 결국 쓰러져 죽은 뒤에도 여전히 마구를 차고 있는 말의 모습? 이게 당신이 이 지구에 온 이유일까?

기억해야 한다. 엘리트 선수들이 부상을 입는 주요 원인은 발에 걸려 넘어지는 게 아니다. 충돌 사고도 아니다. 주 원인은 바로 과용이다. 투수와 쿼터백은 그들의 팔을 내던지고 농구 선수들은 무릎을 날린다. 다른 선수들도 끝없는 연습과 압박감에 지쳐간다. 마이클 펠프스는 너무 지친 나머지 조급하게 선수 생활을 그만뒀다. 수많은 금메달을 목에 걸고도 다시는 수영장에 들어가고 싶지 않았다. 그렇다고 그를 비난할 수도 없다. 기록을 단축하기 위해 온전한 정신, 건강, 매초의 시간을 포함해 자신의 모든 것을 쏟아 부은 사람이기 때문이다.

한편, 아마도 역대 가장 위대한 마라톤 선수로 기억될 엘리우드 킵초게Eliud Kipchoge는 **무리**하지 않도록 적극적으로 조치를 취했다. 그는 일 년에 몇 번 없는 경주를 위해 힘을 아끼려고 연습할 때에는 일부러 전력을 다하지 않는다. 선수로서의 수명과 온전한 정신을 지속적으로 유지할 수 있도록 자기 능력의 80퍼센트, 혹은 90퍼센트만 할애해 연습하기를 선호한다. 2012년에 은퇴를 선언했던 마이클 펠프스는 훗날 다시 수영장으로 복귀했다. 그가 훈련의 의미를 재고하고 이전보다 더 균형 있게 훈련할 마음의 준비가 되어 있었기 때문에 가능한 일이었다.

인생은 단거리 경주보다 마라톤에 가깝다. 어떻게 보면 이는 자신감과 에고의 차이이기도 하다. 필요할 때 쓸 에너지를 비축해뒀다고 할 수 있을 만큼 당신 자신과 당신의 능력을 신뢰하는가? 인생이라는 아주 긴 경주에서 승리하려면 반드시 필요한 내면의 평화와 고요를 끝까지 지켜낼 자신이 있는가?

나치가 아우슈비츠 정문에 걸어놓았던 문구는 순전히 악의적인 거짓말이었다. **"노동이 그대를 자유케 하리라** Arbeit machtfrei."* 러시아에 이보다 훨씬 더 적절한 속담이 있다. "노동은 그저 당신의 허리를 굽게 만들 뿐이다."

인간은 짐을 나르는 짐승이 아니다. 물론 우리에게는 국가와 동료를 지키고 가족을 부양해야 할 중요한 의무가 있다. 또 우리 중에는 엄청나게 비상한 재주와 재능을 타고나서 자신을 위해서나 이 세계를 위해서나 자신의 재능을 드러내 발휘해야 할 사람들도 많다. 그러나 우리가 스스로를 돌보지 않거나 한계점에 다다를 때까지 죽을힘을 다해 일한다면 누구도 결코 그런 일을 해낼 수 없다.

미국에는 철도 노동자 존 헨리John Henry에 관한 설화가 있다. 그러나 이 이야기의 교훈은 좀처럼 사람들의 공감을 얻지 못하는 것 같다. 존 헨리는 시추기에 도전장을 내밀고 순전한 힘과 초인적인 의지를 발휘해 대결에서 이긴다. 가슴을 울리는 멋진 이야기가 아닌가? 그가 마지막에 죽는 부분만 뺀다면 말이다. 심지어 그는 지쳐서 죽었다. 조지 오웰은 말했다. "실생활에서 망치를 끊는 건 언제나 모루다."

---

* 역설적이게도 제2차 세계대전이 끝나갈 무렵 히틀러는 극도의 과로로 섬망에 빠졌다. 이 사실을 고려하면 정말 조금도 가치 없는 말이다.

노동은 결코 당신을 자유롭게 하지 않는다. 조심하지 않는다면 오히려 당신을 죽일 수도 있다.

앨버트 경의 자녀들은 아버지와 조금 더 오래 함께 할 수 있다면 만국박람회가 조금 덜 흥미롭더라도 기꺼이 받아들였을 것이며, 이는 빅토리아 여왕과 영국 국민들도 마찬가지였을 것이다.

당신이 지금 만사를 제쳐놓고 당장 답장을 보내야 한다고 생각하는 그 이메일은 사실 그렇게 긴급하지 않다. 서둘러 시나리오를 쓸 필요가 전혀 없다. 아니, 그 다음 것을 쓰기 전에 잠시 쉬어도 무방하다. 당신에게 밤에 사무실에 남아 야근하라고 요구하고 있는 사람은 사실 당신 자신뿐이다. "하지 않겠습니다"라고 말해도 괜찮다. 지금 울리는 전화나 갑작스럽게 떠넘겨진 출장 일정에 구태여 손을 뻗지 않아도 된다.

기력을 다한 사람들은 올바른 결정을 내리지 못한다. 완전히 지쳐버린 상황에서 그 어떤 내면 생활을 온전히 할 수 있으며 그 어떤 사고를 제대로 할 수 있겠는가? 결국 악순환이다. 휴식을 취해야 할 때, 반사적으로 알겠다고 대답하기보다 의식적으로 아니라고 대답해야 할 때 문제를 해결하겠다고 오히려 더 많이 일하는 사람들이 태반이다. 그러다 보면 숨 쉴 틈조차 없어지고 인내심도 바닥나기 때문에 결국 주변의 좋은 사람들을 밀어내게 되고 끝내 그 관계를 아예 잃게 된다.

컨트리 가수 로버트 얼 킨Robert Earl Keen의 〈현관 포치에서 부르는 노래Front Porch Song〉에 등장하는 '일이 끝나지 않는' 황소가 되고 싶은가? 과정의 즐거움을 잃어버린 예술가, 써먹을 게 아무것도 남아 있지 않을 정도로 영혼을 소진해버린 예술가가 되고 싶은가? "불타 없어지거나 천천히 사라지거나.Burn out or fade away" 가수 커트 코베인Kurt Cobain의 유언장에 적혀 있던 말이다. 어째서 이게 딜레마가 될 수 있다는 말인가?

'인간'을 두고 일하는 인간Human doing이 아니라 **존재하는** 인간 human being이라고 하는 데에는 모두 이유가 있다.

중용을 지켜라. 현재에 집중하라. 자신의 한계를 알라.

이게 열쇠다. 우리 각자에게 주어진 몸은 선물이다.

몸이 쓰러져 죽도록 일하지 마라. 불태우지 마라.

당신이 받은 선물을 보호하라.

아메리칸 어패럴은
왜 무너졌을까?

말해야 할 때가 있고 자야할 때가 있다.
—호메로스, 《오디세이아》

수십억 달러의 가치가 있었던 아메리칸 어패럴American Apparel이 실패한 데에는 여러 가지 이유가 있다. 아메리칸 어패럴은 돈을 너무 많이 빌려 썼고 유독한 직장 문화를 가지고 있었다. 소송에 휘말렸고 지나치게 많은 매장을 열었다. 이는 2014년 회사가 해체되던 당시 수차례 기사화된 내용이다.

그러나 외부에서 바라보는 사람들 대부분은 이 회사가 실패한 한 가지 원인, 1만 명 이상이 직장을 잃고 한때 7억 달러의 연매출을 올렸던 회사가 사라져버린 주된 이유를 간과했다. 나는 그 안에서 직접 보고 겪었으므로 누구보다 잘 알고 있다.

도브 차니Dov Charney가 아메리칸 어패럴을 설립했을 때 사람들은 그가 정말로 다가가기 편한 상사가 될 거라고 기대했다. 코딱지만 하던 회사가 글로벌 소매업체로 성장하여 세계에서 손꼽히는 규모의 의류 제조업체가 되자, 차니는 직원들에게 친근한 상사가 되어야 한다는 강박에 점점 더 사로잡혔다. 이는 사실 사업의 모든 분야에 자신이 중심이 돼야 한다는 생각으로 에고가 부풀어 오른 탓이었다.

그야말로 '오픈도어 정책'이 시작됐다. 비단 사무실 문만 열려 있는 게 아니었다. 전화도 이메일도 모두 열려 있었다. 차니는 소매 재봉사부터 영업사원, 사진작가에 이르기까지 직급이나 직무에 관계없이 직원들 중 누구든 문제가 생기면 자신을 찾아오라고 했다. 이게 다가 아니다. 숱하게 겪었던 광고 위기* 중 한 번은 기자든 고객이든 할 말이 있으면 자신에게 직접 연락하라며 온라인에 자신의 전화번호를 게시하기도 했다.

초반에는 이 정책이 경영에 도움이 됐다. 차니는 회사에서 무슨 일이 일어나고 있는지 잘 숙지하고 있었고, 관료주의 때문에 직원들이 교착상태에 빠지는 일이 없도록 미리 손을 썼으며, 관료주의 자체가 뿌리내리지 않도록 대비했다. 그러나 이러한 이점이 긍정적으로 확대될수록 그가 치러야하는 대가도 점점 더 커져갔다.

갑작스럽게 20개국에 250개의 점포를 연 회사에 무슨 일이 생길지 상상해보라. 2012년 무렵, 차니는 하루 수면 시간이 정말 얼마

• 아메리칸 어패럴은 선정적인 광고로 여러 번 위기를 맞았다.

되지 않았고 2014년 무렵에는 잠을 거의 자지 않았다. 왜 그럴 수밖에 없었을까? 항상 누군가는 문제를 겪고 있었기 때문이다. **시차가 큰 어딘가에서 문제를 겪는 직원**이 '오픈도어 정책'을 활용하여 그를 잡아두었다. 더불어 시간이 지날수록 나이가 드는 신체도 그를 전혀 도와주지 않았다.

회사가 비극적인 실패를 맞을 수밖에 없었던 주요 근본 원인은 바로 CEO의 극도로 누적된 수면 부족이었다. 인간이 20시간 가량 수면을 취하지 않은 채 활동을 계속하면 마치 술에 취한 것처럼 인지능력이 떨어진다는 연구 결과가 있다. 뇌가 느리게 반응하고 판단력이 심각하게 손상된다는 의미다.

2014년, 물류센터 간에 문제가 생겼을 때 차니는 주문 처리와 배송을 담당하는 창고의 작은 사무실에 샤워실과 간이침대를 설치해 그리로 들어갔다. 차니 자신과 그를 따르는 충성파들은 이 행동을 회사를 향한 대단한 헌신의 증거로 해석했다. 그러나 사실 애초에 문제가 생긴 것 자체가 그의 잘못된 판단 때문이었으며, 그 이후 끊임없이 현장에 나타나 세세한 부분까지 통제하려드는 그의 행동은 그가 뜬 눈으로 버틴 시간이 길어질수록 더 별나졌고 문제를 더욱 더 악화시켰다.

차니는 직원들이 보는 앞에서 정신을 잃어갔다. 면도를 하지 않아 얼굴에 수염이 덥수룩했고 눈동자는 흐릿했다. 일단 화가 나면 기본적인 판단을 내리지도 예의를 차리지도 못하는 상태가 되었다. 불과 몇 분 전에 내린 지시와 전혀 모순되는 지시를 내리는 그의 모습을 보고 있으면 파멸을 향해 기를 쓰고 달리는 사람 같았다. 그러나 여전히 그가 상사였으므로 다른 직원들이 할 수 있는 일은 아무것도 없었다.

결국 회사의 연락을 받은 그의 **어머니**가 그를 집으로 데려갔고, 너무 늦기 전에 몸을 잘 보살피라며 아들을 잘 타일렀다. 그러나 되돌리기에는 이미 늦은 뒤였다. 차니는 자신이 사용하던 사무실로 돌아오고 난 뒤에도 직원들에게 밤늦게, 아주 늦게 전화를 걸어 졸릴 때까지 다정한 목소리로 업무 이야기를 계속했다. 지쳐 쓰러지는 것만이 잠들 수 있는 유일한 방법이었기 때문이다.

창고에서의 일이 있은 지 몇 달이 채 지나지 않아서 도브 차니는 회사에서의 지위를 상실할 위기에 놓였다. 자금 조달 조건을 받아들였다가는 자칫 회사가 넘어갈 판국이었는데 그런 결과를 전혀 예상하지 못하고 조건에 동의했던 것이다. 이사회 앞에 앉아 있던 그는 연거푸 인스턴트 커피 분말 포장지를 뜯어 찬물에 타 섞어댔다. 깨어 있기 위해서는 카페인을 지속적으로 주입해야 했다. 그리고 회의장을 나설 때 그는 이미 직장을 잃은 상태였다.

그가 소유하고 있던 지분은 몇 달 만에 종잇장이 되었다. 투자자들과 빚 수금 대행업자들이 회사의 파산 상태를 샅샅이 검토해 거의 아무것도 남기지 않고 싹 쓸어가버렸다. 이제 그는 헤지펀드에 2000만 달러의 빚까지 지고 있어서 변호사를 선임할 여유조차 없었다.

몰락한 자가 걷는 비교적 흔한 노선이라고 할 수 있다. 과로한 사람은 위기를 만들고 더욱 열심히 일해서 그 위기를 해결하려고 애쓴다. 녹초가 되어 제 갈 길을 잃은 정신 때문에 실수에 실수를 거듭한다. 더 열심히 노력할수록 더 안 좋은 결과를 초래한다. 그러면서 아무도 자신의 희생을 알아주지 않는다며 점점 더 분노한다.

이런 말을 하며 죽음을 재촉하는 사람들이 있다. "죽으면 실컷 잘 텐데요." 이런 사람들은 몇 시간 더 일하겠다고 자신의 건강을 내놓는 셈이다. 긴급해 보이는 일시적 위기를 해결하겠다고 자신의 비즈니스 혹은 직장 생활의 장기적 생존 능력을 내주는 것에 지나지 않는다.

잠을 사치로 생각한다면 바쁠 때 1순위로 버리는 게 잠이 될 것이다. 모든 일을 끝내야만 잘 수 있다고 생각한다면 당신의 업무와 타인이 끊임없이 당신의 개인 영역을 침범하게 될 것이고, 그렇게 되면 당신은 기계처럼 혹사당하다가 결국 지쳐 쓰러지고 말 것이다. 사람들이 관리는 하지도 않으면서 늘 작동할 거라고 생각하는 기계처럼 말이다.

쇼펜하우어는 "수면은 건강과 에너지의 원천이다"라고 말했다. 또 더 좋은 표현으로 잠을 비유하기도 했다. "수면은 죽음이라는 원금에 대해 우리가 지불해야 하는 이자다. 더 규칙적으로 더 높은 이율을 지불한다면 원금 상환일은 멀어진다."

허핑턴포스트 미디어그룹의 회장이자 편집장인 아리아나 허핑턴Arianna Huffington은 몇 년 전 찌릿한 두통으로 눈을 떴을 때 피투성이가 된 채 욕실 바닥 누워 있었다. 피로로 의식을 잃고 쓰러져 광

대뼈가 부서진 채였다. 당시 같은 아파트에 있었던 여동생은 언니의 몸이 타일에 부딪힐 때 정말 끔찍한 소리가 났다고 회상했다. 그 일은 두 자매에게 문자 그대로 경종을 울렸다. 이렇게는 살 수 없었다. 화상 회의를 추가로 진행하고 중요한 사람을 만나느라 잠까지 포기한 채 뼈 빠지게 일에만 매달리는 삶에는 매력이 없다.

이건 성공이 아니라 고문이다. 누구도 이런 생활을 오래 견딜 수 없다. 나아가 당신의 몸이 살기 위해 고투하는 상황이라면, 비축해 둔 에너지를 기본적인 신체 기능을 위해 끌어다 써야 하는 상황이라면 당신의 정신과 영혼은 평화를 얻을 수 없다. 행복? 고요? 고독 혹은 주변의 아름다움에 흠뻑 취하기? 과로하고 지친 어리석은 사람들에게는 먼 나라의 얘기일 뿐이다.

에너지 음료 여섯 캔을 마셔가며 눈에 핏발이 서도록 일하는 엔지니어에게는 고요를 얻을 기회가 주어지지 않는다. 아직도 대학생인 양 꾸준히 파티를 즐기는 졸업생도 마찬가지다. 형편없이 일정을 짜놓고서 사흘 동안 밤을 새워 벼락치기로 책을 다 쓰겠다고 다짐하는 작가도 마찬가지다. 2017년에 진행된 연구에서는 수면이 부족하면 부정적인 생각이 반복적으로 떠오르는 횟수가 늘어난다는 결과가 나왔다. 몸을 혹사하면 결국 정신도 무너진다.

수면은 우리 일의 또 다른 한 부분이며 일을 하기 위해 에너지를 저장하는 내부 배터리를 충전하는 과정이다. 명상적인 활동이자 고요이며 스위치를 **내리는** 시간이다. 수면이 생물학적으로 설계되어 있는 데에는 다 이유가 있다.

일, 관계, 우리 자신을 위해 쓸 수 있는 에너지는 한정되어 있다. 지혜로운 사람은 이 사실을 받아들이고 주어진 에너지를 신중히 활용한다. 잠을 자야만 최고의 정신 상태를 유지할 수 있기 때문에 위대한 사람들은 잠을 소중히 여긴다. 그들은 '노'라고 말한다. 한계에 부딪히면 잠자리에 든다. 수면 부족이 판단력을 훼손하는 일을 허락하지 않는다. 잠을 자지 않고도 제 기능을 하는 사람이 존재한다는 걸 그들도 알고 있지만 충분히 현명하고 자기 인식을 잘 하고 있는 그들은 누구든 휴식을 충분히 취할 때 더 큰 역량을 발휘할 수 있다는 사실도 잘 알고 있다.

1만 시간의 법칙을 연구한 안데르스 에릭슨Anders Ericsson은 매일 밤 평균 8시간 30분을 자고 거의 매일 낮잠을 잔다는 바이올린 연주의 대가를 찾았다. 에릭슨에 따르면 위대한 연주자들은 그렇지 않은 연주자들보다 낮잠을 **더 많이** 잔다고 한다.

하쿠인 선사가 〈쇼코의 기록The Records of Old Sokko〉이라는 서사시에 대한 설법을 어떻게 준비했을까? 잠을 잤다. 그것도 아주 많이. 그의 제자 하나가 "스승님의 코 고는 소리가 마치 천둥치듯 집 안 전체에 울립니다"라고 말했을 정도로 아주 오랫동안 깊이 잤다. 그는 한 달이 넘도록 이런 식으로 잠을 잤고 이따금 찾아오는 방문자를 만날 때만 잠깐씩 깨어있을 뿐이었다. 그럴 때를 제외하고는 늘 바닥에 엎드려 행복하고 평화로운 잠에 깊이 빠져 있었다.

수면의 힘을 아직 이해하지 못했던 시종들은 그를 걱정하기 시작했다. 설법을 전해야 할 날이 빠르게 다가오고 있었다. 스승님은 과연 이 일을 진지하게 생각하고 계신 걸까? 아니면 몇 날 며칠을 그저 잠으로 허비하실 생각인 걸까? 시종들은 아직 시간이 있을 때 연습을 시작하자고 사정사정했지만 선사는 몸을 굴려가며 계속 잘 뿐이었다. 마침내 날짜가 코앞까지 다가왔을 때에야 그는 전혀 급한 기색 없이 일어나서는 반듯이 앉아 시종들을 불러 모은 뒤에 완벽히 뚜렷한 정신으로 설법을 시작했다.

빠진 것이 아무것도 없는 아주 훌륭한 설법이었다.

몸을 보살피는 정신이 휴식한 덕분이었다. 그는 푹 잘 수 있는 건강한 영혼의 소유자였다.

평화를 원한다면 할 일은 하나뿐이다. 최고의 역량을 발휘하고 싶다면 할 일은 하나뿐이다.

충분한 잠을 취해야 한다.

나 자신을 위한
성취와 즐거움

문제는 여가 시간을 어떤 활동으로 채우느냐이다.
―아리스토텔레스

윈스턴 처칠 이전에 네 차례나 영국의 총리를 지낸 윌리엄 글래드스턴William Gladstone은 독특한 취미를 갖고 있었다. 집 근처 숲으로 가서 나무를 베는 일이었다.

1876년 1월에는 둘레가 거의 5미터에 달하는 느릅나무를 베느라 꼬박 이틀을 숲에서 보냈을 정도다. 글래드스턴의 일기장을 보면 그가 도끼를 챙겨 산으로 향한 총 횟수가 1000번이 넘는다는 것과, 종종 나들이 삼아 가족들을 데리고 숲에 가기도 했다는 걸 알 수 있다. 또 일기장에는 나무를 베는 과정 자체가 너무 힘들어서 다음 도끼질을 어디에 해야 할지 외에 다른 생각을 할 겨를이 일절 없었다고도 쓰여 있다.

처칠의 아버지를 포함한 많은 비평가가 글래스턴의 취미를 파괴적이라고 비난했지만 사실 전혀 그렇지 않았다. 죽은 나무나 썩어가는 나무를 베어내는 일이 사소하지만 중요한 봉사라고 믿었던 글래드스턴은 평생에 걸쳐 수백 그루의 나무를 베고 수많은 나무를 심어가며 집 근처에 있는 숲을 적극적으로 보호했다. 일부 비평가들이 한 떡갈나무를 특정하며 무슨 이유로 그 나무를 베었느냐고 물었을 때 그는 정치와 마찬가지로(이 농담을 하자마자 갈채를 받았다) 숲속의 썩은 멤버들을 제거해야 다른 좋은 나무들이 햇빛과 공기를 충분히 받을 수 있게 된다고 설명했다. 그의 딸들도 아버지가 베어낸 나무를 자르고 조각내어 기념품으로 만들어 팔았고 수익을 자선기금으로 기부하기도 했다.

그러나 무엇보다도 글래드스턴의 그 같은 활동은 정치와 일상의 스트레스로 지친 정신을 쉬게 하는 방법이었다. 1880년부터 1890년 초까지 마지막 세 번의 임기를 보내는 동안 글래드스턴은 숲에서 300그루 이상의 나무를 검사하고 베어냈다. 물론 그가 휴식을 취하거나 현재에 집중하는 데 사용했던 도구가 도끼 하나뿐이었던 건 아니다. 그는 나이가 들어서까지 격렬한 하이킹과 등산을 즐겼다고 전해진다. 또한 나무 베기 외에 한 가지 취미가 유일하게 일기에 등장했는데 바로 독서로, 생전에 그는 약 2만 5000권의 책을 수집하고 읽었다. 이러한 활동은 정치 생활에서 받는 압박감을 덜어줄 뿐만 아니라 노력하면 언제나 보답을 받는 일이었으며 상대편이 방해할 수도 없는 일이었다.

스트레스를 털어낼 이런 창구가 없었더라면 그가 좋은 지도자가 될 수 있었을까? 끈질김, 인내, 최선을 다하는 노력, 가속도와 중력의 중요성 등 숲에서 깨달은 교훈이 없었더라면 과연 그가 그토록 오랫동안 대의를 위해 싸울 수 있었을까?

그럴 수 없었을 것이다.

'여가 활동'이라는 단어를 들으면 빈둥거리며 아무것도 안 하는 모습을 떠올리기가 쉽다. 그러나 그리스에서는 이를 **스콜레**scholé, 즉 배움으로 간주한다. 역사적으로 여가는 생존을 위하여 노동으로부터 짧게 취하는 자유, 지적 또는 창조적 목적을 추구하기 **위한** 자유라는 의미를 갖는다. 결국 여가 활동은 배우고 익히고 더 높은 차원의 것을 추구하는 활동이라는 말이다.

사회가 발전하고 육체노동은 줄어들었지만 정신적으로나 영적으로는 훨씬 더 피곤한 사회가 되면서 독서부터 목공예에 이르기까지 다양한 활동이 취미의 범주에 포함되었다. 예를 들어 예수는 제자들과 함께 낚시를 하며 물가에서 휴식을 취했다. 세네카는 소크라테스가 아이들과 노는 것을 얼마나 좋아했는지, 로마의 장군 카토Cato가 와인을 마시며 쉬는 것을 얼마나 좋아했는지, 스키피오Scipio가 음악에 얼마나 열정적이었는지에 관해 글을 쓰기도 했다. 오늘날 우리가 이 사실을 접할 수 있는 까닭 또한 세네카가 정치와 관련된 일을 잊을 수 있도록 즐겼던 여가 활동이 바로 친구들에게 철학적인 편지를 쓰는 것이었던 덕분이다. 존 케이지가 고른 취미는 버섯 따기였다. 그는 숲속을 터벅터벅 걷노라면 마음이 열리고 "누군가의 머릿속으로 새처럼 날아들 수 있는" 아이디어가 떠오른다고 했다. 프레드 로저스는 수영을 했다. 아빌리의 성 테레사^{Saint Teresa of Ávila}와 아프리카계 미국인 여성 최초의 우주비행사가 된 마에 캐럴 제미슨^{Mae Carol Jemison}은 춤추기를 좋아했다. 시몬 볼리바르 역시 춤이 국가의 정세와 혁명의 부담 사이에 균형을 맞춰주는 유익한 방법이라고 생각했다. 작가 데이비드 세다리스^{David Sedaris}는 영국 외곽에 있는 집 근처 시골길을 몇 시간씩 걸으며 쓰레기 줍는 일을 즐겼다. 기타리스트 존 그레이브스는 텍사스 힐 컨트리에 있는 목장을 가꾸고 울타리를 고치고, 소를 키우고 땅을 경작하는 데 몰두했다. 미국 대통령이었던 허버트 후버^{Herbert Hoover}는 낚시를 굉장히 좋아해서 《취미로 낚시하기: 그리고 영혼을 깨끗하게 씻어내기》라는 제목의 책까지 집필했다.

꽃꽂이나 서예, 시작^{詩作}과 같은 활동은 일본의 장군이나 무사들 사이에서 오랫동안 인기를 끌었다. 그 같은 활동에는 힘과 온화함, 고요와 공격 등 서로 상반되는 성질이 쌍을 이루며 공존한다. NBA 챔피언 크리스 보쉬^{Chris Bosh}는 독학으로 코딩을 익혔고 아인슈타인은 바이올린을, 피타고라스는 고대 그리스의 발현악기인 리라^{lyre}를 연주했다. 존스 홉킨스 의과대학을 설립한 윌리엄 오슬러^{William Osler}는 의사의 꿈을 꾸는 의대생들에게 화학이나 해부학이 정신을 갉아먹을 때를 위해 "마음에 위안을 주는 데 가장 뛰어난 사람, 셰익스피어로부터 평화를 얻어라"라고 조언했다.

독서, 권투, 우표 수집 등 뭐든 좋다. 취미 활동을 통해 긴장을 풀고 평화를 찾으라. 독일의 철학자 요제프 피퍼^{Josef Pieper}는 여가에 관한 글에서 "'한가하게 있는' 능력은 인간의 영혼이 지니고 있는 기본적인 힘"이라고 했다. 흥미로운 사실이다. 놀랍게도 영혼을 재충전하고 강화하는 것은 육체적 상태, 그러니까 육체적 **활동**이다. 여가 활동은 단지 외적 명분이 없을 뿐 행위의 부재가 아니라 행위 그 **자체다.** 보수를 받기 위해서 또는 사람들을 감동시키기 위해서 여가 생활을 할 수는 없기 때문이다.

여가 활동은 당신 자신을 **위해서** 하는 일이다.

좋은 소식은 무엇이든 여가 활동이 될 수 있다는 사실이다. 나무를 베는 일이나 다른 언어를 배우는 일이나 낡은 차를 복원하는 일이나 시를 쓰는 일, 뜨개질이나 캠핑, 마라톤, 승마, 금속 탐지기를 들고 해변을 거니는 것조차도 여가 활동이 될 수 있다. 처칠이 그랬던 것처럼 그림을 그리거나 벽돌을 쌓는 일도 마찬가지다.

피퍼는 이 같은 행위가 잠자리에 들기 전에 하는 기도와 같다고 말했다. 다만 여가 활동이 당신의 직업적 성장을 도와줄 수 있는 것처럼 자기 전에 기도를 하면 잠이 더 잘 올 수야 있겠지만 그것이 삶의 중심이 돼서는 안 된다.

격렬한 운동을 하면 마음이 편해진다는 사람들이 꽤 많다. 물론 운동을 하면 직장에서 더 강한 사람이 될 수 있겠지만 그들이 단지 그 이유 때문에 운동을 하는 건 아니다. 그들에게 운동이란 몸을 움직이며 신체적 한계를 극복하기 위해 정신적으로 노력하는 명상과 같은 것이다. 긴 시간 수영의 반복, 무거운 역기를 들어 올리는 도전, 숨 가쁜 전력 질주 등은 고통을 수반하는 동시에 정신이 깨끗해지는 경험을 하게 해준다. 땀이 나기 직전 우리의 영혼과 마음속 깊은 곳으로부터 스트레스를 끌어내 몸 밖으로 밀어내고 있다는 게 느껴질 때의 기분은 정말 굉장하다.

순자가 말했다. "어떤 행동이 몸을 피곤하게 하지만 마음을 편안하게 한다면 그 일을 하라." 동양 철학자들이 무술을, 서양 철학자들이 주로 레슬링이나 권투를 훈련했던 데에는 이유가 있다. 이런 무술은 결코 쉬운 운동이 아니기 때문에 훈련 중에 현재에 집중하지 않으면 곧장 상대에게 당하게 마련이다.

요점은 단순히 시간을 때우거나 정신을 산만하게 만드는 게 아니라는 것이다. 우리에게 도전의식과 정신적 편안함을 동시에 주는 활동을 추구해야 한다. 제자들은 공자가 여가 시간에 "침착하면서 완전히 편안하게" 있는 모습을 관찰했다. 바로 이거다. 여가 활동은 그저 다른 맥락에서 고요를 연습하고 실현하는 기회인 것이다.

로마의 시인 오비디우스는 "우리는 여가 활동을 통해 우리가 어떤 사람인지 드러낸다"라고 말했다.

퍼즐 맞추기, 기타 배우기, 조용한 아침에 수렵용 막사에 들어가 앉아 있기, 사슴이 나타나길 기다리며 소총이나 활을 안정되게 잡고 있기, 노숙자 쉼터에서 수프 배식하기 등, 이런 활동을 할 때 우리의 몸은 바쁘지만 정신과 영혼은 활짝 열린다.

물론 이러한 활동은 자칫 도피처가 되기 쉬운데 그렇게 되는 즉시 이것은 더 이상 여가 활동이 아니게 된다. 우리를 편안하게 만드는 무엇인가가 강제성을 띠게 된다면 그것 역시 더 이상 우리가 **선**

택한 게 아니기 때문에 여가를 위한 것이라고 할 수 없다.

그 안에는 고요가 존재하지 않는다.

여가를 즐길 때 우리는 스스로에게 몰두하고 현재에 집중한다. 우리 자신, 낚싯대, 물속으로 들어가는 낚싯줄 소리만 존재할 뿐이다. 우리 자신, 그리고 기다림, 통제하려던 마음을 내려놓는 일만 존재한다. 우리 자신, 그리고 지금 배우고 있는 언어를 적은 낱말 카드만 존재한다. 이때 우리에게 필요한 것은 미숙한 초보자의 겸손과 그 과정을 믿는 자신감 뿐이다.

우리에게 이 일을 시킨 사람은 아무도 없다. 너무 힘들면 그만둬도 된다. 설사 잘 안 될까 봐 두려워서 자신을 속이며 원칙을 무시한다고 해도 뭐라고 할 사람도 없다. 돈이 걸려 있어서 우리를 자극하는 것도 아니고 보상이나 시험이 있는 것도 아니다. 그저 경험하는 게 전부일 뿐이다. 여가 활동을 제대로 잘 하는 것, 현재에 집중하고 마음을 열고 덕 있는 행동을 하고 사람들과 어울리는 일은 생각보다 쉽지 않다. 여가 활동이 일이 되거나 다른 영역, 다른 사람을 지배하도록 내버려둬서는 안 된다.

우리는 우리의 규율과 중용을 반드시 지키며 절제해야 한다. 인생은 균형에 관한 것이지 여기저기로 널뛰는 게 아니다. 너무 많은 사람들이 텔레비전을 보다가, 음식을 먹다가, 비디오 게임을 하다가, 뒹굴거리며 왜 이렇게 지루한지 모르겠다고 푸념하다가 또 일하기를 반복한다. 인생이 혼란스러우면 휴가를 계획하는 일도 혼란스러워진다. 캔버스 앞에 홀로 앉아 있기? 독서 모임? 오후 내내 자전거 타기? 나무 베기? 누가 그럴 시간이 있느냐고?

처칠에게 시간이 있었고 글래드스턴에게 시간이 있었다면 당신에게도 분명 시간이 있지 않겠는가?

내가 손을 떼고 있으면 업무에 막대한 지장이 생기지 않을까?

세네카는 우리가 일에 관해서라면 결과가 불확실한 상황에도 두 발 벗고 나서서 위험을 감수하면서도 여가를 위해서는 단 1분조차 위험을 감수하길 두려워한다고 지적했다. 한가하게 있는 것에 죄책감을 느낄 필요가 없다. 여가 활동은 분별없는 행동이 아니라 일종의 투자다. 목적 없는 추구에 자양분이 있다. 바로 그게 목적**이다.**

여가는 우리가 하는 일에 대한 보상이기도 하다. 이상적인 "르네상스 맨●"의 모습을 떠올려보라고 하면 우리는 활동적이고 바쁜 생활을 하고 있으면서도 동시에 무엇인가를 성취하고 균형 잡힌 사람을 떠올릴 것이다. 자기 자신에 관해 알아간다는 것은 기분 좋은 성공이다. 더 높은 것을 추구하며 성취감과 즐거움을 찾는 것, 그것은 이미 당신에게 있다. 당신을 위한 것이니 망설이지 말고 취하라.

시간을 내어 여가를 위한 규율을 세워보라.

당신은 취미가 필요하고 취미를 가질 자격이 있다.

거기에 고요가 달려 있다.

● 특히 문학과 회화를 비롯한 여러 분야에 능하고 관심도 많은 교양인.

도망가면 결국
제자리로 돌아올 뿐이다

비참한 내 자신이여! 내가 무한한 분노와 무한한 절망을 향해 날아가고 있는가? 내가 날아
가고 있는 길의 끝에는 지옥이 있으니 나 자신이 지옥이노라.

—존 밀턴John Milton

위대한 소설《애스크 더 더스트Ask the Dust》가 예기치 않게 대실패
하자 작가 존 팬트John Fante는 탈출구가 절실히 필요했다. 그는 자신
의 가슴을 무너뜨린 도시는 물론 주州까지 당장 벗어나고 싶었겠지
만 극작가로서 헐리우드에서 실패와 성공을 거듭하고 있었던 탓에
그럴 수도 없었다. 게다가 기혼이었으므로 먹여 살려야 할 자녀도
많았다.

수년에 걸쳐서 그는 자신의 고통을 무디게 만들 수 있는 여러 방
법을 찾아냈다. 그중 하나가 몇 시간이고 핀볼 게임을 하는 것이었
는데, 그의 중독 증세는 윌리엄 사로얀illiam Saroyan의 《생애 최고의
시간The Time of Your Life》에 등장할 만큼 심각했다. 또한 F. 스콧 피츠제
럴드, 윌리엄 포크너를 만날 수 있는 할리우드 술집에 가서 몇 시간

이고 술을 마시기도 했다. 허구한 날 골프장에서 죽치고 있는 바람에 아내 조이스를 골프 과부로 만들었다.

팬트가 좇고 있었던 건 회복도 여가 활동도 아니었다. 그건 현실 생활로부터의 **도피**였을 뿐이다.

판테는 스스로 골프로, 독서로, 음주로, 그리고 소설을 쓰지 않음으로써 수십 년을 낭비했노라고 말했다. 그러는 편이 거듭 거절당하는 것보다 나았기 때문이다. 무엇보다 그쪽이 방 안에 홀로 앉아 머리를 싸매고 고군분투하면서 아름다운 글을 쥐어짜내는 것보다 더 쉬웠다.

이것이 여가 활동과 현실 도피의 차이점이다. 그 기준은 행동의 의도에 있다. 첫 번째 결혼에 실패한 뒤 갈수록 판에 박힌 음악만 만들어내면서 점점 더 성취감을 느끼지 못하는 조니 캐시의 이야기는 어딘가 슬프지 않은가? 오랜 여정 끝에 LA 공항에 착륙한 캐시는 가족이 있는 집이 아니라 곧장 공항 카운터로 가서 비행기 표를 달라고 했다. 그리고 행선지를 묻는 안내원에게 이렇게 대답했다. "어디든 다음 비행기가 가는 곳으로요."

절망과 초조함은 쌍으로 찾아온다.

문제는 우리가 절망으로부터 달아날 수 없다는 것이다. 당신의 몸은 당신의 정신과 영혼에 존재하는 문제로부터 도망갈 수 없다. 선택을 피할 수 없다. 더 나은 선택을 함으로써 바로잡을 수 있을 뿐이다.

긴장을 풀기 위해 맥주 한 잔 마시는 게 아무런 문제가 아니듯 고독과 침묵이 목적이라면 즐거운 휴가를 보내거나 골프 한 게임 치는 건 전혀 문제가 되지 않는다. 처칠도 여행을 좋아했고 샴페인을 즐겼다.

그러나 정신 나간 사람이나 비참한 사람들은 도피가 무조건적으로 좋다고 생각하기 쉽다. 여행의 소란함, 서핑의 전율, 환각제가 주는 비일상적인 의식상태 따위가 일상에서 쌓인 긴장을 어느 정도 완화할 수는 있다. 어쩌면 예쁜 사진 몇 장쯤 건지거나 심오한 깨달음을 얻은 척해서 친구들의 입을 떡 벌어지게 할 수 있을지도 모를 일이다.

그러나 그런 것들이 사라지고 나면 당신에게 무엇이 남는가?

닉슨은 백악관에서 임기를 채울 때까지 거의 **500편**의 영화를 봤다. 그가 무엇으로부터 도망치려 했는지 우리는 이미 알고 있다. 또 타이거 우즈의 중독 문제가 사실은 치유되지 않은 어린 시절의 상처로부터 도망가고 싶었던 욕구에서 비롯됐다는 것은 의심할 여지가 없다. 아내에게, 돌아가시기 전의 아버지에게 마음을 터놓는 대신 전용기를 타고 라스베이거스로 갈 때마다 우즈는 앞날의 자기 자신에게 더 큰 고통을 줬던 셈이다. 존 팬트 역시 타자기를 두드리는 대신 골프장으로 가고 집에 있는 대신 술을 마시러 나갈 때마다 일시적이나마 해방감을 느꼈을 수도 있지만 결국 큰 희생을 치러야 했다.

미루고 늦추다 보면 이자가 쌓이고 납부 기한은 다가온다. 그리고 그때가 되면 지불해야 할 돈은 지금 당장보다 훨씬 더 치르기 힘든 금액이 되어 있다.

　인생에서 당신이 도피할 수 없는 한 가지는 바로 **당신 자신**이다.

　아주 오랫동안 여행을 다닌 경험이 있는 사람이라면 알고 있을 것이다. 여행길을 걷는 우리의 허리에는 짐 가방만 얹혀 있는 게 아니라 마음의 짐도 얹혀 있다는 사실을. 미국 전역은 물론이고 영국과 이탈리아, 프랑스, 몰타, 스위스 등지를 여행했던 에머슨은 여행객들이 가보고 싶어 하는 관광지나 명소를 만들어낸 사람들은 그런 것들을 여행 중에 만들지 않았음을 지적했다. 가볍게 이곳저곳 오가면서는 대단한 것을 만들어낼 수 없다. 그러기 위해서는 지축처럼 **단단히 붙어 서** 있어야만 한다. 집에서 먼 곳으로 여행을 떠나 거대한 불상이나 콜로세움을 바라보면 모든 문제의 해결책을 찾을 수 있으리라 생각하는 사람들이 있다. 에머슨은 그들을 두고 **유적지에 피해를 주는** 사람들이라고 비난했다. 그런 사람들은 어디에 가서 무엇을 하든 간에 늘 슬픔이 따라다니기 때문이다.

　비행기표나 알약, 약초 따위는 당신의 목적지를 향한 지름길이 아니라 같은 자리에서 뛰게 하는 트레드밀과 같다. 당신이 추구하는 것은 가만히 앉아 집중해야만, 진정한 자기 인식과 인내심을 가지고 스스로를 면밀히 들여다봐야만 얻을 수 있다. 아주 고요한 상태에 있어야 무슨 일이 일어나고 있는지 제대로 볼 수 있으므로 흙탕물이 가라앉도록 기다려야 한다. 여기에서 저리로 비행기를 타고 휙 날아가거나 단 1분이라도 자신의 내면을 마주해야 할까 봐 두려워서 온갖 활동으로 일정을 꽉꽉 채운다면 흙탕물은 결코 가라앉지 않는다.

기원전 4세기에 맹자는 사람들이 도를 가까이 두고도 멀리서 구한다고 했고, 몇 세대가 지난 뒤 마르쿠스 아우렐리우스는 "우리가 모든 것으로부터 벗어날" 필요가 없다고 지적했다. 그저 **안을 들여다보기만** 하면 된다. "자기 자신의 영혼보다 더 평화롭고 더 방해가 없는 곳은 세상 어디에도 존재하지 않는다."

다음에 도망치고 싶은 충동이 든다면, 당장 길을 떠나고 싶거나 업무 혹은 그 외 활동에 파묻히고 싶은 충동이 든다면 무엇이 됐든 일단 하던 일을 멈춰야만 한다. 멀리 떠나는 비행기표를 예매하지 말고 그 대신 산책을 해보라. 무엇에도 취하지 말고 고독한 시간을 갖고 침묵을 찾아보라. 우리가 가지고 태어난 고요에 다가갈 수 있는 훨씬 더 쉽고 지속가능한 전략들이다. 여행은 당신의 마음, 정신, 내면으로 떠나고 몸은 그 자리에 두어라. 마르쿠스가 말했듯이 "짧은 여행이면 모든 것을 피하기에 충분하다. 이제 돌아가서 당신을 기다리고 있는 상황에 마주할 준비를 하라."

듣는 것이 고통스럽다고 귀를 막으면 아무것도 성취할 수 없다. **귀 기울여 들어라.**

이번 생에서 진정한 평화와 명료함을 얻고 싶다면 멀리서가 아니라 가까이에서 찾아야 한다는 사실을 명심해야 한다. 에머슨의 말대로 단단히 붙어 서 있어라. 자신을 **돌아보라.** 있어야 할 곳에 있어라.

거울 앞에 서서 가만히 앉아 스스로와 마주할 수 있는 장소와 친해져보라.

당신에게 주어진 몸은 하나뿐이다. 다른 사람이 되려고 하지 말고 다른 곳에 가려고 하지 마라. 당신 자신에 대해 알아가야 한다. 도피할 필요가 없는 삶을 만들어나가야만 한다.

더 나은 삶,
더 나은 나를 위한 선행

세상에 무엇이 필요한지 살펴보고 적절한 조치를 취하는 사람들. 이들이 내 영웅이다.

─**프레드 로저스**

알베르 카뮈의 마지막 소설 《전락》의 화자인 클라망스는 홀로 암스테르담 길을 걷다가 여자가 물에 빠진 듯한 소리를 듣는다. 정말 물에 빠지는 소리였는지 확실한 것도 아니고, 무엇보다 정부와 함께 즐거운 저녁 시간을 보낸 뒤의 좋은 기분을 망치고 싶지 않았던 그는 가던 길을 그냥 계속 걸었다.

덕이 높은 사람이라는 호평이 자자한 변호사였던 그는 다음 날 평범한 일상으로 돌아가 그날 밤에 들었던 소리를 잊으려고 애쓴다. 그리고 언제나처럼 계속해서 고객들을 대변하고 설득력 있는 정치적 논쟁을 벌이며 친구들과 즐거운 시간을 보낸다.

그러나 곧 찜찜한 기분이 들기 시작한다.

어느 날 시각장애가 있는 고객의 변호를 맡은 법정에서 득의양양하게 변론을 펼치고 돌아서는데, 도무지 모르겠는 낯선 사람들 한 무리로부터 조롱과 조소를 당하고 있는 듯한 느낌을 받는다. 그 이후 교차로에 서 있던 운전자에게는 느닷없는 모욕과 폭행을 당한다. 서로 전혀 무관한 이 두 사건은 클라망스가 오랫동안 자기 자신에 대해 갖고 있던 환상을 깨뜨리는 원인이 된다.

자신의 끔찍한 행실이 뚜렷하게 보이기 시작한 건 그가 뒤통수를 한 대 얻어맞았다거나 에피파니epiphany*의 순간을 겪었기 때문이 아니다. 클라망스의 자아 인식을 갑작스럽게, 돌이킬 수 없게 바꿔놓은 건 서서히 다가온 깨달음이었다. 운하를 걷던 그날 밤, 자살을 시도하던 누군가를 구할 기회를 자신이 떨쳐버리고 말았다는 깨달음.

이 깨달음이 클라망스가 파멸하게 된 원인이며 이 책의 중심 내용이다. 자기 자신의 속 빈 가식과 파멸의 수치를 마주하게 된 그는 이내 흐트러지기 시작한다. 스스로를 좋은 사람이라고 믿어왔는데 막상 선행이 필요한 결정적인 순간(사실 순간들)이 닥치자 슬그머니 도망쳤던 것이다.

이러한 생각은 그의 머릿속에서 멈출 새 없이 그를 쫓아다닌다. 밤길을 걸을 때마다 수년 전 그가 무시했던 그 여자의 비명소리가 들려와 그를 괴롭게 만들고 희롱한다. 마음의 빚을 갚을 유일한 희

---

* 기독교에서는 신의 존재가 현세에 드러난다는 의미이나, 여기에서는 현대문학비평에 쓰이는 '마음 자체의 인상적인 국면에서 나타나는 돌연한 정신적 현시'의 의미가 크다.

망은 현실에서 다시 그때와 같은 비명소리를 듣고 이번에는 물속에 뛰어들어 물에 빠진 여자를 구해내는 것뿐이라는 생각을 심어주면서.

그러나 너무 늦었다. 그는 실패했고 결코 두 번 다시 평화를 느끼지 못할 것이다.

물론 허구의 이야기지만 제2차 세계대전 당시 유럽의 심각한 도덕적 결함의 여파 속에서 이런 예리한 소설이 탄생한 것만큼은 우연이 아니다. 카뮈가 독자에게 전하는 메시지는 클라망스의 머릿속에서 울리는 여자의 비명처럼 우리를 찌른다. 고결한 생각과 정신적 활동은 하나이지만 정말 중요한 것은 당신이 무엇을 **하느냐**이다. 우리가 이상적인 정신 상태를 유지할 수 있는가 하는 것은 결정적인 순간에 우리가 몸으로 어떤 행동을 하느냐에 달려 있다.

클라망스의 고뇌와 번민을 우리와 조금 더 가까운 시대에 살았던 프랑스 철학자 안 뒤푸르망텔Anne Dufourmantelle과 비교해보자. 안 뒤푸르망텔은 2017년, 바다에 빠진 이름 모를 아이들을 구하기 위해 거센 파도 속으로 뛰어들었다가 쉰 셋의 나이에 세상을 떠났다. 생전에 그녀는 자신의 글에서 우리 삶에 놓여 있는 위험 요인에 관해 자주 언급했다. 위험 요소 없는 인생을 살기란 불가능하며 사실 **인생 자체가 위험 요인**이라는 논지였다. 언젠가 인터뷰에서 그녀는 "위험 앞에서 인간은 행동과 헌신, 자신을 능가하는 강한 동기를 타고났다"라고 말했다.

그리고 프랑스 남동부에 위치한 휴양지 생트로페Saint Tropez 해변에서 맞닥뜨린 위험한 순간에, 외면과 **선행** 사이에서 선택의 순간에 직면했을 때 안은 자신의 이상에 조금도 모자람 없는 완전한 헌신을 택했다.

어떤 선택이 더 나은가? 어느 편이 더 자연스러운가? 도움을 요청하는 사람을 모른 척하는 것? 아니면 그들이 당신을 필요로 할 때 용감하게 뛰어들어 그들을 도와주는 것?

고요를 세상의 일에서 물러날 핑계로 삼아서는 안 된다. 오히려 정반대다. 고요는 더 많은 사람들을 위해 더 많은 선행을 할 수 있게 해주는 도구와 같다.

불교도들도 스토아학파 철학자들도 인간이 애초에 타락하고 부족하고 망가진 채 태어났다는, 이른바 '원죄'의 개념을 믿지 않았다. 반대로 인간은 선한 본성을 타고난다고 믿는다. 그러므로 이들에게 "자연을 따르라"라는 말은 "옳은 일을 하라"라는 말과 같은 의미다. 아리스토텔레스가 생각했던 덕은 영혼에만 깃들어 있는 게 아니라 우리가 살아가는 방식을 의미했다. 덕이 곧 우리의 행동이라는 것이다. 그는 이를 인류의 번영을 뜻하는 **에우다이모니아**eudaimonia라고 불렀다.

이기적인 선택을 하거나 양심에 반하는 행동을 일삼는 사람은 결코 평화로울 수 없다. 다른 사람들이 고통받고 힘들어할 때 손 놓고 보고만 있는 사람은 아무리 크게 성공하고 아무리 큰 명성을 떨친다고 하더라도 결코 기분이 좋거나 스스로 **충분하다고** 느끼지 못한다.

반대로 주기적으로 선행을 베푸는 사람은 분명 좋은 기분을 느낄 수 있다. 지역사회에 기여하는 사람은 자신이 지역사회의 일원이라고 느낄 것이다. 자신의 몸을 움직여 봉사와 보호, **변호** 등 좋은 일을 행하는 사람은 짜릿함을 느끼기 위해 굳이 놀이공원에 갈 필요가 없다.

덕은 추상적인 개념이 아니다. 우리가 맑은 정신을 유지해야 하고 본질적인 것에서 불필요한 것을 걸러내야 하는 이유는 숨은 재주를 부리기 위해서가 아니다. 우리가 수양을 해야 하는 것도 더 부유해지거나 더 큰 권력을 얻기 위해서가 아니다. 우리가 이렇게 해야 하는 건 더 나은 삶을 살기 위해서, 그리고 더 나은 사람이 **되기** 위해서다.

우리가 만나는 모두와의 관계, 우리가 마주하는 모든 상황이 덕을 실천할 기회가 된다.

보이스카우트의 오랜 모토가 있다. "하루도 거르지 말고 선행을 베풀라."

생명을 구하거나 환경을 보호하는 일처럼 거창한 선행도 있지만 보이스카우트에서 가르치는 것처럼 사려 깊은 손짓, 이웃집의 잔디 깎아주기, 위험한 상황을 봤을 때 119에 신고하기, 뒤에 오는 사람을 위해 문 잡아주기, 전학 온 학생과 친구 되기 등과 같은 사소한 행동도 모두 선행이다.

마르쿠스 아우렐리우스는 사심 없는 행동이 또 다른 사심 없는 행동을 불러오는 상황에 대해 이렇게 말했다. "오로지 그럴 때에만 우리는 기쁨과 고요를 찾을 수 있다." 성경의 마태복음 5장 6절을 보면, 의로움에 주리고 목마른 사람들은 흡족해질 것이라고 말한다. 세상에는 **믿음**만 있으면 충분하다고 생각하는 신자가 너무 많은 것 같다. 어떤 종교를 믿든 신앙이 있다는 사람들을 데려다가 조사해보면 과연 사랑, 자애, 이타심 등 그들의 교리대로 **살고 있는** 사람이 얼마나 될까?

중요한 건 행동이다.

전화기를 들고 사람들에게 전화를 걸어 당신에게 그들이 어떤 존재인지 얘기하라. 당신의 부를 나누고 공직에 출마하여 사람들을 위해 일하라. 바닥에 쓰레기가 보이거든 줍고 누군가 괴롭힘을 당하고 있거든 두려운 마음이 들고 다칠 것 같더라도 나서서 도와라. 진실을 말하고 맹세를 지키고 약속을 지켜라. 쓰러진 사람에게 손을 내밀어라.

어려운 선행을 실천해보라. 영부인이자 사회운동가였고 정치가이기도 했던 엘리너 루스벨트Eleanor Roosevelt는 말했다. "당신이 할 수 없는 일을 해야만 한다."

무서울 것이다. 늘 쉽지만은 않겠지만 미덕의 뒷면에 진정한 고요가 있다는 사실을 기억해야 한다.

도로시 데이를 비롯해 알려지지 않은 수많은 가톨릭 수녀들을 생각해보라. 그들 대부분은 다른 사람들을 돕는 데 삶을 헌신한다. 물질적 소유나 재산이 부족할지는 몰라도 오갈 곳 없는 이들에게 쉼터를 만들어주고 사회에서 버림받은 이들에게 자존감을 심어줄 때 그들은 크나큰 기쁨을 얻는다. 이제 막 걸음마를 뗀 아이를 어느 유

치원에 보내야할지 온종일 고민하는 헬리콥터 부모helicopter parents *
나 회삿돈을 횡령했는데 바로 다음 감사 때 덜미를 잡히리란 걸 이
미 알고 있는 사람이 느낄 불안과 비교해보라. 우리가 바람직하게
살고 있지 않거나 다른 사람들을 위해 충분히 노력하지 않으며 살
고 있을 때 우리를 찌르는 양심의 가책과 비교해보라.

나심 탈레브는 사기꾼을 보고 **사기꾼**이라고 말하지 않으면 당신
도 사기꾼이라고 말했다. 이보다 더 끔찍한 건 당신 스스로 사기꾼
이 된 것 같은 기분이 든다는 것이다. 그렇게 되면 당신은 두 번 다
시 스스로 자랑스럽거나 행복하거나 자신만만한 기분을 느낄 수
없다.

앞으로 우리가 스스로 정한 기준에 못 미치는 일이 생길까? 물론
이다. 그러나 이런 일이 생긴다고 해서 클라망스처럼 자신을 채찍
질할 필요는 없다. 그보다 중요한 것은 그 일에서 가르침을 얻는 것
이다.

이러한 이유로 12단계 프로그램은 중독이나 강박 충동에 시달리
는 이들에게 동일한 문제를 겪고 있는 다른 이들을 도우라고 권한
다. 선행을 하면 과거를 지울 수 있기 때문이 아니라 머릿속을 비울
수 있기 때문이고, 그 과정에서 더 나은 미래를 설계할 수 있도록
도움을 받을 수 있기 때문이다.

좋은 사람이 되고 싶고 좋은 기분을 느끼고 싶다면 반드시 좋은

---

* 자녀 주위를 맴돌며 사사건건 관여하고 간섭하는 부모.

행동을 **해야** 한다. 이를 피할 길은 없다. 도움을 요청하는 소리가 들리거든 지체 없이 뛰어들어라. 도움이 필요한 사람을 보거든 손을 내밀어라.

할 수 있는 곳에서 당신이 할 수 있는 친절을 베풀어라.

그렇게 하지 않으면 혼자 살 길을 찾아야만 하는 날이 오고 말 것이다.

마지막으로
해야 하는 일

하루를 잘 보내면 그날 잠이 달고 인생을 잘 보내면 그 죽음이 달다.
—레오나르도 다 빈치

　서기 161년, 로마의 황제 안토니누스 피우스^{Antoninus Pius}는 죽음이 머지않았음을 스스로 알고 있었다. 일흔네 살이었던 그는 생명이 자신의 몸을 떠나고 있다는 걸 느낄 수 있었다. 고열이 온몸을 뒤덮었고 복통이 극심했다. 마지막 힘을 다해 그는 양아들 마르쿠스 아우렐리우스를 방으로 불러들여 그에게 제위를 넘겨주는 절차를 밟기 시작했다. 모든 일이 마무리되자 안토니누스는 다른 가족들을 향해 고개를 돌려 마지막 말을 뱉었다. 이 마지막 말은 아들의 삶뿐만 아니라 역사 전반에 걸쳐 심지어 오늘날 우리에게까지 울려 퍼지고 있다. **"아이콰니미타스**(고요하라)."

　그로부터 수백 년 전, 대략 기원전 400년에 석가모니도 마찬가지로 세상을 떠나기 전에 평정을 유지했다. 석가모니는 왕자의 신분으로 태어났지만 깨달음을 얻기 위해 세습된 재산을 모두 포기하고 떠나왔던 터라 안토니누스보다 조금 더 나이가 많았음에도 따로 정해놓은 후계자가 없었다. 그러나 석가모니는 제자들이 스승을 잃고 그의 지도와 사랑 없이 어떻게 여정을 이어가야 할지 걱정하고 있다는 걸 이미 알고 있었다.

석가모니는 제자들에게 말했다. "스승이라는 단어는 이제 과거의 것이다. 이제부터 너희에게는 스승이 없다. 그러나 너희는 이렇게 생각해서는 안 된다. 내가 떠나거든 그동안 내가 너희에게 가르쳐준 다르마Dharma●와 극기를 스승으로 삼아라." 그러고는 안토니누스가 그랬던 것처럼 석가모니도 마지막 말을 준비했다. 사랑하는 제자들에게, 앞으로 온갖 어려움을 마주하게 될 제자들에게 지혜를 전해줄 마지막 기회였다. "모든 생명은 사라진다. 완전한 해방을 향해 부지런히 정진하라."

그렇게 석가모니는 깊은 잠에 빠져들어 다시는 깨어나지 않았다.

이 두 거장의 죽음 사이에, 동양과 서양 학파를 거의 완벽하게 이어주는 철학자 에피쿠로스가 있다. 기원전 270년, 에피쿠로스 역시 자신에게 남은 시간이 얼마 없다는 것을 알고 마지막 편지를 쓰기 시작했다. "내 인생 마지막 날이기도 한 행복한 오늘, 친구들에게 다음과 같은 말을 전하네." 방광 결석으로 상당한 고통을 느끼면서

● 불교와 인도철학에서 일컫는 법 또는 진리.

도 그는 가슴 속의 기쁨, 친구들과 대화를 나누었던 애틋한 추억들을 글로 옮겼다. 그리고 곧 편지를 쓴 목적을 적어 내려갔다. 그 목적은 유망한 제자들을 잘 보살펴달라는 당부였다. 그로부터 몇 시간 뒤 그는 아무 소란함 없이 석가모니와 안토니누스가 있는 내세로 떠났다.

각기 다른 세 사람의 접근. 이는 결국 한 점에서 만난다.

명료함.

잔잔함.

상냥함.

고요함.

그리고 우리가 살펴본 각 영역은 저마다의 방식으로 이를 강조했다.

정신.

영혼.

몸.

정신적인 것. 영적인 것. 육체적인 것.

스툴에 달린 세 개의 다리. 완벽한 원을 그리는 세 개의 점.

우리 모두는 죽어가고 있다. 우리가 알든 모르든, 믿든 믿지 않든 간에 죽음은 우리 모두를 따라다닌다.

어쩌면 내일 우리는 암에 걸렸다는 사실을 알게 될 수도 있다. 앞으로 2주 뒤에 묵직한 나무가 쓰러지며 덮쳐 우리를 저세상으로 데려갈 수도 있다. 모든 사람은 태어난 그 순간부터 시한부의 삶을 사는 셈이다. 우리 심장은 알 수 없는 기간 동안 한결같이 뛰다가 어느 날 갑작스럽게 고요해진다.

메멘토 모리 Memento mori. 죽음을 반드시 기억하라.

죽음은 아마 우리에게 가장 큰 불안과 괴로움을 심어주는 원인일 것이다. 죽음을 생각을 하는 건 무서운 일이다. 무슨 일이 일어날지, 언제 죽음이 찾아올지 우리는 그 어느 것도 확실하게 알지 못한다. 천국이라는 게 있을까? 지옥은? 죽음은 고통스러울까? 아무것도 없는 무의 상태일까? 암흑의 태고일까?

세네카는 우리가 태어나기 전에는 고요하고 평화로운 상태에 있었으므로 죽고 나면 다시 그렇게 될 것이라고 믿었다. 그는 빛이 꺼지는 건 무언가를 잃는 게 아니라 그저 이전의 상태로 돌아가는 것일 뿐이라고 말했다.

죽음이라는 이 단순한 현실을 부정하기 때문에 우리가 스스로의 위대함을 자랑하는 기념물을 만들려는 것이고 그토록 걱정하고 논쟁하는 것이며, 살아 있는 동안 쾌락과 돈만 좇느라 고요를 얻지 못하는 것이다. 무의미하게 죽음에 맞서 싸우거나 쓸데없이 죽음에 대한 생각을 무시하려 애쓰며 우리에게 주어진 소중한 시간을 허비하고 있다니 참 아이러니하다.

키케로는 말했다. **철학을 공부한다는 건 죽는 법을 배우는 것**이라고.

이 책의 대부분은 어떻게 잘 살 것인가에 관한 내용이었다. 그렇기 때문에 어떻게 잘 죽을 것인가에 관한 내용이기도 하다. 결국 둘은 같은 것이기 때문이다. 또한 거기에서 나아가 죽음은 우리가 함께 살펴본 세 영역이 만나는 곳이기도 하다.

우리는 우리의 운명에 대해 합리적이고 명료하게 사고하는 법을 반드시 배워야 한다.

사는 동안 영적 의미와 선함을 반드시 찾아야 한다.

우리가 살고 있는 이 지구라는 그릇을 반드시 잘 돌봐야 한다. 그렇지 않으면 이 행성을 일찍 버리고 떠날 수밖에 없다.

죽음은 모든 것, 우리의 정신, 영혼, 육체의 종결에 이르게 하고 최종적으로 영구한 고요로 우리를 이끈다.

그러므로 이 책 또한 거기에서 마침표를 찍게 될 것이다.

후기

이른 저녁입니다. 여러분이 방금 읽은 책에 어느 정도 진전을 이루었으니 저는 이제 곧 컴퓨터 앞에서 일어나야겠습니다. 몇 년 전 분주한 도시를 벗어나 도시 외곽에 가족들과 새둥지를 트면서 이 책상 앞에 올리버 색스의 사진과 그의 "No!" 사인을 걸어놓았거든요. 글쓰기도 끝났겠다 이제 농장 일을 하러 가려고 합니다. 닭들에게 모이를 줘야 하고, 당나귀들이 몰래 당근을 가져가지는 않는지 확인해야 하고, 울타리도 점검해야 합니다. 황소를 길들인다는 어느 선사의 시구와 다르게 이웃집 소가 우리집 마당으로 들어온 탓에 밖으로 나가 찾아봐야 하고요.

어린 아들이 ATV 뒤에 장비를 싣는 저를 도와줍니다. "트웨터(트랙터)!"라고 하면서요. 그런 아들을 한 번 안아준 뒤, 부둣가로 내려가서 목장을 가로지르고 다시 개울을 따라 내려갑니다. 다루기 힘든 황소들의 탐험 정신과 비바람 때문에 그곳 울타리가 약해지기 시작했습니다. 앞으로 한두 시간은 T자 클립을 움켜잡고 끼우면서 보내겠지요. 클립을 가져다가 말뚝 뒤쪽을 감싸고 펜치로 끝을 잡은 채 철사를 걸어 느슨해지지 않도록 단단히 비틀어 감아야 합니다. 감고, 잡고, 걸고, 비틀고.

아무 생각 없이, 그냥 하는 겁니다.

텍사스에 있으면 금세 땀이 줄줄 흐르기 때문에 일을 시작하자마자 가죽 장갑의 색깔이 아주 진해집니다. 그러나 일이 끝날 무렵이면 울타리는 튼튼해져 있겠죠. 마음속으로 울타리가 단단히 버틸 거라고 희망해봅니다. 이제 건초를 옮겨야 합니다. 두루마리 건초 앞까지 트레일러를 후진한 뒤에 뾰족한 봉에 건초를 끼운 다음, 봉의 각도를 조절해 트레일러에 싣습니다. ATV는 트레일러에 900킬로그램의 여물을 실은 채 툴툴거리며 달립니다. 여물을 놓아야 할 곳까지 ATV를 끌고 오면 영리해진 소들이 소리만 듣고도 얼른 달려옵니다. 그러면 저는 세로로 실려 있는 두루마리 건초 앞에 건초틀을 나란히 세워놓고 건초와 건초틀을 한 번에 바닥으로 내립니다. 그리고 한 발 물러나 두루마리 건초와 건초틀이 바닥으로 떨어져 자리를 잡는 모습을 지켜봅니다. 틀 안에 두루마리 건초가 자리를 잡으면 그물을 꺼내 건초를 덮은 뒤 철제틀로 밑둥을 감쌉니다. 이렇게 해야 버려지는 건초를 줄일 수 있거든요. 이제 소들이 음메 소리를 내며 고맙다는 표현을 하고 앞다투어 자리를 차지하고 열심히 먹기 시작합니다.

소들의 기분이 적당히 좋아진 것 같으니 저는 황소를 찾으러 가야겠군요. 집에서 일하고 있을 때 소리가 들렸으니까 아마 앞쪽 목장의 어느 구석에 있지 않을까 싶습니다. 아, 저기 있네요. 근육과 뿔을 보아하니 그 무게가 1톤은 거뜬히 넘겠습니다. 조금 긴장이 됩니다. 사실 이게 제 일은 아닙니다. 이웃은 이런 일이 거듭 일어나는 것을 개의치 않는 것 같긴 하지만요. 시에 나온 것처럼 저는 그 황소를 바라봅니다. 물론 적당한 거리를 유지한 채로요. 저 뿔에 받히기 싫어서만이 아니라 서둘러서 잡아보려다가 흥분한 황소가 가시철조망 담장으로 달려가버린 일이 있거든요. 조급함의 대가는 아주 컸습니다.

비결은 원하는 방향으로 소를 살살 모는 것, 소가 취할 수 있는 다른 선택권을 없애가며 움직이게 만드는 것입니다. 소가 자신의 선택으로 움직이고 있는 것처럼 느낄 수 있도록 해줘야 합니다. 그렇지 않으면 황소는 당황하고 분노할 겁니다. 그러면 상황은 악에서 최악으로 치닫게 되겠지요.

그래서 저는 삼나무에 기댄 채 가만히 쉬면서 오스틴Austin의 하늘을 물들이며 지평선에 깔리는 보랏빛 석양을 바라봅니다. 이 순간 저는 마음이 평화롭습니다. 최근에 제 일이 얼마나 안 풀리고 있는지는 상관없습니다. 세상에 무슨 일이 일어나고 있든 상관없습니다. 호흡이 느려집니다. 여기에는 소셜미디어도 존재하지 않습니다. 이제 뉴스 매체가 된 〈분노공장Outrage Factory〉●을 여기에서는 들을 수 없죠. 제 고객이나 동업자의 연락도 마찬가지로 받을 수 없습니다. 이 숲속에서는 신호를 잡을 수 없으니까요. 저는 지금 쓰고 있는 이 원고에서 멀리 떨어져 있습니다. 연구물과 메모에서도 멀리, 안락한 사무실과 제가 좋아하는 제 일에서도 멀리. 그리고 제 일에서 멀리 떨어진 여기에서 몇 달 전에 읽었던 숀 그린의 이야기와 그가 정말로 우리에게 가르쳐주고 싶어했던 메시지가 잠재의식 속에서 마음속으로 미끄러지듯이 들어옵니다. 이제 이해가 갑니다. 그가 무엇을 추구했는지 이제 알겠습니다.

나무를 베고, 물을 나르고. 울타리를 고치고,
건초를 싣고, 황소를 잡고.
제 머릿속은 비어 있고 마음은 충만하고 몸은 바쁩니다.
아타멘 트란퀼루스 Attamen tranquillusr (그럼에도 평온합니다).

라이언 홀리데이
텍사스주, 오스틴에서

• 소셜미디어에서 분노를 산 이슈를 다루는 팟캐스트.

그 다음은?

매일 아침 나는 스토아학파와 다른 고대 철학에서 영감을 받고 명상록을 써서 DailyStoic.com에 올린다. 아래 주소로 접속하여 가입하면 거의 20만명의 다른 사람들과 함께 할 수 있다.

• DailyStoic.com/email

또는 어떤 책이 자양분이 되고 영감을 주고 도전의식을 불러일으키는 등, 지혜를 쌓게 해주는지 추천 도서 목록을 보고 싶다면 아래 주소로 접속하여 월별 추천 도서 목록을 받아볼 수 있도록 가입하길 바란다.

• RyanHoliday.net/reading-list

감사의 말

고요에 접근하는 가장 쉽고 단순한 방법은 감사다. 살아있다는 것에 대한 감사, 내게 찾아온 행운에 대한 감사, 나를 도와준 모든 사람들에 대한 감사. 아침마다 나는 감사할 일에 대해 생각하는 시간을 가지려고 하는데 대부분 개인적인 것으로 남는다. 내게 허락된 이 작은 공간에서나마 이 책이 세상에 나오기까지 도와준 모든 분들께 감사의 인사를 전하고 싶다. 가장 먼저 내 아내 사만다 Samantha. 날 이끌어주고 지지해준 사람이자 타고난 고요로 내 본보기가 되어준 그녀에게 감사하다. 이 책을 쓰면서 긴 산책을 할 때면 나와 함께 걸어준 내 아들 클라크 Clark. 침착하고 강인한 모습으로 암과 싸워 내게 감동과 울림을 준 우리 누나 에이미 Amy. 내 에이전트이자 협력자인 스티브 핸슬먼 Steve Hanselman에게도 고맙다. 그는 번역만 도와준 게 아니라 개념을 구체화하는 데에도 큰 도움을 주었다. 십 년이 넘는 세월 동안 내 자문관이 되어준 닐스 파커^{Nils Parker}와 마케팅 및 플랫폼 구축을 도와준 브렌트 언더우드^{Brent Underwood}에게, 중요한 리서치를 해주고 팩트체크를 도와준 흐리스토 바실레프^{Hristo Vassilev}에게 감사하다. 편집을 담당한 니키 파파도풀로스^{Niki Papadopoulos}와 펭귄랜덤하우스^{Penguin RandomHouse}의 포트폴리오^{Portfolio}팀 전원에게 감사를 전한다. 내 **모든** 책의 작업을 함께해준 것에 진심으로 고맙다. 이 모든 사람들과 모든 요인을 한데 불러모아준 **로고스**에도.

(일이 아니라 존재하라는 교훈을 준) 내 당나귀와 소와 염소들에게도 감사를 전해야 하는데, 이름을 열거하기에는 너무도 많다. 이 책에 나온 많은 아이디어를 온라인 매거진 및 웹사이트 ⟨Thought Catalog⟩, ⟨Observer⟩, ⟨Medium⟩, 그리고 ⟨DailyStoic.com⟩에서 다룰 기회를 얻은 데에 감사하다.

마지막으로 이 책을 구성하고 있는 사상을 세상에 내어놓은 사상가들과 철학자들에게 가장 깊은 감사를 전한다. 이들이 아니었다면 이 책은 결코 나올 수 없었으며, 무엇보다 이들의 통찰과 글이 내 삶을 더욱 풍요롭게 만들어주었다. 또 이 책에 등장한 모든 영웅과 악당에게도 감사하다. 그들의 인간적인 성공과 실패는 행복과 탁월함, 고요를 추구하는 모두에게 영감과 경고를 줄 것이다. 내 리서치는 완벽의 발끝에도 미치지 않지만, 그들이 보여준 예시는 단지 시작에 불과한 내 여정을 조금 더 멀리 가도록 이끌어주었다.

출처 및 참고 문헌

여기에 모두 기록하기에는 공간이 한정되어 있고, 그렇다고 귀중한 출처를 하나라도 빠뜨리고 싶지 않으므로 누구든 이 책의 참고 문헌을 알고 싶다면 아래 주소로 이메일을 보내주길 바란다.

hello@stillnessisthekey.com

동양 철학 또는 서양 철학에 관한 책을 읽고 싶다면 아래의 책을 읽어보길 권한다.

《바가바드 기타》
《명상록》, 마르쿠스 아우렐리우스

《The Art of Happiness》, 에피쿠로스

《Readings in Classical Chinese Philosophy》, 필립 J. 아이반호
& 브라이언 W. 반 노르덴

《Letters of a Stoic》, 세네카

《The New Testament: A Translation》, 데이비드 벤틀리 하트

《스스로 깨어난 자 붓다》, 카렌 암스트롱

잠재력을 깨우는 단 하나의 열쇠
스틸니스

초판 1쇄 발행 2020년 3월 18일
초판 4쇄 발행 2024년 9월 30일

지은이 라이언 홀리데이
옮긴이 김보람
펴낸이 유정연

이사 김귀분
기획편집 신성식 조현주 유리슬아 서옥수 황서연 정유진 **디자인** 안수진 기경란
마케팅 반지영 박중혁 하유정 **제작** 임정호 **경영지원** 박소영

펴낸곳 흐름출판(주) **출판등록** 제313-2003-199호(2003년 5월 28일)
주소 서울시 마포구 월드컵북로5길 48-9(서교동)
전화 (02)325-4944 **팩스** (02)325-4945 **이메일** book@hbooks.co.kr
홈페이지 http://www.hbooks.co.kr **블로그** blog.naver.com/nextwave7
출력·인쇄·제본 (주)삼광프린팅 **용지** 월드페이퍼(주) **후가공** (주)이지앤비(특허 제10-1081185호)

ISBN 978-89-6596-375-2 03190

**STILLNESS
IS THE KEY**